Gegen den Strom der Finsternis

*Für Gioia*

CHARLOTTE WEBER

# GEGEN DEN STROM DER FINSTERNIS

ALS BETREUERIN IN SCHWEIZER FLÜCHTLINGSHEIMEN 1942–1945

CHRONOS

*Autorin und Verlag bedanken sich für Druckkostenbeiträge bei:
Cassinelli-Vogel-Stiftung, Zürich, Pro Helvetia, Zürich, andern
Institutionen und Freunden.*

Alle Fotos und Illustrationen im Besitz der Autorin
Porträt der Autorin: Sabine Wunderlin
Umschlag: Fritz Ritzmann
© 1994 Chronos Verlag Zürich
ISBN 3-905311-31-3

*Inhalt*

Vorwort .................................................. 7

Bienenberg – das Interniertenheim für Frauen ................ 11

Neuewelt ................................................. 91

Schloss Hilfikon –
das Berufsschullager für Flüchtlingsmädchen ................ 121

Zugerberg –
das Lager für Jungen aus dem KZ Buchenwald ............... 183

Nachwort ............................................... 281

*Vorwort*

Herbst 1942. In Europa wütet der Krieg nun schon über drei Jahre. Uns Schweizern geht es im allgemeinen gut. Mit der Rationierung, der Verdunkelung und einigen zusätzlichen Einschränkungen kann man ohne weiteres leben. In den Städten und Dörfern herrschen friedliche Verhältnisse. Untergründig jedoch hat sich die Angst ausgebreitet. Noch ist keine Wende der Kriegsbewegung abzusehen. Polnische Soldaten, die 1940 an der Westgrenze in unser Land abgedrängt worden sind, leben in streng bewachten Lagern, abgeschirmt von der Bevölkerung. Einigen Tausenden verfolgter Juden, Männern, Frauen, Kindern, ist bis dahin die Flucht in die Schweiz gelungen.
Juden...
Will man die?
Am 13. August 1942 wird auf Weisung der Polizeiabteilung in Bern die Grenze für Juden hermetisch geschlossen. Juden sind keine politischen Flüchtlinge, heisst es. Diese Verfügung wird am 23. August ein wenig gelockert durch Fürsprache von Frau Gertrud Kurz und Paul Dreyfus-de-Günzburg bei Bundesrat von Steiger. Schon am 4. Oktober 1938 hat der Chef der Polizeiabteilung in Bern, Dr. Heinrich Rothmund, bei den Nazionalsozialisten durchgesetzt, dass Pässe von Juden zum bessern Erkennen mit einem «J» zu kennzeichnen seien, um jede legale Einreise in die Schweiz für Juden zu verunmöglichen. Unvorstellbare Tragödien spielen sich an unsern Grenzen ab. Hie und da gibt es einen wirklichen Menschen anstelle eines Paragraphen in Uniform, und dort mag es einem Verzweifelten gelingen, durch die Sperre das rettende Ufer zu erreichen.
Gerüchte über die empörenden Praktiken der Eidgenössischen Polizeiabteilung an den Grenzen sickern an die Presse durch, werden aber nur teilweise zur Kenntnis genommen. Doch wo dies geschieht, wird ein Schrei der Entrüstung laut. Stille Hilfe wird an manchen Stellen in der Bevölkerung geleistet, im allgemeinen jedoch liebt man die Fremden nicht. Weiss man denn, was dort in Polen, in Russland wirklich passiert?
All diese Dinge sind erst viel später öffentlich bekannt geworden.

Damals hatte der Bundesrat in Bern durch die Schweizer Ärztemission in Osteuropa und durch Lagerbesuche des Roten Kreuzes Kenntnis davon, verhängte aber die strenge Pressezensur. Sie wussten, aber sie schwiegen.
«Es ist Krieg...», hiess es.
Damit wollte man sich aus der Verantwortung – oder Verschuldung? – wegstehlen.

*

Ich bin nicht wenig erstaunt, als ich – diplomierte Primarlehrerin und als Journalistin tätig – im September 1942 von der Zentralleitung der Arbeitslager in Zürich folgenden Brief erhalte:
«Sehr geehrtes Fräulein Weber,
Das Frauenarbeitsamt der Stadt und des Kantons Zürich, Steinmühleplatz 1, hat uns auf Ihre Adresse aufmerksam gemacht, in der Meinung, dass Sie sich für die Anstellung als Leiterin eines unserer Flüchtlingsheime interessieren. Wir sind gerne bereit, Ihre Anmeldung zu prüfen. Zu Ihrer Orientierung legen wir Ihnen hier eine kurze Zusammenstellung über die Aufgabe der Heimleiterin bei, aus der Sie auch gleich einige Angaben über die Anstellungsbedingungen entnehmen können. Wenn Sie nach eingehender Kenntnisnahme der gestellten Anforderungen glauben, für diese Tätigkeit in jeder Beziehung geeignet zu sein, bitten wir Sie, die beiliegenden Fragebogen auszufüllen und uns zusammen mit einem handgeschriebenen Lebenslauf wieder zuzustellen.»
Unterzeichnet ist der Brief vom Chef i. V. Lerch.

*

Zentralleitung – was ist das? frage ich mich.
Nach der Unterredung mit deren Chef i. V., Herrn Lerch, weiss ich Bescheid. Die Polizeiabteilung des Eidgenössischen Justiz- und Polizeidepartementes in Bern hatte eine Unterabteilung, *die Zentralleitung der Arbeitslager*, in Zürich ins Leben gerufen, abgekürzt ZL, die Stelle, die das Flüchtlingswesen unter sich hat: streng geregelte und durchorganisierte Arbeitslager für Männer, um die «arbeitstaug-

lichen» Flüchtlinge und Emigranten zu nützlichen Arbeiten für unser Land heranzuziehen. Frauen werden in Interniertenheimen mit Flickstube, Wäschereibetrieben und ähnlichem untergebracht, Kinder kommen an Freiplätze oder in jüdische Kinderheime.

*

Ich bin gerade dreissig Jahre alt. Soll ich nun Zürich und A., mit dem ich mich innig verbunden fühle, verlassen? Doch in meinem Innersten weiss ich – und A. weiss es auch –, dass die Arbeit in den Flüchtlingslagern der Weg ist, den ich zu gehen habe. Ich nehme die Arbeit an.

# Bienenberg – das Interniertenheim für Frauen

«Man darf nicht vergessen, dass wir keine unmündigen Kinder sind, sondern den Schierlingsbecher unserer Zeit gründlicher leerten als manch anderer.»
*Darius Strauss, jüdischer Flüchtling aus dem Saarland, auf Bienenberg von Ende 1942 bis Frühjahr 1944*

Abb. 1: *Bienenberg, eines der ersten Flüchtlingsheime, liegt unweit von Liestal auf einem Jurahügel. Es beherbergt zwischen hundertfünfzig und zweihundert mehrheitlich ostjüdische Frauen und einige Kinder.*

I

An einem leuchtenden Herbsttag, am 12. Oktober 1942, steige ich in den Zug nach Liestal. Dort soll ich abgeholt werden.
Im Zug versuche ich noch einmal die Dokumente, die ich nun in der Hand halte, zu studieren. Die unglaublich hohen und vielseitigen Anforderungen an die Leiterin eines Interniertenheims – «aus den Heiminsassen aus verschiedenen Ländern und Gesellschaftsschichten eine disziplinierte und geordnete Gesellschaft zu schaffen, Verantwortlichkeit für den ganzen Betrieb, Betriebsrechnung, Einkauf der Lebensmittel, Verpflegungspläne, Rationierungsvorschriften, Haushaltbetrieb und Küche, Oberaufsicht über die von den Heiminsassen auszuführenden Arbeiten, Pflege des Gartens, Erziehung und Schulung der im Heim sich aufhaltenden Kinder» –, ja, diese geballte Menge von Pflicht und Verantwortung könnte einen beinahe entmutigen.
Doch nein, der Tag ist zu strahlend, vor den Fenstern gleiten die sich verfärbenden Wälder vorbei, und vor mir sehe ich Menschen: Menschen, die mich brauchen werden, denen ich, so empfinde ich meinen inneren Auftrag, etwas Wärme, vielleicht auch Freude und Lebensmut geben kann. Ich fühle auf einmal, neben einer leisen Bangigkeit wohl auch, eine grosse Kraft und Freude in mir.
Ich lese weiter über die Aufgaben der Heimleiterin, dass sie den Menschen in dem ihr anvertrauten Flüchtling achten und sich sein Vertrauen erwerben muss. Sie soll ein korrektes und sicheres Auftreten und innere und äussere Sauberkeit besitzen, sie muss intelligent, praktisch, arbeitsfreudig und verantwortungsbewusst sein.
Doch jetzt packe ich die Papiere ein. Vorläufig gibt es ja einen Heimleiter auf Bienenberg, dem ich als Hilfsleiterin zur Seite stehen soll.
In Liestal am Bahnhof steht neben einem Pferdewagen ein einfacher Mann mittleren Alters, der jemanden zu erwarten scheint.
«Sind Sie Fräulein Weber?» spricht er mich an, lädt darauf meinen Koffer auf den Wagen, und wir setzen uns auf den Bock. Ausser, dass er Herr Bisel heisst und der Bauer ist, dessen Hof zum früheren Badebetrieb auf Bad Bienenberg gehörte und der auch jetzt noch die Felder bewirtschaftet, erfahre ich von dem etwas brummigen und wortkar-

gen Mann nicht viel. Die Landstrasse schlängelt sich erst durch die letzten Häuser des Ortes, dann den Hügel hinan und weiter durch einen herrlichen Mischwald, der bis zuletzt den grossen Gebäudekomplex verbirgt, vor dem nun das Fuhrwerk anhält. Es ist ein altmodischer Bau, leicht verlottert, mit Fachwerk und Holzbalkonen an der Längsseite. Da werde ich nun also eine Zeitlang wohnen, denke ich.
Schon tritt ein grosser Mann von etwa sechzig Jahren aus der Haustür, hemdärmlig, leicht schielend, etwas schwerfällig, kommt auf mich zu und begrüsst mich.
«Ich heisse Weber und bin hier der Lagerleiter.»
«Ach, ein Namensvetter», sage ich belustigt.
«Ich werde Ihnen das Haus zeigen, und beim Essen stelle ich Sie vor.» Wir gehen hinein, er führt mich durch den weitläufigen Bau, drei Stockwerke mit langen Gängen, auf die eine Unzahl mittelgrosser Zimmer münden. Es sind noch lange nicht alle bereit, Gäste zu empfangen. Gäste?
«Flüchtlinge», meint der Lagerleiter. «Es sind bis jetzt noch wenige da, doch erwarten wir demnächst grosse Transporte. Die Leute werden sich die Zimmer und Betten selber zurechtmachen», fügt er bei, während wir an den wenig einladenden Schlafräumen die Korridore entlang gehen.
Die Räumlichkeiten im Untergeschoss sind düster, die Wände grau und vermutlich auch feucht, fast etwas unheimlich; wahrscheinlich laufen da nachts Ratten umher, denke ich, was sich später auch bewahrheiten wird.
«Das ist Frau Wilder.» Weber stellt mir in der grossen, durch eine nackte Birne erleuchteten Küche die Köchin vor, eine mollige blonde Frau in mittleren Jahren mit freundlichen Augen und einem frohmütigen Ausdruck, die hier zwischen den riesigen Kochkesseln, dem imponierenden Eisenherd und einer Menge Töpfe herumhantiert. Wenn sie so kocht, wie sie aussieht, ist es ums Lager gut bestellt, denke ich und werde recht behalten.
In der früheren Kegelbahn ist die Schreinerwerkstatt untergebracht. Da arbeitet Hubert Weiss, ein Emigrant, der vor vier Jahren aus Wien in die Schweiz kam. Schütteres Haar auf seinem schmalen Kopf, freundliche Augen, einen kleinen Buckel und riesengrosse Hände, mit

denen er im Heim viel segensreiche Arbeit verrichten wird. Etwas später erhält der unentbehrliche Hubert Weiss Hilfe durch Sally Goetzler, und die beiden Männer können über Mangel an Beschäftigung nicht klagen.

Nun bietet mir Weber im dritten Stock eines der Zimmer mit Holzbalkon an, mit Blick auf den nahen Herbstwald. Etwas nachdenklich fange ich an auszupacken, versorge meine Sachen in eine altmodische Waschkommode mit Waschschüssel und Krug darauf und in einen tannenen Militärschrank.

Dann ist es Zeit für das Abendessen. In dem riesigen Esssaal verlieren sich die wenigen Menschen – es mögen zwei Dutzend sein –, und Weber weist mir einen Platz an seinem Tisch an. Hier begrüsst mich Cathy Schindler, eine junge Hilfsleiterin mit rötlichem Haar und lustigen Sommersprossen. Sie ist Gärtnerin. «Wir betreiben hier auf dem kleinen Pflanzland schweizerisches Anbauwerk mit Gemüse und Kartoffeln», sagt sie sehr sachlich. Währenddessen bringt eine Frau die einfache Mahlzeit – allen das gleiche – herein. Vor dem Lagerleiter steht ein einsames Fläschchen Bier. Kaum ein Gespräch. Ich habe Zeit, mich umzusehen.

An einem der Tische hat sich eine Gruppe Frauen in mittlerem Alter zusammengefunden. Ihre Unterhaltung, die ich zwischen dem Klappern des Bestecks auf den weissen Steinguttellern kaum vernehme, ist stockend und gedämpft. Wenn ich einen Blick von dort auffange, versuche ich ein Lächeln, das fragend, ja fast ungerührt erwidert wird. Weiter hinten sitzen jüngere Frauen oder Mädchen beieinander. Ab und zu schaut die eine oder andere verstohlen zu uns herüber. «Wie mag die Neue sein?» fragen sie sich wohl.

Dann steht Weber auf, und in dem angrenzenden kleinen Büro, der einstigen Pförtnerloge, setzen wir uns zusammen, um allerhand zu besprechen. Eine jüngere Frau, gelernte Bürolistin aus Belgien, die sich mit Frau Graumann vorstellt und hier die Schreibarbeiten erledigt, zeigt mir die vielen Papiere für ungezählte Abrechnungen, Formulare ohne Ende und entfernt sich darauf diskret. Ich bin nicht ganz bei der Sache. Das Bild des Speisesaals, in dem nicht nur das Licht des Tages, sondern auch die Stimmung der anwesenden Menschen zu verdämmern schien, hat eine Beklemmung hervorgerufen, die zu klären mir nicht gelingt und die meine Gedanken mehr beschäftigt als die Büroangelegenheiten. Weber indessen, den der Papierkrieg wenig interessiert, beginnt sofort, mir die disziplinarischen Vorschriften der Zentralleitung für Arbeitslager auseinanderzusetzen. Das steht für ihn an erster Stelle.

«Um sieben Uhr früh ist Appell. Alle Frauen haben im grossen Arbeitssaal anzutreten. Selbstverständlich fertig angekleidet. Nach dem Appell geht's zum Frühstück.»

Es ist schon dunkel, als ich über die Treppen und den langen Gang in mein Zimmer hinaufsteige. Einige Gestalten sehe ich als undeutliche Silhouetten stumm in entferntere Zimmer verschwinden. Ich muss meine ersten Eindrücke, die nicht meinen ursprünglichen Vorstellungen entsprechen, überdenken. Wo ist hier mein Platz? Werde ich meine Aufgabe bewältigen können? Woher komme ich, und woher kommen sie? Ich weiss nichts von diesen Menschen, am ersten Abend nicht und noch lange nicht. Ich spüre aber auf einmal ganz stark, welche Forderung an mich gestellt wird, nämlich – wie ich in meinem Tagebuch vermerke – *etwas Wärme und Schönheit in diese Grauheit zu bringen*. Ich stelle meinen Wecker auf sechs Uhr und versuche, eigentlich noch recht ins Leere hinein, Pläne zu machen, das Haus und die Arbeit vielversprechend zu finden und schlafe schliesslich ein.

Am nächsten Morgen, beim Appell, sehe ich Lagerleiter Weber im grossen Saal dastehen, breitbeinig, sehr wichtig, ein Vorgesetzter. Weber wünscht, dass ich mich dazustelle. Es ist mir peinlich, doch auch Cathy Schindler ist dabei. In den Mienen der Frauen erkenne ich, dass die Zeremonie ihnen mühsam, vielleicht sogar lächerlich erscheinen muss. Recht militärisch, denke ich bei mir. Ich betrachte den Lagerleiter, der nach dieser Demonstration sogleich in die Alltäglichkeit zurückfällt.

Herr Weber ist aus der Gegend. Cathy Schindler sagt, er habe vorher ein Emigrantenheim geleitet, folglich kennt er die Verhältnisse, Bezugsquellen und Lieferanten. Das wird für seine Anstellung ausschlaggebend gewesen sein, vermute ich.

Nach dem Frühstück versuche ich, mich in der kleinen Pförtnerloge etwas mit der Bürokratie auseinanderzusetzen. Doch nun lässt mich Herr Weber rufen. Er befindet sich im letzten Flügel im obersten Stock

und ist mit dem Vorbereiten der Zimmer beschäftigt. Je vier ZL-Camp-Klappbetten pro Zimmer stehen an die Wand gelehnt. Hubert Weiss schleppt die Seegrasmatratzen herauf. Später werde ich die Leintücher aus grober ungebleichter Baumwolle verteilen.
«Ob ich noch ein paar Nägel einschlagen soll? Oder die Betten anders aufstellen?» möchte Weber von mir wissen. Das schwerwiegende Problem wird gelöst. Welches wird das nächste sein?
Ich wandere zurück durch all die leeren, noch einsamen Gänge. An deren Ende sehe ich durch ein Fenster den goldenen Herbsttag draussen. Es geht gegen Mittag zu. Im Büro sagt Frau Graumann: «Gleich wird Herr Bisel kommen. Er bringt die Post von Liestal herauf.» Darin stecken Briefe der ZL aus Zürich: Mitteilungen, Anfragen, Anforderung von Namenslisten und Abrechnungen, Ankündigung neuer Transporte, hauptsächlich von Frauen mit Kindern. Frau Graumann erklärt dann und wann etwas in ihrer zurückhaltenden Art. Wie ruhig und verschlossen sie ist, denke ich.
Der Speisesaal mit den vielen hohen Fenstern, eigentlich ein veranda-ähnlicher Verbindungsraum zwischen den zwei Gebäudeflügeln, wirkt hell. In Grüppchen schlendern die Frauen herein, lebendiger als gestern abend, aber noch wechseln wir kaum Worte. Daher gehe ich nachmittags in den eher düsteren Arbeitssaal. Die wenigen Frauen verlieren sich darin, sie sitzen da in ihre Arbeit vertieft. Klappern von Stricknadeln, ab und zu das Schnarren der Nähmaschine. Eine der Anwesenden scheint sich in den verschiedenen Tätigkeiten besonders gut auszukennen und verteilt die Arbeit.
«Wir stricken Socken für die Männerlager», erklärt sie mir. Ein kleines Gespräch entwickelt sich, noch stockend, auch mit einigen andern Frauen. Es kommt mir vor, als wären Fersenstricken, Flickeneinsetzen und Wiefeln für die fleissigen Frauen Tätigkeiten von höchster Wichtigkeit. Erst allmählich wird mir klar, dass die für mich seltsame Hingabe an die ganz gegenwartsbezogene banale Arbeit dunkle Gedanken und Erinnerungen verscheuchen soll. Sie füllt die Tage aus. Aber die Nächte?
Denn all das, was sie dann bedrängt, das Woher, Wie, Wann, das erfahre ich nicht. Ich lerne es auch später nur vereinzelt von Flüchtlingen kennen, wenn wir einander schon nahegekommen sind.

Gegen Abend gehe ich mit Frau Wilder in die Küche hinunter, wo einige Helferinnen bereits den grossen Herd eingeheizt haben. Die Wärme des Feuers lässt eine gelöste Stimmung aufkommen. Hier ist Frau Wilder unbestritten die Königin, die mit Bestimmtheit und Humor die Kelle schwingt, die Kartoffeln- und Krautberge zum Zurüsten verteilt, mir einen Löffel Suppe aus dem Kessel reicht: «Versuchen Sie!», doch ganz genau weiss, dass diese vorzüglich schmeckt.
Ausser vormittags und zu den Mahlzeiten habe ich Herrn Weber nicht mehr gesehen. Wer, so frage ich mich, führt mich denn hier ein? Und wie? Bald merke ich, dass ich mich alleine zurechtfinden muss.

*

Kurz nach mir kommt auf dem Bienenberg eine weitere Hilfsleiterin an, die junge Sozialarbeiterin Heidi Eisenegger. Sie ist ein nachdenklicher Mensch, sehr sensibel und eher scheu. Sie scheint dem Schweizerischen Arbeiterhilfswerk nahezustehen. Ich merke sofort, dass wir gut zusammenarbeiten werden. «Wollen wir uns duzen?» schlage ich ihr schon nach wenigen Tagen vor.
Nach kurzer Zeit berate ich mich mit ihr:
«Heidi, findest du nicht auch, dass die Zimmer mit ihren dunkelvioletten, grünen und braunen Blumentapeten düster und schmuddelig aussehen? Wie können Menschen solche Räume als ‹Heim› ansehen? Wir könnten sie doch streichen, und vielleicht bekommen wir einen kleinen Kredit für Kalkfarbe und Pinsel.»
Auch Cathy stimmt zu. Sie ruft die jungen Frauen und Mädchen ihrer Gartenequipe zusammen und bespricht mit ihnen den Plan. Sie sind begeistert über die Unterbrechung des gewöhnlichen Arbeitsablaufes, legen gerne einmal die Gartenschuhe beiseite und steigen auf Malerleitern. Ein bisschen Abenteuerlust ist in der jungen Schar nicht zu verkennen. Mit Zeitungspapiermützen auf dem Kopf gehen sie sogleich eifrig ans Werk. Aus den mehr als dreissig Zimmern sind nun eine ganze Weile lang Lachen und Singen zu hören und ist Farbe zu riechen.
«Wollen Sie helfen, heute nacht mit Fräulein Eisenegger und mir die Küche zu streichen und Frau Wilder zu überraschen?» frage ich einige

Mädchen. Eine ganze Nacht hindurch! Das ist einmal etwas, das aus der Lagerroutine herausfällt und Spass macht.
«Stellt Euch Frau Wilders Augen vor, wenn sie morgen herunterkommt!» freuen wir uns nach getaner und gelungener Arbeit. Für das Warenmagazin reichen weder Farbe noch Zeit. Dort bringt Hubert Weiss an dicken Drähten, die er an der Decke befestigt, einige lange, breite, schwere Bretter an, auf denen die Vorräte vor den nächtlichen Besuchen der gierigen Ratten verwahrt und sichergestellt werden.

*

Im Speisesaal höre ich vor allem polnisch und jiddisch sprechen. Gleich in den ersten Tagen sind mir einige Frauen aufgefallen, eine mittelgrosse, aparte, etwa dreissigjährige Frau von südländischem Aussehen mit einem kleinen Jungen.
«Das ist Ramona, sie ist Spanierin, kommt aus Belgien, keine Jüdin. Man sagt, sie habe dort eine Bar betrieben und sei politisch verfolgt worden. Ihr Bub heisst Ramuncho.»
Das ist ein aufgewecktes lebhaftes Bürschlein, zu dem sich bald eine ganze Reihe fast gleichaltriger Kinder als Spielkameraden gesellen werden.
«Und ihr gegenüber, die grosse Frau mit dem blassen Gesicht und den langen schwarzen Haaren, spricht sie nicht Schweizerdeutsch?»
«Frau Olga Notter. Da werden allerhand Dinge gemunkelt, auch sie eine Politische; ihr Mann ist Schweizer, er soll sie denunziert haben. Sie ist kein Flüchtling. Anscheinend hatte man sie zu Unrecht ins Gefängnislager Bellechasse gesperrt.»
In reinem Dialekt erklärt sie mir gleich zu Anfang, sie sei beauftragt, morgens am kleinen Büroschalter die täglichen Brotrationen auszuteilen. Da steht sie dann jeweils und muss sich manche bösen Vorwürfe wegen ungleich grosser Brotstücke gefallen lassen. Ich sehe, wie ihr blasses Gesicht noch bleicher wird und ihre dunkeln Augen traurig. Oftmals aber kommt es mir vor, als ob sie durch nicht geweinte Tränen lache.
Immer mehr Menschen kommen in diesen goldenen Herbstwochen durch den bunten Wald herauf. Stets ist jemand an der Bahn, und

Bisels Fuhrwerk ist voll beladen mit Koffern und Paketen. Ab und zu sitzt eine ältere, geschwächte oder schwangere Frau mit auf dem Bock.
Wir stehen vor dem Haus, gehen auf die Ankommenden zu, begrüssen sie. Einen Augenblick fühle ich so etwas wie eine verlegene Scheu vor den vielen fremden Menschen, die mich unsicher betrachten oder auch einfach froh sind, irgendwo angekommen zu sein. Es ist Bangen und Fragen in ihren Mienen. Auch Müdigkeit, auch Trauer. Auf den Schuhen liegt Staub.
«Willkommen auf Bienenberg», begrüssen wir sie, und dieser erste Gruss scheint Zweifel und Niedergeschlagenheit ein wenig zu lösen.
Spät, dünkt mich, geht noch ein Raunen durch die langen Gänge, oder ist es der Wind? Türen schlagen. Licht geht an und aus. Dann wird es still. Und in diesem dunkeln, ächzenden alten Haus gehen schwere Träume um in der Nacht.
Auch meine Gedanken kreisen nach einem solchen Tag nachts im Bett um dieses grausame Ausgeliefertsein der Menschen im Krieg. Heimatlosigkeit, Verlust der Freiheit, erzwungenes Zusammenleben. Ich weiss, ich kann diese Zustände nur denken, niemals in ihrer harten Realität fühlen. Das ganze Ausmass ist meinem Begreifen kaum zugänglich.
Doch die Landschaft ringsum strahlt Frieden aus. Es riecht nach Erde. Wird die ländliche Umgebung mit ihrer Ruhe und ihrem Glanz die wunden Herzen hier erreichen?

\*

In einem Brief an meine Mutter aus dieser Zeit steht unter anderem:
*Unser Lager füllt sich allmählich. Nach und nach kommt auch ein wenig Schwung in die Sache. Ich merke, dass ich hier etwas Menschliches tun kann.*
*Bienenberg ist vor allem ein Heim für Mütter und Kinder. Ein Schul- und Kindergartenbetrieb muss eingerichtet werden. Das Ganze soll bereits als «Weiberrepublik» ausgerufen worden sein, die zwischen Demokratie und Diktatur schwanke.*
*Die Frauen hier sind ganz anders, und zwar im positiven Sinne, als sie*

*uns geschildert worden waren. Uns Schweizern, die wir in geordneten Verhältnissen leben, fehlt eben gänzlich die erlebnismässige Voraussetzung, um den Zustand zu verstehen von Menschen, die alles verloren haben, die nirgends mehr zu Hause sind, deren Männer und Verwandte deportiert wurden, von denen sie seit Monaten nichts hören und wahrscheinlich auch nie mehr hören werden. Es gibt kaum jemanden hier, der nicht deportierte Verwandte hätte. Dass damit die Frauen psychisch belastet sind, versteht man, und dies wirkt sich hier so aus, dass sie alle froh sind, arbeiten zu können um nicht zu denken.*

Die meisten ostjüdischen Frauen und Mädchen sind bereits vor dem Krieg nach Belgien und Frankreich emigriert. Über ihre Schreckenserlebnisse, über das Grauen während der deutschen Besetzung, in Deportationslagern in Südfrankreich und dann auf der Flucht selbst sprechen sie nicht. Unsere Phantasie reicht auch gar nicht aus, uns das alles vorzustellen, da kaum Berichte und schon gar kein eigner Erlebnishintergrund vorhanden sind. Wir nehmen die Menschen so auf, wie sie kommen, sprechen mit ihnen, hören auf ihre Wünsche und Klagen.

Wenn ich von den vielen nur einige wenige Personen beschreibe, so deshalb, weil sie mich durch die Lagerzeit begleitet haben und mir in meinem späteren Leben verbunden blieben.

Da ist Hadassa Bacon, eben kommt sie vom Garten herein. Sie hat eine tiefe, warme Ausstrahlung, stammt aus Ungarn, wo ihr Verlobter, den sie in banger Sorge unendlich vermisst, ihr entrissen wurde. Ihr selbst gelang die Flucht über Frankreich.

Auf gleichem Weg schaffte es Ruth Arndtheim, eine deutsche Halbjüdin, die fliessend und akzentfrei Deutsch und Französisch beherrscht und deren «arische» Mutter und Grossmutter im besetzten Paris unbehelligt leben. Wie spontan und jung sie ist, fällt mir immer wieder auf.

Aus Berlin flüchteten die hübsche, etwas kühle Esther Spira, die protestantisch erzogene Jüdin Frau Marwitz und ihre Tochter Maidi, deren «arischer» Vater sie in Berlin nicht schützen konnte.

Unter einer neuen Gruppe fällt Eleanor Bohne auf, die als Kind in den USA und später in Paris lebte. Sehr abenteuerlich ist sie von einem Passeur mit ihrem Mann und einem Säugling über die Grenze ge-

bracht worden. Ihr Mann ist nun in einem Lager im Welschland. Eleanor ist etwas über zwanzig Jahre alt. Mit ihrem ebenmässigen Gesicht und der guten Figur wird sie in Basel bisweilen als Fotomodell angefragt. Das überhöre ich geflissentlich. Ihr Baby, das sie noch stillt, kann sie durch die Vermittlung des fremdenfreundlichen Pfarrers im nahe gelegenen Frenkendorf, einer kleinen Bauerngemeinde, bei einer herzlichen, aufgeschlossenen Familie unterbringen. Denn noch sind wir nicht für Säuglinge eingerichtet. Walter Bohne gelingt es, nach dem benachbarten Männerlager Arisdorf versetzt zu werden, doch durch die grosszügige Unterstützung von Eleanorens Grossvater in den USA werden 1944 beide, im Sinne einer Familienzusammenführung, aus dem Lager entlassen. Sie lassen sich in Basel nieder.
Entlassen? Was bedeutet das?
Keine Betreuung mehr durch die Zentralleitung, nicht mehr im Lager leben, jedoch weiterhin Überwachung durch die Fremdenpolizei.
Es gelingt mir nicht, das Verfahren der sogenannten Lagerbefreiungen zu durchschauen, doch dünkt mich, dass in erster Linie Geld und Beziehungen im Spiel sein müssen.
«Schau unsre Frau Szwarzmer», erinnert mich Heidi.
«Tatsächlich, ihre Schwester ist mit einem Schweizer verheiratet und lebt in Zürich, aber unsre Frau Szwarzmer kommt und kommt nicht frei.»
«Wie froh um ihre Hilfe wäre doch die Schwester mit ihren Kindern. Aber es ist eben eine Familie in einfachen Verhältnissen.»
«Ich werde nochmals an die Zentralleitung nach Zürich schreiben, Frau Szwarzmer», versuche ich die recht unglückliche Frau, die im Büro vor mir steht und genausogut die Bäckersfrau in Frenkendorf sein könnte, zu trösten. «Aber sagen Sie Ihrer Schwester, dass auch sie keine Ruhe geben soll.» Nach einigen Monaten hat das Bohren der Verwandten Erfolg.
Milena ist ein grosses, gutgewachsenes, bildhübsches Mädchen aus einer assimilierten jüdischen Familie aus Prag. Sie wird durch einen Verwandten in den USA unterstützt und nach einiger Zeit vom tschechischen Konsulat in Zürich als Sekretärin angefordert, was ihre vorzeitige Entlassung aus dem Lager bewirkt. Fast vier Jahrzehnte später findet sie meine Adresse im Zürcher Telefonbuch. Wir begegnen uns

wie alte Freundinnen. Milena ist in London verheiratet und Mutter von zwei Söhnen.

Gleich bei ihrem Eintritt fällt mir Eva Arndt, eine Berliner Jüdin, durch ihre nervösen Bewegungen und die tiefe Raucherstimme auf. Sie scheint äusserst intelligent zu sein, doch irgendwie seelisch verwundet, gequält.

Später einmal habe ich etwas Zeit, und Eva und ich machen ein paar Schritte vors Haus und gegen den Wald zu. Eva erzählt: «Bis Singen hatte ich eine Fahrkarte gelöst, natürlich war das für Juden verboten; sie riskierten erschossen oder deportiert zu werden. Aber bis dahin ging alles glatt. Nun wanderte ich, meist nachts, über kleine unauffällige Wege, durchs Unterholz, von einem geheimen Helfer zum andern. Das waren oft sogar Deutsche. Ich vermied alle Ortschaften. ‹Nur geradeaus weiter!› sagte der letzte Mann. Ich müsste nun schon recht nah der Schweizer Grenze sein, dachte ich. Denn ab und zu blitzten Scheinwerferlichter auf den Strassen auf. Die Nazipatrouillen. Das Blut gerann mir in den Adern. Wenn sie bloss keine Hunde mitführen!»

Eva schweigt, die Erinnerung muss noch unerträglich sein.

«Der Mond war eine schmale Sichel», fährt sie zögernd fort, «da stand ich auf einmal vor einer niederen Mauer und sah darüber... in einen jüdischen Friedhof hinein!»

«Eva, wie makaber», entfährt es mir.

«Ja», sagt sie langsam, «es waren jüdische Grabsteine, und ich konnte nicht glauben, dass dieser jüdische Ort von den Nazis nicht zerstört worden war. Und auf einem Stein fand ich neben dem Namen die Jahreszahl 1942! Wie bist du wohl gestorben, du unbekannter Jude unter dem Stein? Und wer hat dich begraben? Ich setzte mich auf die Mauer, ringsum die Toten meines Volkes. Von irgendwoher schlug es Mitternacht, Stunde der Geister, raunte ich voll Schauder und Bitterkeit. Vielleicht bin auch ich bald bei euch.»

Nach einer langen Pause fährt sie fort: «Dann kroch ich weiter, durch Kornfelder und Gebüsch. Schon fing es an zu dämmern. Wo war ich? Eine Ortschaft taucht auf, ich versuche recht nah heranzukommen, und auf einmal entdecke ich unweit vor mir einen Mann in Uniform mit einem Gewehr und sehe – diesen Moment können Sie sich nicht vorstellen –, sehe das Schweizerkreuz.»

Sie rannte auf den Mann zu und warf sich ihm schluchzend an die Brust. Der Mann hatte Erbarmen mit dem Elend dieses Menschen – ja, auch das gibt es, doch wie selten, denke ich bitter. Er führte sie ins Städtchen – es war Stein am Rhein – zum Polizeiposten. Telefonate, dann ein paar Wochen der Ungewissheit im Gefängnis: «Kann ich bleiben? Stellt man mich an die Grenze zurück?» Eva konnte Frau Kurz vom Kreuzritter-Dienst in Bern benachrichtigen, und die Flüchtlingsmutter holte sie aus dem Gefängnis und übergab sie der Zentralleitung.

Bei den ostjüdischen Frauen, so stelle ich fest, sind die deutschen Jüdinnen nicht sehr beliebt, denn, wie mir scheint, fühlen diese sich jenen überlegen. Eva steht da etwas isoliert dazwischen. Am Anfang betreut sie das Warenmagazin, was ihr ein wenig Abstand zu den vielen andern gewährt. Oft sucht sie mich auf, und dann plaudert sie über dies und jenes, spricht aber nicht über das, was sie zu bedrücken scheint.

Zwei oder drei Monate später bewirkt der Kreuzritter-Dienst Evas Lagerentlassung und verschafft ihr eine Lehrstelle als Röntgenassistentin in Zürich. Dann werden wir schon recht befreundet sein. Eva wird sich eine Weile in meiner Zürcher Wohnung aufhalten.

An einem meiner Urlaubstage vertraut sie mir ihr Geheimnis an, ihre Liebesbeziehung zu einem Schweizer Arzt. «Er ist zwar verheiratet», meint sie, «vor allem aber ist er kein Jude.» Höre ich richtig? «Wissen Sie, niemals möchte ich ein Kind haben von einem Juden.»

«Eva, ist das Ihr Ernst?» frage ich konsterniert. «Sie intelligenter Mensch sagen das?»

Was geht in ihr vor? Doch ihre Einstellung ist unverrückbar.

Ihre dramatische frühere Lebensgeschichte erfahre ich nach und nach, über Jahrzehnte hinweg: Vater im Moabiter Gefängnis in Berlin umgebracht, Mutter deportiert, Schwester Selbstmord, der deutsche nichtjüdische Geliebte in Stalingrad gefallen...

Rita, eine junge, verschlossene Frau, übernimmt nach Eva das Warenmagazin. Sie stammt, so scheint es, aus einer begüterten rheinländischen Familie und ist mit Nathan Szternfeld aus Antwerpen verheiratet, den man irgendwo im Welschland in ein Lager gesteckt hat. Uns gelingt es, ihn nach Arisdorf versetzen zu lassen. Von Rita höre ich,

viel später einmal, eine Bemerkung, die mich ihr Trauma von der «Kristallnacht» in Köln ahnen lässt, wo sie als kaum Sechzehnjährige wie ein gehetztes Wild zwischen Scherben und brennenden Synagogen und Büchern und gröhlenden Nazis in den Strassen umherirrte. Wie kann sie diese schrecklichen Erlebnisse vergessen, die Alpträume loswerden?
Wie wenig wissen wir von all dem!
Eine heitere, fast unbeschwerte Note bringen die Königskinder, eigentlich heissen sie Edith und Irm Königsberger, ins Haus. Eine wache und ungebrochene Lebensneugier scheint sie zu beleben. Was sie alles schon vor dem Krieg und dann in den ersten Kriegsjahren in Berlin mitgemacht, wie sie ihre Flucht vorbereitet und danach ausgeführt haben, das erfahre ich viel später und eigentlich erst durch Ediths 1990 veröffentlichtes Erinnerungsbuch, das bis 1942, der Zeit ihrer Ankunft in der Schweiz, berichtet.* Erschrocken werde ich mir bewusst, mit welch naiver und unbeschwerter Selbstverständlichkeit wir die Flüchtlinge, diese Mädchen zum Beispiel, aufgenommen haben, so als hätten sie ein Schicksal wie wir.
Wir leben die Gegenwart mit den Menschen hier, den heutigen Tag. Ihre Vergangenheit kennen wir kaum, davon sprechen sie nicht, sie wird verdrängt, weil sie nicht zu ertragen ist.
Dr. Paul Lenz kommt zu uns als Bürohilfe, darin ist er perfekt. Um nach dem gefährlichen illegalen Übertritt in die Schweiz nicht mehr zurück an die Grenze gestellt und den Nazis ausgeliefert zu werden, wie so viele der Flüchtlinge aus dem Auffanglager St-Gingolph, sahen Lenz und seine Frau als einzigen Ausweg den Selbstmord. Doch gerade dieser Selbstmordversuch provozierte das Wunder der Rettung. Sie wurden während einiger Wochen gesund gepflegt, dann aber getrennt und in verschiedene Lager geschickt. Warum denn das? frage ich mich bestürzt.
Nun ist Paul Lenz da und scheint seinen Trennungsschmerz mit bitte-

---

* Edith Dietz, Den Nazis entronnen. Die Flucht eines jüdischen Mädchens in die Schweiz. Autobiographischer Bericht 1933–1942. Vorwort von Micha Brumlik. dipa-Verlag, Frankfurt am Main 1990.

rer Ironie zu überspielen. Die Königskinder holten ihn mit dem Leiterwagen am Bahnhof Liestal ab. Er kam mit einem geliehenen Cello an, ausserdem spielt er ausgezeichnet Klavier. Eigentlich ist er Ingenieur und Erfinder und dazu von einem umwerfend trockenen Berliner Humor, dem ich in keiner Weise die Waage halten kann. Beide, er und seine Frau, stammen aus Berlin und lebten schon viele Jahre in Paris. Über die Musik finden wir uns sehr bald und herzlich. Auch diese Freundschaft sollte über Jahrzehnte bis zu beider Lenzen Tod andauern.

Aus dem Auffanglager Bex in den Waadtländer Bergen, bereits der dritten Station seit dem Grenzübertritt, wird Frau Strauss, eine hervorragende Geigerin, eingewiesen. Auf der Flucht mit Passeuren über einen savoyischen Bergpass, zusammen mit dem um fast eine Generation älteren Mann und mit den dreizehnjährigen Zwillingssöhnen Ernest und Raoul, wurden sie im Gebirge einzig durch eine verhüllende Nebelbank vor den verfolgenden Nazis gerettet und von einem Schweizer Grenzpolizisten mit vorgehaltenem Gewehr ins Auffanglager St-Gingolph geführt. Die Buben werden nach weiteren kürzeren Lageraufenthalten bei Privatfamilien in Basel untergebracht, der Mann, Darius Strauss, im entfernten Männerlager St-Maurice. Die Trennung bedrückt beide ganz unbeschreiblich. Herr Strauss, Geiger und Bratschist und ehemaliger Konzertmeister des Saarbrücker Orchesters, leidet unter fortschreitendem Gehörverlust und erfährt durch die seelische Belastung der Trennung eine Verschlechterung seines Zustandes. Dem wird dort, wo er ist, kaum Beachtung geschenkt: «Man kennt ja diese Querulanten!» Auch Gertrud Strauss ist gesundheitlich in keiner guten Verfassung. Wie nur könnte ich ihren Lebensgefährten in unser Frauenlager versetzen lassen?

«Ja natürlich, als Nachtwächter!» sage ich ganz erleichtert zu Frau Strauss. Und es gelingt tatsächlich.

«Schliessen Sie noch die Haustüren zu, Herr Strauss, und gehen Sie dann schlafen, ich selbst bin ja noch lange auf», pflege ich abends so um elf zu sagen, und der noch wache und geistig rege, aber körperlich müde Mann zieht sich zurück.

Für Papa Strauss, wie alle ihn bald nur noch nennen, und seine Frau richte ich in einer Mansarde eine gemütliche Behausung ein, wo sie ungestört üben können. Ins Zimmer stelle ich ein Öfchen, und die Fenster bekommen rotweiss gewürfelte Vorhänge. Die Straussen sind glücklich, und wie oft im Laufe der Monate steige auch ich in die friedliche und musische Kammer hinauf, wenn ich innere Ruhe suche! Zu einem Gast sollte sich Papa Strauss eines Tages äussern: «Sie wissen gar nicht, wie sehr uns die hiesige Lagerleiterin durch ihr Verständnis das schwere Provisorium erleichtert. Sie ist einer der wenigen Menschen, die begriffen haben, dass nur ein menschlich-persönliches Verhältnis zwischen Leitung und Insassen den Zustand Lagerleben erträglich macht und zugleich zu der selbstverständlichen Disziplin erwachsener Menschen führt, die durch Vertrauen entsteht. Denn man darf doch nicht vergessen, dass wir keine unmündigen Kinder sind, sondern den Schierlingsbecher unserer Zeit gründlicher leerten als manch anderer.»

Im neuen Jahr trifft Zosia Rowinska ein, als Strafversetzte aus dem Frauenheim Sonnenberg.

Strafversetzt zu uns, was soll denn das heissen? Und wieso stimmt mich diese besondere Massnahme ganz unerklärlicherweise freudig und beinahe stolz? Später, als mir Zosia einmal erzählt, ihre Kameradinnen im Sonnenberg hätten ihr zum Lagerwechsel mit den Worten gratuliert: «Du fällst ja die Treppe hinauf!», da verstehe ich meine heimliche Freude.

Zosia ist eher klein, etwas düster, immer in Hosen, undenkbar ohne eine Zigarette in den schon angebräunten Fingern. Unter der gewölbten niederen Stirn schauen, ja leuchten zwei hellblaue Augen hervor, klar, intelligent und zart. Ich ahne unter dem rauhen Kern – auch die Stimme ist tief und rauh – eine weiche, verletzliche Seele. Sie mag wenig jünger sein als ich. Von grosser Unruhe getrieben, findet sie sich des öftern spät abends im Büro ein, und nach und nach erfahre ich, dass sie in Polen in der kommunistischen Partei tätig war und nach einer Verhaftung ins Ausland fliehen konnte. Nach den ersten Moskauer Prozessen verliess sie die Partei. Sie hält es kaum aus, sich immer unter so vielen Menschen bewegen zu müssen, oft scheint sie mir am Rande der Verzweiflung, ja Selbstvernichtung zu stehen.

«Zosia, wollen Sie Nachtwächter sein hier im Lager und Papa Strauss etwas entlasten? Dann können Sie tagsüber für sich bleiben.»

Abb. 2: *In seiner Mansarde übt unser Streichtrio: Gertrud Strauss, Paul Lenz und Darius Strauss. Sie spielen auf dem Bienenberg, in andern Flüchtlingslagern, aber auch in Sälen der umliegenden Gemeinden. (Foto: Edi Hauri)*

Sie nimmt mit Dank und Erleichterung an, und allmählich entwickelt sich eine starke freundschaftliche Beziehung zwischen ihr und mir, die über die ganzen Lagerjahre und darüber hinaus andauern sollte. Es bleibt ihr nicht verborgen, welchen Belastungen ich hier ausgesetzt bin, und durch scheu gezeigte Anteilnahme scheint sie mir helfen zu wollen. Wenn ich mich mal über zu grosse Nachlässigkeiten oder Unordnung ärgere, meint Zosia begütigend: «Nicht sich ärgern, schauen Sie, polnische Frauen sind anders», und sie geht hin und erklärt auf polnisch, während ich mich wegen meiner schweizerischen Pingeligkeit schäme.

Ja, Zosia hat recht. Diese ostjüdischen Frauen sind anders. Wie haben sie früher gelebt? Ich weiss es nicht, und in diese Fremdheit einzudringen hält mich eine seltsame Scheu zurück.

Bald ist Zosia Mittelpunkt und oft auch Sprachrohr einer ganzen Reihe junger Mädchen. Durch ihren grossen Erfahrungsschatz, aber auch mit konkretem Wissen, wie Literatur, Philosophie, Psychologie, Mathematik, steht sie ihnen jederzeit gut und gern zur Verfügung. Das hilft ihr selbst, ihr Gleichgewicht zu finden. Worüber sie nicht hinwegkommt, ist, ein Flüchtling zu sein, ohne Freiheit und Selbstbestimmung, ohne Privatsphäre, «eine Sardine in der gefüllten Büchse», wie sie sagt, eine ZL-Nummer.

Jeder Flüchtling, der bei der Zentralleitung für Arbeitslager aufgenommen und registriert wird, bekommt eine Nummer, ZL-Nummer soundso. Es geschieht nichts, was den Flüchtling betrifft, ohne dass neben seinem Namen diese Nummer steht.

«ZL-Nummer 5949 meldet sich», sagt Zosia zynisch und bitter.

«Ach Zosia, fassen Sie das nicht so auf! Das ist ja nur eine erleichternde administrative Massnahme.»

Doch die Nummer ist da.

II

In dem altmodischen, sehr einfachen Sommerhotel, das bestimmt lang vor der Jahrhundertwende existiert und schon eine ganze Weile ausgedient haben muss, sind die sanitären Einrichtungen rudimentär, kein warmes Wasser auf den Etagen, Waschgelegenheiten im Keller, Heizung im Winter nur in den grossen Aufenthaltsräumen im Erdgeschoss. In den Wohnetagen steht da und dort ein Eisenofen im Gang, um den sich in den kalten Monaten die fröstelnden Menschen drängeln. Das Büro wird mit einem winzigen elektrischen Öfchen beheizt. Wenn wir bis spät in die Nacht arbeiten, rösten wir darauf einige mit gebrannter Kondensmilch bestrichene Brotscheibchen. Im Winter sind die Silhouetten der in Jacken und Mäntel eingehüllten Frauen etwas umfangreicher geworden. Wer eine Bettflasche besitzt, tut gut, Frau Wilder freundlich zu begegnen, um an das warme Wasser heranzukommen. Manchmal genügt eine Zigarette.

Einmal im November fahren Cathy Schindler und ich zu meiner Schwester nach Neuewelt, einem Ortsteil von Münchenstein bei Basel, trinken Tee, bewundern Erikas kleine Kinder. Am Abend wandern wir bis weit in die Vollmondnacht hinein über die Feldwege und durch die Wälder, jeder in seine eignen Gedanken versunken, von der Geborgenheit dieser intakten Familie weg zu den Heimatlosen im Bienenberg zurück.

«Cathy, wenn du aus dem Militärdienst zurückkommst – wann wird das sein? Im Januar? –, dann liegt dieser herbstliche Wald unter einer schweigenden Schneedecke, und vieles wird verändert sein.»

Denn tatsächlich überrollen uns jetzt im Spätherbst die eintreffenden Transporte. Heidi rennt pausenlos treppauf, treppab, eine der Listen in der Hand, und führt die Ankommenden in die Zimmer. Bekannte oder solche, die sich zu mögen scheinen, finden zusammen. Sie schleppen ihre Pakete hinauf, schauen sich um, setzen sich auf den Bettrand. Dann beginnen sie auszupacken. Die Militärschränke stehen draussen im Gang.

Derweil machen wir im Büro die Eintrittsformulare und Listen für die Zentralleitung in Zürich zurecht, ebenso die Kleiderkarten für die interne Kontrolle, all den endlosen bürokratischen Aufwand, bis die klapprige Schreibmaschine warmläuft. Dann sitzen Heidi und ich abends mit einigen Frauen, die sich hier bereits auskennen, zusammen, um den Arbeitsplan auszuarbeiten. Der Unterhalt des Hauses, der ganze Betrieb wird von der Belegschaft geleistet. Die Einteilungen erweisen sich täglich aufs neue als kleines Puzzle, denn immer einmal ist jemand krank oder unpässlich, abwesend oder einfach nicht bereit. Dann sehe ich eine Falte auf Heidis Stirn, doch unfehlbar setzt sie sich mit ihrer sanften Art durch.

«Heidi, lass uns bei aller Mühe, bei allen Ärgernissen nie vergessen, dass die Menschen zu uns geflohen sind, um Schutz und Ruhe zu finden, dass es vor allem Menschen sind, die ohne ihre Schuld leiden, möge der Lagerleiter das auch ganz anders sehen.»

Ja, wo steckt denn eigentlich Lagerleiter Weber bei alledem? Er wird wohl irgendwo für strenge Ordnung sorgen und um die Einhaltung der ZL-Vorschriften bedacht sein. Dies ist sein vordringlichstes Anliegen. Das schafft Differenzen. Fast begrüssen wir es daher, als sich sein Gesundheitszustand so sehr verschlechtert, dass er Anfang Dezember 1942 erst Urlaub nehmen muss und schliesslich Mitte Januar nur noch für die Heimübergabe im Bienenberg auftaucht.

Nun müssen Heidi und ich für einige Wochen einen ungeheuren Einsatz leisten, Cathy ist ja im Militärdienst. Wir legen uns lange nach Mitternacht schlafen und stehen im Morgengrauen wieder auf. Von mancher Seite erhalten wir Unterstützung, die Hilfsbereitschaft vieler Frauen schafft eine Gemeinschaftlichkeit, die uns die Übermüdung beinahe vergessen lässt. Spüren sie wohl alle unsern Wunsch, sie möchten sich hier wohlfühlen? Auf Zeit natürlich nur. Die Atmosphäre ist gut, und das entschädigt mich für die dunkeln Ringe unter den Augen, die bei meinem Urlaub in Zürich erschrocken bemerkt werden.

Schon sind fast alle Zimmer von den über hundertfünfzig Frauen, einige mit Kindern, besetzt. Es kommen ständig noch neue. Ich gehe einer Ankommenden mit einem Kleinkind auf dem Arm entgegen, um ihr mit Koffer oder Kind zu helfen. Das Kind klammert sich an die Mutter. Ich nehme ihr den Koffer ab und führe sie ins Haus. Sie wird ein Zimmer mit einer andern Mutter zusammen bewohnen. Diese zeigt der neu Angekommenen alle Einrichtungen, die für die Kinder vorhanden sind, und es gelingt ihr, die Spannung der neuen Zimmergenossin etwas zu lösen und sie zu beruhigen.

*

In einem hellen Nebenraum im Erdgeschoss sitzen an einem runden Tisch die «Höckler» auf grossen Korbsesseln, in denen sie trotz der Kissenberge beinahe versinken. Über die Tischkante können sie grade das Näschen heben, um aus ihren Tellerchen zu löffeln. Einige Mütter betreuen, füttern und waschen in regelmässigem Wechsel die Ein- bis Vierjährigen.
Etwas später komme ich beim Kinderzimmer vorbei. Es ist ganz still drinnen. Sie haben gar nicht bemerkt, dass ich die Türe einen Spalt geöffnet und hineingeguckt habe, so sehr sind sie alle, auch die betreuende Mutter, in ein Spiel vertieft. Welch Bild von Zufriedenheit! Hoffentlich nicht nur eine Momentaufnahme, denke ich.
Die Kinder im Schulalter dagegen toben lärmend über Gänge und Treppen. Sie sind nicht zu überhören. Das gibt dem Haus einen Hauch von Heimatlichkeit, von Familie, denke ich manchmal. Indessen, wo sind die Männer? Die Väter?
Für die muntere Bande setzt sich Greet Marx ein, die einzige holländische Jüdin, eine kleine, doch zähe zwanzigjährige Frau. Dank ihrem Pfadfindergeist kommt sie mit den Kindern gut zurecht. Im Leiterwagen, oder bei Schnee mit dem Schlitten, schleppen sie täglich von Frenkendorf die vielen Brote durch den Wald nach Hause. Das ist immer ein Gezerre, Geschiebe, Stossen, Jauchzen, Lachen und mitunter auch Geschrei. Erst in den wenigen Stunden des Schulunterrichts wird es still. Etwas Schreiben, ein bisschen Lesen finden die kleinen Wildfange lustig, und dass das Schulmaterial sehr rudimentär ist, merken sie gar nicht.
«Edith, wie wär's mit dem Unterricht?»
«Ach nein, ich möchte mit Irm zusammen im Garten bleiben.» Es findet sich jedoch Ramona. Sie kommt mit den Französischsprachigen gut zurecht; unter den Kindern sitzt ihr Ramuncho und ist in seinem konzentrierten Schreibeifer kaum wiederzuerkennen, dies lebhafte

Abb. 3: *Den jüngeren Kindern wird besondere Aufmerksamkeit geschenkt. Nicht nur die ihrem Alter angepasste Verpflegung, sondern auch Spiel und liebevolle Betreuung durch die Mütter sorgen für ihr Wohlbefinden. (Foto: Atelier Eidenbenz)*

Bürschlein. Um Frau Weinblum, eine frühere Lehrerin, scharen sich die Kleinen, deren Muttersprache Deutsch oder Jiddisch ist.
Doch, wo sind die Väter?
Ich höre manch einen Seufzer und sehe in den traurigen Mienen der Frauen die Sehnsucht nach den Gefährten, mit denen sie Not und Flucht geteilt haben. In der Niedergeschlagenheit von vielen erkenne ich unschwer als Ursache die erzwungene Trennung von den Män-

Abb. 4: *In den ersten Monaten bleiben die Kinder mit ihren Müttern auf dem Bienenberg. Mit etwas Schulunterricht, viel Spiel im Hause und im Freien sind ihre Tage ausgefüllt. (Foto: Atelier Eidenbenz)*

nern, Brüdern, Onkeln, Freunden, die in Lagern im fernen Wallis leben. Gibt es denn nicht auch in der Nähe, in Arisdorf und auf Schloss Burg, Männerlager?

«Wir werden nach Zürich schreiben», versuche ich zu trösten, «damit Ihr Mann in ein Lager in der Nähe versetzt werden kann. Geben Sie mir seinen Namen und das Geburtsdatum an. Und kennen Sie vielleicht auch seine ZL-Nummer?» Diese Frage bringe ich fast nicht über die Lippen, doch je mehr Genauigkeit, um so vorteilhafter für das Gesuch.

Die Liste der Anfragen für Versetzungen ist recht lang geworden. Nächtelang sitzen Heidi und ich über Gesuchschreiben, um mit allen möglichen überzeugenden Argumenten die Männer in die nahen Arbeitslager versetzen zu lassen. Es gelingt teilweise recht gut. Erschwerend ist bloss, dass ostjüdische Ehepartner in der Regel nicht den gleichen Familiennamen tragen. Kann man da sicher sein, ob Mann und Frau wirklich verheiratet sind? Zum Teufel, geht uns das etwas an? Sind wir Sittenrichter? Haben wir überhaupt das Recht, Menschen, die gemeinsam gelitten haben, geflohen sind und alle Ängste und Gefahren miteinander durchgemacht haben, in moralischer Selbstherrlichkeit zu trennen? Menschen umherzuschieben wie Ware? Zu versetzen wegen veränderter Arbeitseinsätze oder Neuplanungen? Über sie zu verfügen, ohne dass sie sich selbst dazu äussern können? Es macht den Anschein, dass neue Arbeitskräfte in den nahen Männerlagern gesucht werden; das ist unsre Chance.

Indessen wird es sich immer wieder herausstellen, dass für die entscheidungsgewaltigen Herren in Zürich und Bern das Verfügungsrecht über die ach so «grosszügig Geduldeten und zu Dankbarkeit Verpflichteten» eine Selbstverständlichkeit zu sein scheint.

Es sind nun schon viele Wochen vergangen. Wohl fliegen Briefe und Karten zwischen dem Bienenberg und den fernen Männerlagern hin und her. Doch kann das den lebendigen Menschen ersetzen?

Endlich, zu Weihnachten 1942, wird den Flüchtlingen der erste offizielle Urlaub gewährt, an dem sie aus dem Lager wegreisen können, versehen mit einem Reisegutschein, den nötigen Mahlzeitencoupons und mit den ersparten Taggeldern und den Zuschüssen der jüdischen Flüchtlingshilfe. Es ist eine riesige und nervöse Aufbruchsstimmung, voll von Sehnsucht nach den Nächsten, nach diesen so sehr Vermissten. – Wen wundert's, dass neun Monate später im Bienenberg achtzehn Babys zur Welt kommen!

Wir schaffen es kaum, alle Urlaubs- und Fahrscheine, Mahlzeitencoupons, Listen und Urlaubsadressen bürokratisch, wie gefordert, zurechtzumachen und zu verbuchen. Erschöpft sehen wir die letzten in den Waldweg einbiegen oder auf Bisels Pferdefuhrwerk zur Bahn fahren.

Nicht alle haben einen Ort, einen Verwandten oder Freunde, die sie für die paar Freitage aufnehmen. Ein Häuflein bleibt im Bienenberg zurück. Es ist still geworden zu den Essenszeiten im grossen Speisesaal, und die Schatten in den Ecken scheinen eine Spur dunkler als sonst. Das bisschen Leben zieht sich in die Zimmer zurück, und vereinzelt nur kommen einige zu den Nachrichtensendungen herunter. Doch an den Festtagen schmücken wir die Tische und rücken sie zusammen. Da sind viele Gesichter, die ich noch kaum kenne. Es sind Menschen, denen ich nun näherkomme. Man spricht über das Alltägliche, von der Sehnsucht auch, von Wünschen, dem gesundheitlichen Befinden, doch das Vergangene bleibt noch immer hinter Schweigen verborgen.

Eine kurze Stelle aus dem Brief eines Teilnehmers des nahen Männerlagers Waldegg, eines nachdenklichen Menschen, gibt die trostlose Traurigkeit des Daseins, «das des freien Willens beraubt ist», wieder. «Dinge, für die Sie sicher Verständnis haben, vor denen andere aber nur verständnislos stehen bleiben. [...] Man lernt so viele Leute und so bitter wenig Menschen kennen. [...] Schon das Bewusstsein, wie, wo und wann ich meinen Urlaub verbringen soll, bringt mich in Verlegenheit, die nicht gerade zur Hebung meines Humors beiträgt.»

Zum Übergang ins neue Jahr stossen wir mit einem einfachen Getränk an und wünschen uns... Ja, so individuell die Wünsche sein mögen, für alle gleich ist das Verlangen nach dem Ende dieses fürchterlichen Krieges. Die Glocken läuten vom Tal herauf, es ist friedlich bei uns, aber draussen? Dort drüben? Wo sind sie, die Männer, Eltern, Brüder, Verlobten, sie alle, die die Nazis verschleppt haben? Leben sie noch?

Da halte ich eine Hand in der meinen, lege den Arm um eine Schulter, die von Trauer gebeugt ist, sage ein paar Worte und reiche ein Taschentuch, streiche über den Arm eines Mitmenschen, vor dessen Leid ich verstumme.

*

Auf Mitte Januar 1943 verleiht mir die Zentralleitung den Status einer Lagerleiterin.

«Wollen Sie das übernehmen?»
«Ja, kann ich das wohl?»
«Bestimmt! Mit den Bestellungen von Heizmaterial, Kartoffeln usw. können wir Ihnen am Anfang noch behilflich sein.»
Die Entlöhnung bleibt wie bis jetzt um einiges unter dem Minimalansatz für männliche Anfänger, Lohngleichheit ist noch ein Fremdwort. Das ist indessen mein geringstes Problem. Jedoch droht die Arbeitsüberlastung mich aufzuzehren und es mir kaum mehr zu erlauben, der wichtigsten, nämlich der menschlichen Aufgabe gerecht zu werden. Ich schreibe nach Zürich, hier die Antwort vom 12. Januar: «Wir danken Ihnen für Ihren Brief vom 30. Dezember 1942, worin Sie uns mitteilen, dass nach Ihren nunmehr gemachten Erfahrungen in einem Interniertenheim mit ca. 100 bis 150 Teilnehmern ein ständiges Leiterpersonal von mindestens fünf Personen (Lagerleiter, Hilfsleiter für Verwaltung, Hilfsleiter für Hausdienst, Gärtnerin und Arbeitslehrerin) notwendig sei. Ihre Auffassung stimmt in dieser Richtung vollständig mit der unseren überein. Es freut uns auch, dass Sie sich bereit erklären, neue Hilfskräfte zum Einarbeiten zu übernehmen.
[...] Wir möchten der Leiterbelegschaft des Heims Bienenberg danken für die tatkräftige Mitarbeit, die sie im Interesse unserer Aufgabe leistet und womit sie unserer Zentralleitung über die Anfangsschwierigkeiten bei der Einrichtung von Interniertenheimen hinweghilft.
Der Chef i. V.: Lerch»
Gut, denke ich, ermutigt durch den freundlichen Ton des Briefes. Seltsam dennoch, dass sie nicht von sich aus unsere Arbeitsüberlastung wahrgenommen haben.

\*

Anfang des Jahres 1943 wird eine Art Haushaltkurs für Mädchen und junge Frauen im Volkserziehungsheim Herzberg bei Aarau durchgeführt. Ein Bienenberger Grüppchen ist dorthin abbeordert worden. Ich schicke ihnen einen lustigen Brief und Schokolade. Der Kurs scheint wenig Begeisterung auszulösen.
Ruth Arndtheim berichtet am 26. Januar 1943: «Theoretischen Unter-

richt gibt es schon nicht mehr. Eine ziemliche Enttäuschung für uns. Jetzt werden wir aber hoffentlich bald auf den Bienenberg zurückkommen!! [...]
Was finden Sie eigentlich dazu, wenn eine Lagerleiterin sagt, es ist eineinhalb Wochen her: ‹Man hat Sie hier nicht gewünscht, Sie können ja dorthin zurückgehen, woher Sie gekommen sind und müssen immer daran denken, dass Sie hier nur tolerierte Gäste sind!› Dass das wahr ist, wissen wir schon, aber es tut doch sehr weh, dies hören zu müssen.»
Lebhaft und mit fröhlichen Gesichtern strömen die Heimkehrerinnen bald darauf ins Büro herein, und eine Stimmung von Heiterkeit breitet sich aus.
«Schön, dass ihr wieder da seid! Wie war's? Erzählt!»
«Ach, es lohnt nicht, nochmals darüber zu sprechen», meint Hadassa in seltsam weiser Art. «Ruth hat Ihnen ja alles geschrieben, und so war es eben.»
«Und ich glaube nicht, dass unsre Böden jetzt sauberer werden», murmelt Maidi vor sich hin.
An die Grenze stellen... Gehen Sie doch dahin zurück, woher Sie gekommen sind!
Mich schaudert. Wer in aller Welt bringt es fertig, solche Drohungen einem Flüchtling an den Kopf zu werfen? Noch kann ich die menschenverachtende Arroganz solcher Aussprüche in ihrer ganzen Ungeheuerlichkeit nicht voll erfassen. Welch tiefe schmerzhafte Verletzung für die dem Tode Entronnenen! Ich empfinde Scham und Empörung.

*

Nach dem kurzen Zusammensein mit den Angehörigen im Urlaub wiegt die neuerliche Trennung um so schwerer. Glücklicherweise hatten viele der beantragten Versetzungen der Männer aus dem Wallis Erfolg.
Ich erlaube mir eine kühne Missachtung einer der ZL-Vorschriften, die besagt, jedem männlichen Besucher sei das Betreten eines Frauenlagers verboten. Die strenge Kontrolle der Lagerleitung wird

selbstverständlich vorausgesetzt! Ich gestatte den besuchsfreudigen Männern am Wochenende den Aufenthalt bei uns in dem so schön gelegenen Heim hinter dem Wald.
Nun kommen sie herauf, melden sich im Büro an und geben die Mahlzeitencoupons ab. Es ist betriebsames und lautes Leben im Speisesaal. Frau Wilder und Helferinnen schöpfen und schöpfen, Krautsalat und Pellkartoffeln, vielleicht Sardinen und ein Käseeckchen, hin und wieder sogar einen Teller pikantes ungarisches Gulasch oder eine heisse Suppe, die in einem grossen Topf dampft. Sie sitzen in kleinen Gruppen da und dort beisammen und plaudern, und es ist wie eine grosse Gastwirtschaft.
«Fräulein Weber, das ist mein Mann», stellt mir eine Frau erwartungsvoll ihren Lebensgefährten vor, der mir die Hand reicht. «A giter Mann» (ein guter Mann), fügt sie mit gefestigter Stimme an, und über das Gesicht des Mannes geht ein verlegenes Lächeln. Er holt ein Päckchen Zigaretten hervor, bietet mir eine an, erzählt, dass er beim Strassenbau arbeite.
«Recht anstrengend», meine ich.
«Nun ja...», nichts weiter.
Wir wechseln das Thema, unterhalten uns noch ein bisschen in einem Sprachgemisch aus Jiddisch und Deutsch, doch dann lasse ich die beiden bald allein, die Zeit der Gemeinsamkeit ist ja so kurz.
Ich begrüsse ein paar andere Gäste. Es kommt vor, dass der eine oder andere mich um einen Rat oder um eine Auskunft angeht. Oft auch fällt in guter Stimmung eine witzige Bemerkung, ein mühsam gedämpftes ironisches Wort. Manche der Besucher jedoch sehe ich kaum.
Einige Grüppchen gehen vors Haus und ein bisschen die Feldwege entlang, andere verschwinden mit ihren gefüllten Tellern, um ungestörter zu sein, und allmählich leert sich der grosse Saal. Eine Spur von Zufriedenheit, ja Gelöstheit breitet sich aus und zerstreut meine leise Unsicherheit, ob ich mein Handeln auch wirklich verantworten kann. Doch warum sollten sich Familien und Freunde nicht wenigstens zuweilen an einem Samstag oder Sonntag zusammenfinden?
Am nächsten Morgen geht jemand durchs Haus und sammelt das stehengebliebene Geschirr wieder ein.
Dieser Verstoss gegen das Reglement, diese Willkür meinerseits, wie

dies in Zürich gesehen wird, steigt der Zentralleitung sauer auf, und meine Disziplinlosigkeit kostet mich beinahe meine Stelle. Ein Inspektor taucht auf.

«Denken Sie nicht auch, dass es sinnvoller ist, wenn die Männer ihre Frauen hier oben treffen und nicht unten im Dorf?»

«Männern ist das Betreten von Frauenheimen nicht gestattet», unterbricht er mich.

«Bestimmt, das habe ich gelesen. Doch liegt es nicht auch im Interesse der Zentralleitung, wenn aus der Schweizer Bevölkerung keine Klagen eingehen? Stellen Sie sich vor, wie das auf die Einheimischen wirkt, wenn so an die hundert ‹chaibe Flüchtlinge› die kleinen Konditoreien in Liestal und Frenkendorf überschwemmen, die Frauen mit roten Fingernägeln und angemalten Lippen, alle laut und in fremden Sprachen sprechend! Da bricht dann schnell einmal der ohnehin latente Antisemitismus durch, und das Leben hier würde unerträglich.»

Wir werden an den Wochenenden in zuverlässigster Weise auf Ordnung bedacht sein, auf Kosten unserer eignen Freizeit, so versprechen wir.

Nach langer, eingehender Diskussion und Besichtigung des Heims zieht der Inspektor wieder ab. Ich spüre, er hat wohl mit dem Kopf verstanden, aber sein Herz ist nicht dabei. Auch die Zentralleitung, scheint mir, lässt mich nur ziemlich unwillig gewähren.

Im benachbarten Frenkendorf munkeln die Bauern und Kleinbürger von «dem Bordell Bienenberg da oben». So ist die Stimmung im Land. Ich bin sehr erschrocken, als mir das zu Ohren kommt. Was wissen sie denn von uns, und wir von ihnen? Jetzt erst wird mir bewusst, dass wir hier oben hinter dem Wald wie auf einer Insel leben; Kontakte zwischen uns und den Einheimischen beschränken sich auf das täglich Notwendige.

Das Anderssein und die fremde Sprache hier, das Misstrauen sowie kriegsbedingte eigene Sorgen dort vermögen nur in ganz seltenen Fällen eine mühsam tragende Brücke gegenseitigen Verstehens zu bauen. Doch, was mich zutiefst betroffen macht: Diese Absonderung scheint ganz im Sinne der ZL zu sein.

\*

Spät abends setzt sich Heidi noch einen Moment zu mir ins Büro.
«Bist du so sicher, dass alle Männer das Haus heut nacht verlassen haben?» fragt sie. «Mir ist nicht ganz wohl.»
«Warum denn sind wir so befangen in den Verbotsreglementen der ZL?»
«Es ist nicht das, Charlotte, mir scheint eher, da spielt unsre Erziehung mit eine Rolle, diese angelernten Tabus.»
Ich schaue Heidi mit grossen Augen an.
Ich vermute, dass Eva Arndt mit einem Freund zusammen ist.
«Zum Kuckuck», suche ich diese Ahnung, die mich irgendwie schuldig zu machen scheint, wegzuschieben. «Sollen wir für eine anfechtbare Moral einstehen gegen unser menschliches Verständnis, nur der ZL zuliebe?»
«Charlotte, du sagst es, du, die Lagerleiterin!» wirft Heidi halb ernst, halb belustigt ein. «Vergiss nicht, dass es Leute gibt, auch unter der Belegschaft, die, wahrscheinlich aus mangelnder Gelegenheit oder Neid, ganz gerne bereit sind, vorschriftskonform zu denken. Dann bist du angreifbar.»
«Du hast recht. Weisst du», spreche ich einen Gedanken aus, der sich in mir immer deutlicher formt, «wir sind hier eingesetzt. Ja! Aber es müsste uns gelingen, uns so zu benehmen, dass die Leute meinen, sie hätten uns gewählt.»
«Das bringst du nie fertig.»
«??»
«Du steht im Kreuzfeuer von Kritik und Anerkennung.»
«Stimmt. Es ist wie ein winziges Staatsgebilde, bloss ohne Freiheit und Selbstbestimmung. Also eine Diktatur und keine Demokratie?»
«Auch du», erwidert Heidi, «bist nicht frei, denn die, die dich eingesetzt haben, teilen nicht deine Ansichten.»
«Ach Heidi», rapple ich mich aus dem Ernst dieser Frage heraus. «Da man es ja sowieso nie allen recht macht, möchte ich nun, statt vernünftig schlafen zu gehen, mit dir laufen, laufen!»
Vorsichtig schliessen wir die Aussentüre auf und wandern in die tiefe Nacht hinein, wo die schweren, unlösbaren Probleme sich aus Kopf und Herz lösen und in der Dunkelheit verlieren.

III

In dem grossen Raum im Erdgeschoss mit den hohen Fenstern gegen das Tal, der einstmals fröhliche Bälle erlebt haben mag, richten wir, wie bereits erwähnt, den Arbeitssaal ein. Fräulein Gertrud Niederer, eine junge, hochgewachsene blonde Arbeitslehrerin mit grossen weichen Händen, ist unlängst bei uns eingetroffen. Sie ist hier für die Organisation der produktiven Arbeit verantwortlich. Da wird genäht und die Lager- und Privatwäsche ausgebessert. Bienenberg erledigt neben der eigenen auch die Wäsche der nahe gelegenen Männerlager.
Von der ZL sind kleine Tischwebstühle angekommen. Verschiedene Fabriken haben uns tonnenweise Abfallmaterial an Trikotresten geliefert. Diese werden in schmale Streifen geschnitten, zusammengenäht und zu grossen Knäueln aufgewickelt. Daraus entstehen an den einfach zu bedienenden Webstühlen solide kleine Teppiche, die als Matratzenschoner benutzt werden sollen. Ihre eigne Freude an der Arbeit versteht Fräulein Niederer auf ihre webenden Schützlinge zu übertragen. Und tatsächlich, selbst in der Freizeit sehe ich Frauen, die vor den Webstühlen sitzen. Sie sind ganz vertieft und lassen ihrer Phantasie im Erfinden kunstvoller Muster freien Lauf.
Trudi Niederer beschäftigt im Arbeitssaal täglich zwischen dreissig und fünfzig Frauen. Sie führt ein Kontrollheft, das für die geringen Lohnauszahlungen alle zehn Tage berücksichtigt werden muss.
Das strenge Arbeits-, Besoldungs-, Abrechnungs-, Rationierungs- und Sparkontenreglement verlangte zu seiner Bewältigung in der Tat die Absolvierung eines Buchhalterkurses. Im Frühsommer werden wir durch eine weitere Hilfsleiterin, Fräulein Louise Nef, eine etwas trockene, obrigkeitstreue, ungefähr dreissigjährige Bürolistin, vom bürokratischen Arbeitsaufwand entlastet. Fräulein Nef, die Rechnungsführerin, und Fräulein Niederer, die Arbeitslehrerin, verstehen sich auf Anhieb sehr gut.
Da sitzt also Louise Nef über einer Unzahl von Listen, die in dreifacher Ausführung regelmässig erstellt werden müssen, für Teilnehmerkontrolle und Soldauszahlungen, wobei bestimmte Prozente

für Barentschädigung und Naturalleistung nicht zu vergessen sind, ferner Abrechnungen für gewöhnliche und für Grossisten-Mahlzeitencoupons; und das mühsamste ist wohl, die Warenmenge im Magazin in genaue Geldwerte umzurechnen, mit Einbezug eventueller Rabatte auf Grossistenrechnungen usw. – eine unvorstellbare Kleinarbeit, alles natürlich ohne Rechenmaschine.

Es gibt Sparkonten, Inventarkontrollen, und unabhängig von der Lagerkasse führt Frau Notter eine Mannschaftskasse und Frau Flora die sogenannte Kantinenkasse.

Über diesem Administrativkrieg beginnt mein Kopf zu brummen, doch das hilft nichts, bin ich doch allein für all das verantwortlich. Könnten nicht Papier und Druckerschwärze rationiert werden? spotte ich. Gleichzeitig frage ich mich, ob ganz allgemein die kleinen Entschädigungen für die Flüchtlinge, die im Interesse der Wirtschaft des Landes ansehnliche Leistungen vollbringen, auch richtig eingestuft und festgesetzt sind? Ob die Auswanderer je von der Lohnausgleichskasse, in die sie einzahlen, profitieren werden?

Manchmal vor dem Einschlafen wirbeln mir zusätzlich all die Urlaubs- und SBB-Fahrscheine, die vielfältigsten Gesuchschreiben und Brieffetzen im Kopf herum, bis ein gütiger Schlaf sie ins Dunkel des Vergessens davonträgt. Dann erwache ich am Morgen erleichtert und gehe hinunter, wo Menschen sind.

*

Eben hat Heidi mit Trudi und Louise Nef im grossen Saal der Belegschaft den Tagesplan vorgelegt. Ich habe mich im Laufe der Zeit mit der Idee des sogenannten Appells versöhnt, solange er nicht eine militärische Kontrolle oder Machtdemonstration ist, sondern ausschliesslich einen Moment darstellt, in dem Mitteilungen an alle weitergegeben und Fragen und Einwände der Belegschaft angebracht und entgegengenommen werden können.

Nun sitzt man beim Morgenkaffee, wir von der Leitung mitten unter den Menschen, für die ein neuer Tag anbricht, wieder einer von den vielen, der nirgends hinführt, das Heute wie das Gestern, und immer so weiter und weiter... Ach, wann wird das endlich zu Ende sein? Wie lange noch «in der Sardinenbüchse», wie Zosia das nannte?

Nach dem Frühstück kümmert sich Heidi um die Hausarbeiten, und ich steige in die Küche hinunter.

«Frau Wilder, was gibt's heute zu essen?»

Mit ihr, der Magazinerin und den Küchengehilfinnen berate ich mich, wir stellen das Menu für ein bis zwei Tage und die Einkaufslisten zusammen. Die frohgemute Küchenchefin weiss nicht nur Zutaten und Gewürze, sondern auch ihre Gunst nach undurchschaubaren Gesetzen zu verteilen.

Heidi steigt ebenfalls in die Unterwelt hinab, gefolgt von einem Grüppchen Frauen, die nicht gerade ihr Sonntagsgesicht aufgesetzt haben, denn sie steuern auf das Waschhaus zu. Beim Vorbeigehen zwinkert Frau Wilder ihnen zu, und ich denke: Gut, dass die Köchin ein weiches Herz hat, das für die armen Waschfrauen schlägt. Denn die Arbeit im grossen, etwas dumpfen Raum bei Holzfeuerung und Dampfkesseln, Trögen und Zubern ist nicht leicht, nicht sehr beliebt. Schon hat Hubert die umfangreichen Wäschebündel vom Männerlager Arisdorf im Waschhaus abgeladen, die Bisel zusammen mit anderen Waren von Bahn und Post mit dem Fuhrwerk heraufgeschafft hat. Die Wäsche ist bereits verlesen. Nach zwei Tagen, wenn die Männersachen im Bügelzimmer nebenan geglättet werden, kommt unsere eigne Hauswäsche dran. Nach einer Woche holen die Arisdorfer die sauberen und geflickten Haufen ab.

*

«Haben die Ratten gewütet heute nacht?» frage ich Eva Arndt, die gerade ins Magazin gekommen ist.

«Oh nein, heute nicht!» sagt sie und wendet sich den zwei wartenden Mädchen, Rosl und Chawa, zu: «Stahlwolle und Wichse wollt ihr? Ach ja, heute ist der Esssaal an der Reihe.» Die zwei schlendern davon, gar so eilig haben sie es nicht mit dem Spänen und Wichsen.

«Wozu ist das denn nötig?» höre ich einmal eine Stimme aus dem Grüppchen, das mit Stahlwatte unter den Füssen den Holzriemenboden spänt. «Komm, wir legen einen Foxtrott auf und spänen dazu im Takt!» War das nicht Ruth Arndtheims Stimme?

Im Werkzeugmagazin hat derweil Cathy Schindler einiges Gartengerät an ihre getreue Equipe ausgeteilt, und mit geschulterter Schaufel und Hacke wandern sie in ihren Overalls auf unsern nahen «Pflanzplätz», der trotz Fleiss, Müh und Schweisstropfen wenig ertragreich ist. Doch im Juni und Juli werden die Mädchen und jungen Frauen wie die Spatzen in unsern dreizehn Kirschbäumen sitzen. Es sieht nach einem reichen Erntesommer aus, an dem sich das ganze Haus gütlich tun wird.

Der halbe Vormittag ist vorbei. Aus dem Arbeitssaal schnurrt eine Nähmaschine, das Klappern der Webstühle ist leise zu hören. Ab und zu erhebt Trudi Niederer ihre Stimme. Mahnt sie? Erklärt sie? Ich gehe vorbei.

Im Büro häuft sich der Papierkram. Zuerst versuchen Dr. Lenz und Frau Graumann, sich durchzukämpfen. Später kommt Louise Nef dazu.

«Gibt es wichtige Post?» frage ich.

Darauf hänge ich mich ans Telefon, um die verschiedenen Lieferanten zu erreichen. Die ZL will Auskunft über ein Erholungsurlaubsgesuch einer Lagerteilnehmerin, dann meldet die Liestaler Ärztin ihren morgigen Besuch an, den ich beim nächsten sogenannten Appell bekanntgeben werde. Die Materialverwaltung in Zürich verlangt nähere Angaben über die Kleiderbestellungen.

«Heidi!» rufe ich, doch wo steckt sie wohl?

Nun ist es elf Uhr. Von überall her kommen einige wenige Frauen hinaus auf den Vorhof, wo die Gartengruppe bereits die Arme schwingt vor der kommenden Gymnastikstunde. Cathy Schindler hatte die Idee, zur Entspannung täglich einige Körperübungen durchzuführen. Während der Arbeitszeit? Wird Trudi Niederer das verkraften können? Das Interesse der Teilnehmerinnen nimmt bald ab, und das Unternehmen versandet.

Endlich schwingt Frau Notter die kleine Schelle zum Mittag, und es geht nicht lange, bis alle Tische im Speisesaal besetzt sind. Da und dort trägt jemand einen gefüllten Teller zu einer Kranken ins Zimmer hinauf.

«Was gibt es denn heute?» Eine durch die rationierungsbedingte Monotonie der Menüs leicht überflüssige Frage.

«Ach so, Kartoffelsuppe.» Frau Wilder versteht es jedoch, die Speisen vorzüglich zu würzen. Es folgt ein Couscous mit einer Tomatensauce,

Abb. 5: *Im grossen Speisesaal gruppieren sich die Lagerinsassinnen und die Leitung je nach Sympathien um die vielen Tische. (Foto: Edi Hauri)*

in der sich hie und da ein Fleischstückchen verloren hat. Zuletzt teilt die Servicegruppe den Dessertapfel aus. Der Krautsalat mit Pellkartoffeln und einer Sardine oder einem Viertelfett-Gerberkäseeckchen kommt abends auf den Tisch.

*

Im Sommer wird dem Bienenberg die Herstellung von Filzpantoffeln für unser und andere Lager übertragen. Regelmässig macht dann Hubert Weiss die Kartons zum Versand bereit.
Wenn ich das geschäftige Treiben im Arbeitssaal ansehe, kommt es mir ein wenig vor wie in einer Fabrik. Wohl klappern keine Maschinen, und selbstverständlich gibt es kein Sprechverbot. Bloss dann und wann höre ich Trudi rufen: «Bitte, bitte, ein bisschen weniger laut!» Indessen fällt es vielen Frauen aus gesundheitlichen oder irgendwelchen anderen Gründen schwer, stundenlang im geschlossenen Raum in der grossen Menge zu sitzen – dann ist es Trostlosigkeit, die überwiegt, und nicht mehr ein Gefühl der Geborgenheit. Wie könnten sie vergessen, was sie verloren haben, und wäre es nur die kleine, alltägliche Freiheit?
Wir aber, wir sehen das alles nur von aussen. Trudi Niederer wird manchmal ärgerlich über Absenzen und Arbeitsausfälle, denn sie ist sich an einen schweizerischen Fabrikbetrieb gewöhnt.
«Trudi», möchte ich dann sagen, «es sind doch Flüchtlinge, Menschen mit einer grossen seelischen Last. Warum sollen sie sich für Pantoffeln begeistern?»
Wir haben die Idee, zwei Plakate im Esssaal anzubringen zur Ermunterung und als Anerkennung für den grossen Einsatz der Teppich- und Pantoffelherstellerinnen: «Der [...] Pantoffel ist fertig!»
«Der [...] Matratzenschoner ist fertig!»
Die Zahl wird nach dem jeweiligen Stand eingesetzt, und runde Zahlen werden von allen beklatscht. Dann hat nicht nur Trudi Niederer ein zufriedenes Lächeln im Gesicht, sondern auch die mit Lob beschenkten Frauen. Hoffentlich fassen sie es auch richtig auf – als unsere Wertschätzung ihrer Arbeit.

*

Heidi Eisenegger untersteht alles, was mit Arbeitseinteilung, mit Wäsche und Lingerie zu tun hat. Sie ist von der ZL aus verpflichtet, regelmässig das Inventar zu kontrollieren. Meist macht sie das gleichzeitig mit der Ausgabe der frischen Bettwäsche. Bei einer solchen Kontrolle ist sie einmal ganz verzweifelt.

«Charlotte, mir fehlen vier Leintücher und drei Kopfkissenbezüge! Was soll ich tun?»
«Die kommen schon wieder zum Vorschein», beruhige ich sie.
Und tatsächlich, als sie in einem Zimmer, das von vier älteren Frauen bewohnt wird, die frischen Leintücher austeilt und die alten einsammelt, bemerkt sie, dass in einem Bett unter dem gebrauchten sich ein weiteres Laken befindet – und dann noch ein zweites, ein drittes. Ohne etwas Böses zu beabsichtigen, hatte die Frau das neue Leintuch mit grosser Selbstverständlichkeit über das alte eingebettet. Das gleiche war mit den Kopfkissenbezügen geschehen. Das sind die kleinen Pannen, die immer wieder passieren und in denen sich die verschiedenen Lebensgewohnheiten manifestieren.
Im Zusammenleben bilden sich unter den so vielen, so verschiedenen Frauen und Mädchen immer wieder kleine Gruppen auf Zeit, und nicht selten werden daraus auch Freundschaften fürs Leben. Doch bei dem Mangel an Freiraum und der Enge der Wohnverhältnisse, bei dem teilweise so gegensätzlichen Lebenshintergrund – vom polnischen Schtetl zur westlichen Metropole, von den ostjüdischen Menschen zu den assimilierten deutschen Juden – gibt es unvermeidlich gelegentliche Reibereien, kleine Bosheiten, ja, auch Neidereien. Man tritt sich schnell einmal auf die Zehen, und sei's bisweilen gar nicht beabsichtigt. Man ist auch bereit, sich zu entschuldigen und sich wieder zu versöhnen.

\*

Eine unerwartete Meldung verursacht viel Tränen. Wir erhalten eines Tages die Verfügung, dass für Frauen, die ihre kleinen Kinder nicht in Kinderheime oder Privatfamilien abgeben wollen oder können, in Montana im Wallis ein neues, geeigneteres und komfortableres Heim eröffnet wird. Wieder Zwangsversetzungen! Weinend packen die Betroffenen ihre Koffer. Eine dieser Frauen, Else Sperber, schreibt mir im Juli aus Montana: «Es ist schon 1 Woche, dass ich hier bin u. habe mich noch immer nicht zurecht gefunden ebenso wenig diejenigen, die mit mir zugleich ankamen. Wir sind wohl in der Höhe haben sehr viel Sonne aber leider nicht ein ‹Sonnenlager› getroffen. Sie dürfen

nicht übersehen, dass ich schon im 6. Internierungsheim bin und leider darin schon Erfahrung habe. Ein Lager, d. h., ein 2. Elternhaus war mir der Bienenberg durch Ihre Führung ebenso Ihrer werten Mitarbeiterinnen. Sie wissen gar nicht was ein Mensch verliert, der ein Innenleben hat, wenn man gezwungen wird von Ihnen fortzumüssen. [...] [Man habe nicht gefühlt], dass man ‹Fremder im fremden Lande› ist. Und das fehlt hier. Das hiesige Fräulein bemüht sich, jedoch Sie sind unersetzlich für Menschen wie ich die zuerst Existenz, Vermögen, Geschwister verloren haben u. seit 5 Jahren von Haus u. Hof vertrieben wurden u. endlich bei guten Menschen Aufnahme gefunden u. neuerdings bemusst zu Wandern! [...]
Die Kinder bekommen leider hier kein Obst. Auch keine 2 Bollen Milch per Tag so wie bei Ihnen. [...] Auch kein Nestrovit. Das Alles degutiert die Freude an diesem Heim. Jede von uns bangt nach Bienenberg. [...] Um 7 Uhr abends gibt es nochmals Appell. Heute Nacht nach Mitternacht kam unsere Lagerleiterin sogar Kontrolle halten.»
Der Brief stimmt mich traurig. Er bleibt nicht der einzige dieser Art. Was kann ich tun? Ein Zurück gibt es nicht. Unsere Kinderküche und die Schule sind inzwischen geschlossen worden.
Vom Interniertenheim Sonnenberg bei Luzern schreibt die so lebensvolle junge Ruth Pechner, ehemalige Ruth Arndtheim, die im Sommer ihren Freund Hans Pechner geheiratet hat, auch im Namen einer Reihe mit ihr dorthin strafversetzter Frauen; diese wurden von der ZL aufgrund mir unerklärlicher mysteriöser Anzeigen als Unruhestifterinnen eingestuft und versetzt, und ich bin gegen solche Verfügungen absolut machtlos. Ruth schreibt im Oktober 1943 nach dem «Paradies Bienenberg»:
«Sie können sich einfach nicht vorstellen, wie die täglichen 2 Appelle auf die Leute wirken. Wahre Lustigkeit gibt es hier keine, man ist von einer frostigen, unfreundlichen Atmosphäre umgeben.
[...] [Die Leiterin] ist völlig unnahbar und unsichtbar und kann nur durch eine Mittelsperson im Büro indirekt erreicht werden, ich muss Ihnen sagen, dass ich mich des Gefühls nicht erwehren kann, wir sind für sie nur eine minderwertige Sorte Menschen, mit denen man sich nicht abzugeben braucht. Wie anders ist dagegen die Bienenberger Einstellung. [...]

Sie wissen ja nicht, was es für uns bedeutet, als Mensch und nicht als ‹chaibe Flüchtling› behandelt zu werden. [...] Ich denke mir manchmal wirklich, warum ich vor den Deutschen ausgerückt bin um wieder in einer preussischen Kaserne zu landen. [...]
Von aussen ist hier alles Gold und von innen Mist.»
Sonnenberg, das sogenannte Musterfrauenheim! Etwas in mir empört sich. Darf man so mit Menschen umgehen? Es wird berichtet, dass Frau Warschauer ihren Mann, der sie auf Sonnenberg besuchen wollte, nur draussen, im Regen unter dem Schirm stehend, sprechen durfte. Soll ich dies wirklich glauben?
Nachdem die Kinder das Heim verlassen haben, übernimmt nach Eva Arndts Liberierung Greet Marx die Lebensmittelausgabe. Sie hat die Sache gut in der Hand. Sie ist minutiös und ordentlich, von einer unerbittlichen Unbestechlichkeit – das trägt ihr den Spitznamen Magazinhyäne ein – und von einem seltsam kühlen Humor. Im Magazin herrscht mustergültige Ordnung.
Wie gelingt es nur Frau Wilder, weiterhin kleine Extras da- und dorthin auszuteilen? Nie sind mir indessen Differenzen mit Greet Marx zu Ohren gekommen. Am Ende des Monats stimmen die Vorräte grammgenau, was einen unvorstellbaren Papier- und Formularkrieg voraussetzt. Eine Rechnerei ohne Ende.
Aber Greetje Marx bewältigt das gut. Es erstaunt nicht, dass sie später im Hafen von Haifa eine ausgezeichnete Zollbeamtin sein wird.

# IV

Die Organisation des Heims klappt mehr oder weniger. Doch ist das alles? Wollte ich nicht Wärme und Freude – ja, vor allem dies! – bringen, um Herz, Geist und Gemüt aufzuhellen? Ich blicke auf von all den Formularen, die ich durchgesehen und unzählige Male mit meiner Unterschrift versehen habe. Für einen einzigen Ein- oder Austritt sind es deren mehr als drei Dutzend. Wie spät ist es? Der Tag geht zur Neige. Im grossen, spärlich erleuchteten Speisesaal sitzen noch einige Frauen, ein wenig erloschen. Woran sollten sie sich auch ergötzen?

Da sind Menschen vor mir, mit Verlorenheit und Angst in der Seele, die ein Heute leben zwischen Alpträumen und Hoffen, in einem Wartesaal, vor dessen Fenstern es dunkel ist. Wie kann ich der Sehnsucht Gestalt geben, die alle verbindet? Meine eigne Empfänglichkeit für Musik und Literatur, die Beglückung, die ich aus schöpferischem Tun erfahren habe, lässt mich nach Wegen suchen, meinen Bienenbergerinnen etwas Glanz in den Alltag zu bringen.

Manchmal denke ich nur den Boden bereiten zu müssen, denn welcher Reichtum an Sprache und Musik, oft ganz gegensätzlicher Art, ist hier in diesen vielen Menschen vorhanden, verborgen, überdeckt von Sorgen, doch auch mit dem Wunsch, sich auszudrücken. Oft höre ich irgendwo ein Lied, ein paar Worte.

Sehr viele polnische Mädchen und Frauen sprechen hauptsächlich jiddisch. In ihnen ist ein unerhörter Schatz an jiddischen Ghetto-Liedern und Tänzen noch ganz lebendig, und wenn sie erst einmal so richtig angefangen haben damit, nimmt die frohe Stimmung, in der immer ein Unterton Wehmut mitschwingt, kein Ende. Ein melodisch einprägsames Lied geht mir lange nicht aus dem Sinn:

Dunje, Dunje, will dich eppis fregen
Wos ken wachsen un a Regen,
Wos ken weinen un a Trären,
Wos ken brenen nischt ojfheren?
Dschumbala, dschumbala, dschumbalalaika...

Es sind viele Strophen, und den Refrain singen alle zusammen, in die Hände klatschend, mit. Oder:

Schtejt sich dort in gessele
Schtil fartracht a hajsele,
Drinnen oifn bojden-schtibi
Wojnt majn tajer Rejsele.
Jedn ownt farn hajsl
Drej ich sich arum,
Ch'gib a fajf, un ruf ojss: Rejsl,
Kum, kum, kum!
Steht dort im Gässchen
Still verträumt ein Häuschen,
Drinnen in dem Boden-Stübchen
Wohnt mein teures Röschen.
Jeden Abend vor dem Häuschen
Dreh ich mich herum,
Ich pfeife und rufe aus: Röschen,
Komm, komm, komm!

Diese Musik ergreift mich in meinem Innersten. Es ist etwas Wildes und Dunkles darin.
Immer mehr wird gesungen, immer weitere Lieder fallen ein, noch mehr Verse, und die Stimmung ist warm, und es kommt vor, dass sie auf einmal in Trauer und Tränen umschlägt. Heimweh nach Verlorenem und, was zu diesem Zeitpunkt noch kaum abzusehen ist, nach einer nie mehr wiederkehrenden, einzigartigen Kultur.
«Ach Betty», bitte ich ein vitales blondes Mädchen, «singen Sie doch nochmals das Lied ‹Ich fuhr a heim›...»
Betty singt. Sie hat das richtige Timbre, etwas tief und leidenschaftlich. Darauf stimmen alle das russische Partisanenlied «Po dolinam, da po wzgoriam...» an. Für mich klingt es unerhört schön und mitreissend, auch wenn ich kein einziges Wort verstehe und es bestimmt ganz falsch aufnotiert habe. Ich fühle mich fortgetragen, weit weg, eingehüllt in ein fremdes, ergreifendes Dunkel.
Als eines Tages ein Gast aus einem Buch von Scholem Alejchem, dem Sänger und Geschichtenerzähler der Ostjuden, vorträgt, erstehen vor mir allein durch die Bildkraft und Melodik der jiddischen Sprache die Geschichten ganz plastisch und lebendig. Ich sehe Teve, den Milch-

mann, mit seinem Karren und seine sieben Töchter, die «sind wie Tannen». So achte ich darauf, die Abende mit der ergreifenden ostjüdischen Schtetl-Kultur, zu welchen sich die Mädchen und Frauen immer wieder zusammenfinden, nicht zu verpassen. Hie und da versuche ich ein paar Worte auf jiddisch zu sagen, was grosse Erheiterung hervorruft.

Auch Simche Schwarz zieht mit seinen jiddischen Schauspielleuten durch die Lager. Ihm geht der Ruf, vorzüglicher Regieassistent im berühmten jüdischen Habima-Theater zu sein, voraus. Etwas später im Jahr ist er bei uns angemeldet.

«Wird er den Dibbuk spielen?» fragt mich eine Frau erwartungsvoll.

«Dibbuk?»

«Das ist der Totengeist, der in den Leib eines Lebenden fährt und ihn verhext», erklärt sie. Und von Zosia erfahre ich, dass dies ein alter kabbalistischer Volksglaube ist.

Doch kein Dibbuk bei uns. Die Truppe singt jüdische Volkslieder, erzählt Geschichten und tanzt, und im Handumdrehen sind die Requisiten gefertigt, die zusammen mit der Musik und dem lebendigen Spiel die Atmosphäre eines polnischen jüdischen Städtchens erstehen lassen.

«So is dus geween bei uns», sagt eine Zuschauerin fast etwas wehmütig, klatscht dann aber wie alle übrigen ausdauernd den Schauspielern zu.

Von all diesen Dingen hatte ich bis anhin nie gehört. Auch die hebräischen Schriftzeichen kannte ich nicht, in denen die Frauen aus Osteuropa ihre jiddischen Briefe schreiben. Das sieht für uns aus wie eine Geheimschrift.

Aus einem Brief an meine Mutter im Frühsommer 1943:

*Hier regnet es dermassen, dass man kaum ins Tal sieht. Zudem stürmt es so, dass eben die kleine Vase mit Jasmin auf meinem Balkontisch umgeweht wurde.*

*Drunten im grossen Saal machen sie Gesellschaftsspiele. Wir haben Spielkarten und Domino, auch sind es manchmal die amüsanten Schreibspiele, die wir als Kinder so lustig fanden. Dann wird viel gelacht. Natürlich geht das nur in Deutsch oder Französisch. Bei Sessel-Tanz und Blinde Kuh sind alle beteiligt, jemand bedient das klimprige Klavier. Du glaubst nicht, wie wir da alle richtig mitgerissen werden. So vergehen viele unserer Abende.*

\*

Abb. 6: *Die Bewohnerinnen richten sich ihren kleinen, privaten Lebensraum individuell und gemütlich ein. In allen Zimmern hat eine Gruppe junger Frauen die Tapeten übermalt; nun hängen hinter den Betten die selbstgewobenen Matratzenschoner. (Foto: Edi Hauri)*

In der Werkstatt, wo Sally und Hubert Weiss Freizeitkurse für Holzarbeiten eingeführt haben, ist der Andrang gross. Es entstehen gekonnte, kleine Geschenkartikel oder Gegenstände, die die Zimmer verschönern helfen. Die hellen Augen von Hubert Weiss strahlen vor Befriedigung ob seiner Erfolge.
Als ich gestern abend über den Gang ging, stand eine Zimmertür offen.

«Wollen Sie mal schauen?», und eine Stimme bittet mich herein. Die vier Bewohnerinnen haben alles neu gestaltet, die Webteppiche hinter den Betten, selbstgezimmerte Etageren darüber, zwischen Bücherstützen ein paar Paperbacks, auf dem mit einem bestickten Tuch bedeckten Tisch stehen ein Konfitürenglas voll Wiesenblumen und ein bei Sally und Hubert selbstgeschnitzter Holzteller mit Kirschen. Mild wird das Abendlicht durch die nach polnischer Art auf halber Fensterhöhe angebrachten kleinen Vorhänge aus Restenstoffen gefiltert.

«Oh, wie schön ist es bei Ihnen!» entfährt es mir. Die Zimmerbewohnerinnen scheinen sich wohl zu fühlen, und das beglückt mich.

Über einem der Betten ist das Bild eines Mannes mit kleinem dunklem Bart an die Wand geheftet. Ich trete näher und schaue es an und merke zu spät, dass ich dies nicht hätte tun sollen. Denn, wie ich mich umdrehe, sehe ich die bebenden Mundwinkel und die Tränen in den Augen einer der Frauen, die sich erhebt und auf ihr Bett zugeht. Wie bloss kann ich es gutmachen? Ich setze mich neben sie, halte ihre Hand fest, wortlos.

«Komm, Pola, es wird schon gut werden», beruhigt eine der Gefährtinnen. Und leise: «Es ist ihr Mann, sie weiss nichts von ihm.»

Die andern versuchen, das Gespräch auf den Alltag zurückzuführen. Schliesslich frage ich, ob sie mit allem zufrieden seien. Sie sprechen sich frei aus. Kleine Mängel, auf die sie mich aufmerksam machen, werden wir versuchen zu beheben. «Doch», sagen sie, «solange der Krieg noch dauert, möchten wir hier auf Bienenberg bleiben.»

Wie richtig war es, die Teppiche an die Wand zu hängen, stelle ich zufrieden fest. Sobald eine Inspektion gemeldet wird, läuft Heidi Eisenegger durchs Haus – «Schnell, schnell!» rufe ich. «Ich gehe unterdessen ins Magazin mit dem Herrn!» – und lässt den Wandschmuck unter die Matratzen verschwinden, wo sie, nach ZL-Vorschrift, zu sein haben. Doch für einmal kommt unsere Massnahme zu spät. Der heutige Inspektor Jean-Richard scheint sich von der üblichen ZL-Mentalität zu unterscheiden. Er kann sich über den Wandschmuck nur lobend äussern.

In irgendeinem Abstellraum haben wir einen verlotterten, grossen runden Tisch gefunden, und ich bitte den Schreiner, ihn für die Bibliothek wieder gebrauchsfähig zu machen, was Hubert, wie bei allem, was er anfasst, bestens gelingt. Über diesem Tisch hängt eine helle Lampe mit einem riesengrossen, beinahe flachen Schirm. So ist es gemütlich zu lesen. Und: Gespräche am runden Tisch, warum nicht? Besonders an Regentagen geht es da recht lebhaft und manchmal auch geräuschvoll zu.

Viele Bücher stammen aus der Kiste der Volksbibliothek. Andere haben wir geschenkt bekommen. Frau Marwitz, die gewählte Bibliothekarin, bindet zusammen mit einigen andern hilfreichen Geistern die Bücher, nach Sprachen gesondert, in verschiedenfarbige Papiere ein. Sie ist eine gewissenhafte und ach so gestrenge Bibliothekarin. Die Polinnen sagen: «Ein bisschen zu jekkisch!» (eine leicht pejorative Bezeichnung für die deutschen Juden), lassen sich aber trotzdem gerne von ihr beraten und kommen zu den festgesetzten Stunden zur Ausleihe. So sehe ich die etwas drahtige Frau sich jeweils am Dienstag und Donnerstag nach dem Mittagessen rasch vom Tisch erheben. Sie eilt, die Bibliothek zu öffnen. Im Zimmer stehen schon einige Leserinnen, diskutieren, empfehlen einander dieses oder jenes Buch.

Doch was tut denn Zosia heute abend in der Bibliothek? Leicht über den Tisch geneigt und mit verbissenem Eifer schneidet sie aus buntem Papier polnische Volkstänzer in gewagten Posen aus und klebt sie auf hellen Fotokarton. Wie, so staune ich, bringt sie bloss die Ruhe und Geduld auf für die feine, knifflige Arbeit? Die hübschen Kunstwerke werden im Esssaal mit vielen anderen kunstgewerblichen Arbeiten aus der Weberei und dem Schreineratelier in einer zu Recht vielfach bewunderten Ausstellung gezeigt.

Zosia mit ihrem natürlichen Verständnis für die Frauen aus Polen und auch für all die andern, die vom gleichen Schicksal betroffen sind, wird von jedermann akzeptiert. Nun erbietet sie sich an, mit Mary Veselic, einer Jugoslawin, Maturastoff durchzuarbeiten. Ja, Mary! Sie ist kaum zwanzig, hat einen seltsamen, einnehmenden Charme, zu dem die fast unmerklich nach auswärts schielenden dunkelbraunen Augen und die im Gespräch oft leicht schräge Kopfhaltung beitragen. Sie ist begabt, sehr attraktiv und lebhaft, aber auch eigenwillig. Die Matura wird sie in ihrer gegenwärtigen Situation nicht schaffen, später findet sie aber so etwas wie Glück mit einem Freund in Paris.

Oftmals sehe ich Edith Königsberger, die mir realistisch und gleichzeitig verträumt vorkommt, sinnend vor einem Bogen Papier sitzen. Sie scheint irgend etwas zusammenzureimen. Tatsächlich, es ist ein kleines Märchen, wie sie es vielleicht in Berlin ihren Kindergartenkindern einstmals erzählt haben mag. Die Freude am Schreiben veranlasst sie denn auch, 1946, noch in der Schweiz, ihr bereits erwähntes Erinnerungsbuch zu verfassen.

*

Das Geld ist immer ein Problem. Manchmal reicht es nicht einmal mehr für Marken und Schreibpapier. Mitunter sehe ich, dass jemand am Feierabend zum Bauern Bisel hinüberläuft, um sich mit einem Schluck von dessen Gebranntem einen Moment Vergessen oder Heiterkeit zu erkaufen. Dann gibt es Schulden in der Kantinenkasse von Frau Flora.
Zigaretten sind für viele unentbehrlich, die billigste Marke heisst FIB.
«Das hätte ich nie gedacht, dass man extra für uns eine eigne Zigarettenmarke kreiert!» ruft Irma Hoenigsberg amüsiert, aber mit sarkastischem Unterton aus.
«Wieso? Was meinst du damit?»
«F heisst Für, I steht für Internierte und das B sagt Bestimmt, also ‹Für Internierte Bestimmt›.» Dabei zieht Irma ein Päckchen, das schon recht dünn ist, aus der Rocktasche und steckt sich eine Zigarette an mit einem Streichholz, das sie über die Schuhsohle gezogen hat.

*

Ist es die Erinnerung an alte Bräuche oder der Wunsch, die Wartezeit, die ohne absehbares Ende sich hinzieht, zu unterbrechen, dass einige der jüngern Frauen an Lagh ba Omer, dem jüdischen Erntedankfest, einen, wie sie es nennen, «lustigen Abend» arrangieren? Im Arbeitssaal sind die Tische zur Seite geschoben, aus einer Ecke wimmert und plärrt das alte Grammophon Tanzweisen aus einer vergangenen Zeit. Man singt und tanzt, man erinnert sich und will zugleich vergessen. Wieviel Kraft trotz allem in diesen Menschen steckt! Überlebenskraft?

Ich bleibe hinten im Saal stehen, schaue zu. Für mich ungreifbar empfinde ich wieder das Fremde, Unbekannte, was ich am Anfang noch nicht wahrnehmen wollte oder konnte. Da ist eine Welt verborgen, der ich bisher nie begegnet bin, die mich zugleich fasziniert und beunruhigt, weil ich sie noch nicht erfasse. Ich versuche sie zu erspüren, zu erkennen.

*

An einem meiner Urlaube in Zürich fragt A. eines Tages: «Was liest du zur Zeit?»
«Nichts...», sage ich fast erschrocken und werde mir erst jetzt bewusst, dass ich in den letzten Monaten kaum an Lektüre gedacht habe.
«Doch, doch, Bücher gibt es schon, was fehlt, ist Zeit.»
Über den Wunsch nach Büchern legt sich der Alltag, der bewegende, der reiche, der mühevolle Lagertag.

*

Als der Sommer sich anschickt, die Tage zu vergolden, erinnere ich mich an einen Abend vom vergangenen Herbst im Bienenberg:
Wir fanden uns, Eva Arndt, Frau Marwitz, Maidi, Hadassa, einige andere Flüchtlingsfrauen, Heidi Eisenegger und ich, unverabredet im kleinen Büro zusammen und diskutierten lebhaft. Das Thema war Gemeinschaft. Ist sie möglich? Wie wollen wir sie hier verwirklichen? Wir waren uns bald darüber im klaren, dass in einem Lager wie dem unsrigen zwei Verhaltensweisen, nämlich die rein egoistische Überlebensstrategie – «ja, braucht es die denn hier überhaupt noch?» – und die Verwirklichung eines toleranten und freundlichen Zusammenlebens, nicht leicht in Einklang zu bringen sind. Wir merkten nicht, wie die Stunden vergingen; wir mochten noch gar nicht auseinandergehen, und auf einmal, gegen Morgen schon, beschlossen wir, auf einem Spaziergang durch den spätherbstlichen Wald und die umgepflügten Felder und Wiesen dem Sonnenaufgang entgegenzuwandern. Es wurde für uns alle ein wunderbares Erlebnis, in unserem Schweigen lag die Ahnung von Selbstbestimmung und Freiheit, die alle beglückt empfanden und ins Heim zurücktrugen.

Dieser herrlichen Erfahrung eingedenk, schlage ich an einem hellen Sommertag eine Wanderung vor, die uns, nach dem Nachtessen, beim Eindunkeln, durch die Wälder und über die Felder führen soll. Das wird etwas staunend aufgenommen. Doch dann wandern wir, ein ansehnliches Grüppchen, in die liebliche Landschaft hinaus. Und es bleibt nicht bei diesem einzigen Mal. Eines Sonntags erreichen wir nach einem mehrstündigen Marsch auf Wald- und Feldpfaden den Gempenstollen mit der befreienden Weitsicht. Manchmal auch schwärmen wir bei Vollmondlicht aus.

In solchen Augenblicken bin ich sehr glücklich und möchte, dass sie alle es hier auch wären, und weiss doch, welche Lasten sie tragen! Ängste, die Erinnerung an die Vergangenheit, Ungewissheit, die Sorge um die Zukunft. Sie scheinen beglückt durch das gemeinsame Wandern, durch die Freude an der Bewegung, durch das vage Gefühl einer Spur von Freiheit.

Ich selbst kehre, ergriffen durch die Sanftheit der Wiesen und Hügel, auf unsern Bienenberg zurück.

*

Ein Genuss andrer Art sind die Kammermusikabende, die wir von Zeit zu Zeit im grossen Arbeitssaal arrangieren. Dann steckt am Anschlagbrett des Speisesaals eine in Zierschrift geschriebene Ankündigung:

> TRIO-SONATA
> J. S. Bach
> Grand Concert exécuté
> pour la première fois au
> DoMiSiLaDoRe
> Vous êtes cordialement invités à l'audition
> de cette création de première classe
> Soyez les bienvenus

An den zwei Zuglampen im Arbeitssaal, an denen bislang nackte Glühbirnen von der Decke hingen, bringen wir riesengrosse, aus Zeitungsmakulatur gefältelte Lampenschirme über breit ausladenden Gestellen aus Hubers Atelier an. Eine der Lampen lassen wir tief herab. Unter ihr, vom warmen Lichtschein eingegrenzt, sitzt das Trio oder Quartett, je nachdem, und spielt, spielt... Die verzaubernde Stimmung, die von den Künstlern in den verdunkelten Saal fliesst, ergreift. Ich schliesse die Augen und verliere mich in diesen Tönen, die in mir ein Gefühl starker Verbundenheit mit den lauschenden Menschen um mich herum wecken.

Ich höre, wie ein paar Frauen sich erheben und leise den Saal verlassen. Diese Klänge sind nicht ihre Welt. Das ist ja begreiflich, denke ich, denn wie weit spannt sich doch der Bogen der Gegensätze.

Einmal sogar, als aus dem Radio die Doppelsonate von Bach erklingt, geht grade einer der Männer vorbei, und ich höre seinen Stossseufzer: «Was for an Dreck.» Auch das gibt es.

Die Künstler sind die Straussen und Paul Lenz, letzterer am Cello oder am Klavier.

«Im Lager Schloss Burg sitzt ein Geiger, Samy Dickel», meldet mir eines Tages Papa Strauss. «Mit ihm könnten wir ein Quartett bilden.» Der Leiter von Schloss Burg kommt gleich selber mit Samy Dickel herüber und ist nach der Darbietung bedenkenlos einverstanden, seinen Geiger noch mehrere Male freizugeben. Das Quartett touriert in der Folge in verschiedenen Lagern der Umgebung, ja, selbst in Gemeindesälen kleinerer Orte, wohin sie geladen werden.

Einmal werden sie auch vom Interniertenheim Tivoli in Luzern angefragt. Das ist ein feudales Hotel, in dem einst die Königin der Niederlande abzusteigen pflegte und wo unsere Musiker in noblen Zimmern mit weichen, weissen Betten und Balkonen untergebracht sind. «Wir haben unsere eigene Atmosphäre mitgebracht, denn die Leitung kümmert sich einen Teufel um uns», melden sie. «Wissen Sie, in all der kalten Pracht haben wir Sehnsucht nach dem geliebten Bienenberg, der uns eine richtige Heimat geworden ist, und nach gewissen Leuten, die da oben hausen!»

Ich versuche, unsern Künstlern so viel als möglich freie Zeit zum Üben zu verschaffen, ohne Animosität oder Neid von den Mitinsassen oder schiefe Blicke der Allgewaltigen des Arbeitssaales gegen sie aufkommen zu lassen. Ist denn das ernsthafte Üben nicht auch eine Betätigung zum Wohle unseres Bienenberg? frage ich. Doch Frau Strauss mag keine Sonderbehandlung. Sie will nicht aus den andern herausragen, und gerade deswegen tut sie es.

Vom Wesen dieser aussergewöhnlichen Frau fühle ich mich tief berührt, und in Momenten von Einsamkeit oder Zweifel steige ich ins Dachzimmer hinauf. Es braucht gar nicht jemand anwesend zu sein, ich schaue ganz einfach mal hinein, ob da nicht etwas fehlt, ob die Jasmine genügend Wasser haben oder ob der Kirschenteller schon leer ist. Heute waren sie alle oben, Vater, Mutter und die Jungen aus Basel. Äusserlich so lose verbunden, innerlich so stark. Eine Familie, die nicht durch materielle Fürsorge, sondern in einer geistig-seelischen Verantwortung zueinander steht.

Dann steige ich die vielen knarrenden Treppen wieder hinab, mitten hinein in eine ganz andere Welt, ohne Traum und Musik, voll Hier und Heute und Wirklichkeit, erfüllt mit lautem Reden, fremden Lauten, dünnem Kichern, mit hilfreichen Gesten dazwischen und freundschaftlichen Zuwendungen, vielleicht auch mit versteckten Intrigen, mit einer Träne im Auge oder ironischem Blitzen, all das eben, was in jeder Gesellschaft an Hell und Dunkel anzutreffen ist. Sie sind nah, sie sind abseits, sie streifen dich, sie suchen dich, sie sprechen dich an, sie gehen vorbei. Wenn du dich verlierst in diesem Undurchdringbaren, gehst du der Übersicht verlustig.

Doch du gehörst dazu, sie gehen dich alle an in gleicher Weise, es sind Menschen wie du!

# V

Etwa eine halbe Wegstunde hinter dem Bienenberg, am Ende des Juratals, liegt das Emigrantenlager für Männer, Bad Schauenburg, ein grosser Gebäudekomplex im ähnlichen Stil wie unser Bienenberg.
An einem schönen Sommerabend spazieren wir, ein Grüpplein Bienenbergerinnen, an den blühenden Wiesen vorbei nach der Schauenburg. Dort geben René Levy und seine Musikband mit Saxophon und einem schwarzen Sänger eine kleine Vorstellung. Bestuhlung ist vorbereitet, den Wänden entlang stehen in grosser Spannung all die Menschen, denen im voraus schon die wiegenden Bewegungen in die Glieder gefahren zu sein scheinen. Ich beobachte die Szene, es ist alles Rhythmus, Zauber, Ekstase. Die Bewegung erfasst den Saal. Ich sehe, wie Lore Bohne mitschwingt, sich mitwiegt. Ich beobachte interessiert und zugleich etwas verunsichert, weil es mir nicht gelingt, mich von dem Taumel mitreissen zu lassen. Ist es eine Berauschung? Oder eine Befreiung?
Spielen wohl die Zweifel und Gedanken, die mich auf dem Heimweg überfallen, auf das eben Erlebte an? Denn wie auch schon bei anderen Gelegenheiten habe ich an diesem Abend in dem Männer-Emigrantenlager einen gemeinsamen Drang nach Mitspracherecht gespürt, nach Durchbrechen der verordneten Passivität, was sich in den schwungvollen Körperbewegungen Luft zu machen schien. Doch wird die Welt ihnen, den Verfolgten, dereinst eine Stimme in der politischen Entwicklung der Zukunft zugestehen? Worin würde denn ihr Beitrag bestehen, und wie könnten sie ihn einbringen? Es scheint mir, dass jeder einzelne vorerst die eigne Rettung, das eigne Überleben anstreben wird.
Unverständlich und heimtückisch erfasst mich eine tiefe Skepsis: Es wird nichts Neues kommen, nicht hier und vielerorts wohl nicht, es wird nichts anderes als Wiederholung sein, als geschicktes, ja, vielleicht virtuoses Nutzen von Gegebenheiten und Situationen im Interesse des eignen bestmöglichen Fortkommens. Sollte das nicht richtig sein? Nicht erlaubt? Doch wo bleibt dann ein neues Europa? Ein gerechteres? Ein sozialeres?

Ich habe ein starkes Bedürfnis, mich darüber mit jemandem auszusprechen, doch hier im Lager ist niemand. Zosia? Frau Strauss? Die Mädchen? Nein, denke ich, ich darf sie mit meinen Unsicherheiten und Fragen, die sie sich selbst wohl auch stellen, nicht belasten.
Und siehe da, vor mir fällt eine Sternschnuppe mit einem hellen Strahl vom östlichen sommerlichen Nachthimmel, verscheucht meine düsteren Gedanken und nimmt meine Wünsche auf. Auf dem Wege sehe ich Ramona und Eleanor, sich im Rhythmus des vergangenen Abends wiegend, davonschreiten.

*

In dieser Zeit habe ich einen merkwürdigen Traum und erinnere mich des letzten Bruchstücks:
Eine grosse Versammlung von Menschen in einem riesigen Saal. Es wird der Friede besprochen und eine Art Kämmerer beantragt, nun die Friedensfrage zu lösen, und zwar folgendermassen: Das Königspaar, es sind Bourbonen, gibt sich als Juden aus. Da sie gekrönt werden, wird die Judenfrage aus der Welt geschafft; eine Unterschiebung, die von fast allgemeiner Zustimmung begleitet wird. Man ersucht mich – ich befinde mich in einer einflussreichen Stellung – ebenfalls zu applaudieren. Ich bin jedoch voller Bedenken und skeptisch gestimmt, dabei kritisch ablehnend und keineswegs geneigt, mitzumachen. Ich äussere mich, das sei keine Lösung, das werde zu keinem guten Ende führen.
Was soll das bedeuten? Eine unklare Lösung zur Erlangung des Friedens, eines angestrebten Zustandes?
Ganz fremd und noch recht substanzlos ist für mich der Zionismus, von dem ich hier zum ersten Mal höre. Ist das der Weg? Die ostjüdischen Mädchen sprechen von Palästina, wohin sie auswandern wollen, und oft sagen sie «Erez».
Erez, was bedeutet das?
«Das ist unsere Erde in Palästina», erklärt Chawa Reicher, die kleine, fleissige, sehr angriffslustige junge Frau. «Dahin wollen wir nach dem Krieg auswandern!»
Sie sagt es mit grosser Überzeugung, und ich weiss nicht, wie ich es

verstehen soll. Doch von nun an werden mich die Auseinandersetzungen mit den Problemen des Judentums und des Zionismus nicht mehr loslassen.

\*

Wir haben auf Bienenberg zuweilen Besuch von gewichtigen Persönlichkeiten. Meist kommen sie, so etwa Frau Ruth Fabian oder Frau Kägi-Fuchsmann vom Arbeiterhilfswerk, um den einen oder anderen ihrer Schützlinge zu besuchen. Wenn die Gäste nicht selbst motorisiert sind, was im Krieg meistens der Fall ist, holen wir sie mit Bisels Fuhrwerk oder auch zu Fuss am Bahnhof Liestal ab. Von der Jüdischen Flüchtlingshilfe begrüssen wir Frau Gerhard und Regina Boritzer, ja, einmal sogar, noch vor der Versetzung der Mütter und Kinder, wagt es Frau Dr. Sutro vom Jüdischen Kinderhilfswerk, bis zu uns hinaufzusteigen. Als sie unsere kleine Bande sieht, die für einen Moment ganz still und zufrieden rechnet und schreibt, oder dann die Kleinen um den runden Esstisch, geht ein Lächeln über ihr sonst recht sorgenvolles gütiges Gesicht, als dächte sie: Hier brauche ich mich nicht zu kümmern. Wir zeigen das Heim, nicht ganz ohne Stolz. Auf einer Bank vor dem Haus, im Arbeitssaal, beim Mittagessen im grossen Essraum gibt es Gespräche, Fragen, Antworten. Wer immer Lust hat von der Belegschaft, setzt sich dazu. Vom nahen Frenkendorf schaut ab und zu der Pfarrer, Herr Sandreuter, herein, und die eine oder andere unserer Frauen findet den Weg zu ihm für ein paar schlichte Worte. Das sind die erfreulichen Gäste.

Wenn der Chef der Zentralleitung auftaucht, was selten geschieht, versetzt uns das weniger in Begeisterung, wenngleich ich mich innerlich über die gute Stimmung im Heim ganz besonders freue. Das muss ihm doch auffallen, denke ich.

Der oberste Chef: das ist Otto Zaugg. Er ist klein, eher schmächtig. Glattes Gesicht, korrekte Frisur, dunkle, aber harte und kalte Augen. Die Erscheinung lässt nicht die Allmacht erkennen, über die er verfügt, doch um so imposanter wirkt seine Unterschrift.

Das ist also der Chef der Zentralleitung der Arbeitslager in Zürich. Man weiss, wer er ist, man erwähnt ihn jedoch nie ohne besonderen

Anlass. Ich führe ihn durch das Haus, er wechselt mit den Verantwortlichen der verschiedenen Ressorts einige Worte oder lässt sich im Büro statistische Zahlen vorlegen. Eine spontane positive Äusserung habe ich von ihm nie gehört, dagegen übersieht er niemals kleinste Abweichungen von den Reglementen und deutet mit dem Finger darauf. Momentelang komme ich mir vor, als stünde ich vor einem Lehrer, dem ich den Inhalt meines Aufsatzes erklären möchte, den er jedoch nicht verstehen und keinesfalls diskutieren will.

Einmal besucht mich auch meine Mutter. Den Aufstieg zum Bienenberg durch den schattigen Wald geniesst sie sehr. Doch dann vergleicht sie mein schönes Heim in Zürich mit meiner Lebenssituation hier oben und schüttelt verständnislos den Kopf.

«Bist du nun wirklich glücklich hier?»

Habe ich mir selbst diese Frage schon einmal gestellt?

\*

Beinahe fünfzig Jahre sind verflossen, und ich lese etwas gerührt, aber auch mit distanzierter Ironie, ein schon leicht vergilbtes Blatt aus dem Tagebuch jener Zeit:

*Was könnte man uns Schöneres zeigen als die horchende Haltung des Menschen, die Hingegebenheit an etwas zu Vernehmendes, ein unbewusstes Empfangen von etwas, was als Sinn bezeichnet werden muss.*

*Sinn des andern Wortes, sein Inhalt, seine Aussage, Sinn für unser Handeln, unser Tun und Denken, somit im weitesten, ins Religiöse hineinreichenden Gebiet Sinn des Lebens, des Daseins, unserer Existenz.*

*Wenn ich Menschen begegnete, die verzagt waren, die mit dem Leben haderten, die unzufrieden und ohne Überzeugung Entscheidungen suchten, fällten, verwarfen, wollte ich ihnen zurufen: Versucht zu horchen! Hört, was das Leben euch zu sagen hat. «Horcht einmal hin, still und lauschend.»*

*Man kann nicht auf einmal horchen wollen. Das zweckbewusste Wollen hört keinen Anruf. Wer gehetzt im Alltag steht oder sich auf ständiger Flucht vor Selbst- oder Fremdbegegnung befindet, der wird von der Musik, die irgendwo stets für uns gespielt wird, nichts hören. Die Fähig-*

*keit zum Horchen müssen wir uns erringen, wie wir auch immer wieder den Weg zum Verständnis des eignen und des fremden Wesens zu suchen nicht müde werden dürfen. Der lebendige Mensch steht in jedem Augenblick seines Lebens im Aufbruch. Er geht im Rhythmus der erlauschten Musik. Das bannt die Gefahr, sein Leben lang im Kreise herumzurennen, oder im Tanz um das goldene Kalb stecken zu bleiben und dabei Sinn und Verantwortung des Lebens zu verfehlen.*
Hat meine Mutter diesen Anruf vernommen?

*

So geht der Sommer ins Land. Die jungen Mädchen sieht man kaum am Wochenende, sie haben das Schwimmbad in Liestal entdeckt. Vielleicht auch die stillen Waldwege, die ebensoleicht von Arisdorf als auch von der Schauenburg aus zu erreichen sind. Von den Holzbalkonen klingen Stimmen hinaus in die violetten Abende und mischen sich mit dem Wind im Laub der nahen Bäume.
Auf den Bänken vor dem Haus sitzen und unterhalten sich immer einige Frauen, miteinander oder mit Gästen. Wenn jemand eine besondere Mitteilung erhalten hat, erkennt man an der Art und Weise, wie sie nun betroffen die Köpfe zusammenstecken oder sich entspannen und freuen, ob diese schlimm oder gut war. Zu den Nachrichtensendungen drängt alles, wie ein Bienenschwarm, um den altmodischen Radiokasten und lauscht, was Sottens oder Beromünster melden.
Unerhörte Hoffnung im Januar 1943, als die deutsche Wehrmacht bei Stalingrad zusammenbricht, lauter Jubel im Juli bei der Landung der Alliierten in Sizilien und beim Sturz des italienischen faschistischen Regimes. Freudenausbruch vorwiegend bei den polnischen Jüdinnen, als Berlin bombardiert wird: Tausende von Toten. Da werden die Berlinerinnen stiller, sie wissen, dass noch Juden in Berlin versteckt sind, dass viele mutige und gefährdete Deutsche den Verfolgten geholfen haben und es noch immer tun.

*

Viele unserer Frauen mit Kindern sind, wie bereits berichtet, nach Montana versetzt worden. Einige wenige haben einen Freiplatz gefunden, wo sie und ihr Kind aufgenommen wurden. Eine geringe Zahl konnte mit dem Mann zusammen auf geheimnisvollen Wegen in die sogenannte und natürlich immer polizeilich überwachte, begrenzte Freiheit aus der ZL entlassen werden. Einige der Zurückgebliebenen sehen ihrer Entbindung entgegen. So ist in einer einzigen Nacht im September für drei Frauen die Zeit gekommen, nach Liestal ins Spital gebracht zu werden. Die zwei ersten fährt Bisel, der mittlerweilen murrend angespannt hat, ins Spital. Rasch werden sie mit den nötigen Papieren versehen. Heidi fährt mit.

Dann, vor Tagesanbruch, klopft es nochmals an meiner Zimmertür.

«Soll ich den Bauern rufen, oder können Sie noch gehen?»

Die hochschwangere Frau zieht letzteres vor, und zusammen mit dem Lagersamariter wandern wir vorsichtig in die nebelgraue Morgendämmerung hinein, dem frohen Ereignis entgegen.

\*

Alle vier Wochen habe ich drei Tage Urlaub. Beglückt lande ich in meiner Wohnung und stürze sogleich ans Telefon.

«Hallo A., ich bin in Zürich! Sehn wir uns?»

Dann gibt es die Stunden der langen Gespräche. Auch von meiner Arbeit und unsern Aktivitäten sprechen wir.

Kurz danach fliegt eine Amazonen-Karte zu mir auf den Bienenberg: «Ich höre mit Vergnügen, dass Du Deinen Bienenberg weiterhin auf den musischen Ton stimmst.»

Etwas später kommt A. persönlich zu Besuch auf den Bienenberg. Ich hole ihn in Liestal ab. Mein Herz ist voll Freude. Langsam spazieren wir den Waldweg hinauf.

«Warum hast du eigentlich dein Haar hochgesteckt?» fragt er und betrachtet mich belustigt.

«Weisst du, ich muss doch etwas älter und gesetzter aussehen, wenn ich vor diesen Menschen stehe, von denen einige schon fast siebzig Jahre alt sind.»

Ich freue mich sehr, ihm zu zeigen, was wir hier alles geleistet haben. Spontan ergeben sich Gespräche mit den Frauen im Arbeitssaal, beim Essen, in der Küche, draussen vor dem Haus, und A. scheint an dem gegenseitigen Gedankenaustausch sehr interessiert zu sein. Er ist denn auch sehr beeindruckt vom Bienenberg.

Abends begleite ich ihn zurück zur Bahn. Heidi übernimmt derweil meine Pflichten.

«Die Atmosphäre in deinem Haus ist wirklich wunderbar. Man spürt keine Angst oder Einschüchterung. Es sind so viele prächtige Menschen da. Besonderen Eindruck machten mir natürlich die hübschen, lebhaften jungen Mädchen.»

«Gerade für die möchte ich Möglichkeiten für eine Berufsausbildung beantragen», verrate ich A. meinen heimlich schon lang gehegten Wunsch. «Für die Burschen sollen ja bereits Schulungslager eingerichtet werden.»

«Das wäre eine wirklich grosse und geeignete Aufgabe für dich! Lass dich bloss von den Lerchs und Zauggs nicht abschrecken. Mut, meine tapfere kleine Guspilla!»

An einer Lagerleitertagung in Biel im Herbst 1943, wo sich die paar hundert Lagerleiter und Heimleiterinnen zur Entgegennahme neuer Richtlinien versammeln, trage ich meinen Vorschlag vor, auch für Mädchen Berufsschulungskurse einzuführen, ernte aber kaum Zustimmung.

«Die sollen erst mal richtig einen Haushalt führen lernen», ist die Meinung. Ich werde nicht lockerlassen, verspreche ich mir mit grimmiger Entschlossenheit.

*

Hans Sanden, einem Berliner Schauspieler, der noch kurze Zeit vor seiner abenteuerlichen Flucht aus Deutschland am Reinhardt-Theater hat wirken können, ist es als Flüchtling gelungen, eine kleine Theatertruppe zusammenzustellen, zu der ein zweiter Reinhardt-Adept gehört, der etwas jüngere Max Fischer aus Czernowitz in der Bukowina. Nun ziehen sie durch die Lager und geben Vorstellungen. Einmal kommt er auch zu uns auf den Bienenberg und spielt mit seiner Truppe Szenen aus Lessings «Nathan der Weise», was er in einer grossartigen, eindrücklichen Art macht. Nun ja, die Botschaft hören wir, doch ist es nicht leicht, daran zu glauben.

Im Zimmer von Hadassa, Esther Spira und den Königskindern sitzt hernach der Berliner Hans Sanden mit den jungen Mädchen zusammen, und es geht lebhaft zu, man könnte meinen, eine Theaterprobe sei im Gange. Doch nein! Sanden braucht für seine Truppe neue Kräfte für die nächste Tournee, vor allem Sprech- und Tanzbegabte, und so prüft er die möglichen Kandidatinnen. Er bittet mich, das mit der ZL auszuhandeln, und tatsächlich werden nun Hadassa, Rosl Kuflik und Esther Spira mit seiner Truppe auf der nächsten Kulturreise durch die Lager im Welschland ziehen. Da begegnen sie in freudigem Wiedersehen der einen oder andern der alten Bienenbergerinnen, die wegen Kind oder Mann versetzt worden sind. Hadassa schreibt mir einen langen Brief aus Lausanne und erstattet Bericht von der gelungenen und abwechslungsreichen, aber auch recht anstrengenden Reise. Sie schliesst: «Als Älteste Ihrer drei Mädchen auf Tournee erlaube ich mir zu referieren, dass sie sehr brav sind und sich Mühe geben, ihre Sache gut zu machen und keine Dummheiten anzustellen.»

Ich erhalte den Brief, als ich nach ein paar Urlaubstagen auf den Bienenberg zurückkehre. Hier spüre ich so etwas wie eine geteilte, veränderte Stimmung, die ich aber nicht erfassen kann.

«Ach, das ewige Theaterspielen», meint einmal Louise Nef. Oder, so Trudi Niederer, die Leute im Arbeitssaal hätten das Proben im Nebenraum satt. Denn dort übt eine kleine Theatergruppe aus dem Lager Ampfernhöhe auf unserer Bühne. Herr Kehrer, der Leiter jenes Lagers, hatte mich drängend darum gebeten. «Für eine kurze Zeit nur», sage ich beschwichtigend und bin mit mir selber unzufrieden wegen meines Entgegenkommens, das nun den Seelenfrieden im Arbeitssaal zu stören scheint.

Aber leider finden auch sonst irgendwelche Beschwerden einer Lagerteilnehmerin, gerechtfertigt oder nicht, offene Ohren, und aus einer kleinen Mücke wird ein ganzer Insektenschwarm.

«Nein», sagen Trudi Niederer im Arbeitssaal und Louise Nef im Büro, «die Theaterspielerei interessiert uns nicht.»

So verfolgen sie unser diesbezügliches Tun eher mit unguten Blicken. Denn in dieser Zeit bereiten wir uns intensiv auf das grosse Bienenberger Theaterereignis vor, von dem später die Rede sein wird. Über-

tragen die zwei Hilfsleiterinnen nicht auch ihre negative Einstellung unserer Probenarbeit gegenüber auf manche der unbeteiligten Bienenbergerinnen? Oder, überlege ich, verübeln es mir die zwei Mitarbeiterinnen, dass ich abends mit Flüchtlingen zusammensitze und nicht mit ihnen, wie das die Leiterbelegschaft in andern Lagern wohl tut? Ich nehme das alles wahr, aber noch kann ich es nicht verstehen. Und doch muss ich mich immer mehr rechtfertigen.
«Die Weber, sie kümmert sich nicht genug um den Arbeitssaal...»
«Das ist doch Ihr Gebiet, Trudi, mit dem Sie so wunderbar fertig werden!»
«Schau, wie die Mädchen abends länger aufsitzen dürfen, und Charlotte ist dabei...»
Ja, wir lernen und proben; ist es nicht unsere Freizeit?
Sie beanstanden selbst den Apfel oder das Scheibchen Brot, das wir nach langer Probenarbeit verdient zu haben glauben.
«Sie sorgt sich nicht genug um das Essen.»
Wirklich nicht?
In einem Brief nach meinem Weggang schreibt man mir von Bienenberg unter anderem: «Auch das Essen ist schlecht geworden, das Leben hier ist nun monoton und kalt.»
Ich beobachte und beginne zu begreifen. Langsam packt mich eine enorme Wut auf so viel kleinliches Unverständnis und den Mangel an Solidarität, ja, ich fühle beinahe so etwas wie Verachtung für diese Intrigenspielchen.
Dann kommen mir die schönen Sätze aus dem Merkblatt «Die Aufgaben einer Heimleiterin» in den Sinn: «Man soll aus dieser bunten vielschichtigen Menge Menschen eine geordnete Gesellschaft schaffen.» – Sollte das nicht ebenso auf das Leiterteam bezogen sein? Sind denn unsere Zielsetzungen so verschieden? Ein Betrieb, in dem alle Reglemente unumstösslich und bindend befolgt werden, das wäre das Richtige für meine zwei Kritikasterinnen. Habe ich sie beide vernachlässigt, oder leben sie einfach nach andern Grundsätzen?
Ausserdem, denke ich, schreibt man Leitsätze so leicht hin am Bürotisch, und es klingt gut. Man soll, man muss – aber wie? Und kann man? Sollten die unsrigen nicht flexibel sein und dem Allgemeinwohl dienen und nicht nur sturen Prinzipien?

Habe ich hier auf Bienenberg denn Gefangene zu beaufsichtigen? Sind es nicht Menschen mit Recht auf Würde und Schönheit? Tragen wir in unserer Arbeit nicht auch Eigenverantwortung, die ohne eine gewisse Freiheit zum Kadavergehorsam verkommt? Fühlt sich etwa die grosse Zahl von Frauen, die in einem andern Kulturbereich zu Hause sind, benachteiligt? Ganz zu Unrecht, denn bin ich für sie nicht ebensosehr jederzeit erreichbar und bereit wie für diejenigen, die gerne Mozart hören? Kenne ihre Bedürfnisse? Sorge mich um sie?
Ein weiterer Satz aus dem Merkblatt: «Den Menschen in den mir anvertrauten Flüchtlingen achten». Anvertraut? Schulkinder werden etwa einer Lehrerin anvertraut, Mündel dem Vormund, ein Testament dem Notar. Liegt es nur an der Formulierung, frage ich mich, oder deutet es eine Grundeinstellung an? Kommt da nicht eine gewisse Überheblichkeit dem Menschen Flüchtling gegenüber zum Vorschein? Gegenüber dem Menschen, den ich, so verlangt das Merkblatt weiter, «disziplinieren» muss...
Nein! Lass das Grübeln. Im Grunde weisst du, was von dir als Mensch in deiner Stellung gefordert ist. Das ist auch dein Weg.
Eines Tages frage ich A., wie sie nun am Institut für Angewandte Psychologie die Lagerleiter aussuchten, nach welchen Kriterien.
«Wird das Wort *Menschlichkeit* erwähnt?»
«Aber Charlotte, das wird doch vorausgesetzt.»
«Wirklich?» frage ich so harmlos als möglich, denn ich möchte das, was mich ganz tief in der Seele beunruhigt, nicht aussprechen.
«Allerdings», räumt A. nun ein, «ist deine menschliche Forderung für das materielle Funktionieren eines Lagers nicht so wichtig. Ein Leiter muss einfach fähig sein, die vorgeschriebene Ordnung in seinem Heim durchzusetzen und zu garantieren. So sieht man das.»
«Ist das das Hauptanliegen?» frage ich in ungewollt abschätzigem Ton. Warum frage ich, wenn ich es doch bereits seit langem weiss? Und sage zu A.: «Doch du, du denkst ja anders, so wie ich.»

# VI

Der Krankendienst und die ärztliche Fürsorge sind ein ganz grosses und wichtiges Gebiet im Heim. Viele Frauen befinden sich in einem schlechten Gesundheitszustand. Unser Lagersamariter, Dr. Julian, verrichtet seinen Dienst in hervorragender Weise, doch ist er nach den Reglementen einem Schweizer Arzt unterstellt. Ohne dessen Einwilligung kann keine Spitaleinweisung, kein Erholungsurlaub, keine Sonderbehandlung erfolgen. Der Dienstweg führt weiter über die Betriebskrankenkasse und von dort zum Arzt der Zentralleitung in Zürich, Dr. R. Zangger.

Frau Dr. Huber in Liestal ist die Lagerärztin für Bienenberg. Es zeigt sich immer deutlicher, dass die lange Kette schwelender Konflikte und Missverständnisse auf einem Autoritätskonflikt zwischen ihr und mir als Lagerleiterin beruht. Sie mag die «quengelnden Heiminsassinnen», wie sie sie nennt, nicht, und nicht den «Weiberbetrieb» auf dem Bienenberg. Sehr bald kommt es zu Differenzen mit unserem Lagersamariter Dr. Julian, der als Flüchtling die Probleme der Frauen in verständnisvoller und äusserst kompetenter Weise angeht, ohne die Patientinnen zu verweichlichen. Doch Frau Dr. Huber lässt sich ihre Machtbefugnisse nicht nehmen. So brauen sich in diesem Herbst 1943 dunkle Wolken über Bienenberg zusammen.

«Es ist nichts zu machen, die Frauen weigern sich, zu Frau Dr. Huber in die Sprechstunde zu gehen», sagt Heidi, und fassungslos fügt sie an: «Die Ärztin scheint die Patientinnen zu beschimpfen und ihnen zu drohen, sie an die Grenze stellen zu lassen.»

«Was tun? Es bleibt nur die Poliklinik in Basel. Ich werde die Verantwortung auf mich nehmen.»

Bei einer Visite im Heim findet die Schweizer Ärztin die an Kreislaufstörungen leidende Frau Werba statt im Bett auf einem Stuhl in ihrem Zimmer sitzend vor. Es regnet Vorwürfe und böse Worte. Für die Kranke gibt es nur noch die Poliklinik und für Frau Doktor Anklagen nach Zürich an die Betriebskrankenkasse, die ihrerseits in einem Brief an mich den Fall von Frau Werba aufgreift: «Von Ihrem Lager aus sind wiederholt Patienten zu Spitalärzten geschickt worden, ohne dass dies von Frau Dr. Huber angeordnet wurde. Da uns dadurch vermehrte Kosten entstehen, [...] möchten wir Sie dringend ersuchen, dass solche kostspieligen Untersuchungen ohne das Einverständnis von Frau Dr. Huber unterlassen werden. [...] Wir werden in Zukunft alle Kosten, die ohne die Einwilligung der Lagerärztin verursacht werden, nicht übernehmen und wir müssten uns, so leid es uns tun würde, bei der Zentralleitung beschweren.»

In meiner Antwort gebe ich eine ausführliche Darstellung unserer Schwierigkeiten im ärztlichen Dienst, die sich nicht nur auf die unfreundlichen Bemerkungen von Frau Dr. Huber den Patientinnen gegenüber beschränken, sondern auch die nachlässige Behandlung der ärztlichen Zeugnisse betreffen. In diese können wir nicht nur keine Einsicht nehmen, um die entsprechenden Urlaubsgesuche an die ZL zu stellen, sondern sie werden auch nie rechtzeitig nach Zürich weitergeleitet. Für die Konsultationen in der Poliklinik in Basel sei alleine ich selbst verantwortlich und Dr. Julian könne kein Vorwurf treffen. Ich schliesse:

*Es beschämt, dass bei einer Spannung zwischen zwei Schweizern [der Ärztin und mir] ein unschuldiger Flüchtling als Sündenbock gesucht und Leidtragender wird.*

*Die Zusammenarbeit von Frau Dr. Huber mit unserem Lager ist seit Anbeginn unerfreulich. Die Versuche von unserer Seite, kleine Missverständnisse zu klären und auszuräumen, blieben leider ergebnislos. Wir sehen uns daher gezwungen, Sie dringend um eine Neubesetzung des Schweizerischen Ärztlichen Dienstes anzusuchen. – Copie an die Zentralleitung.*

Nun versucht Frau Dr. Huber, mich gegen den Lagersamariter und, nachdem ihr dies nicht gelungen ist, Dr. Julian gegen mich aufzuhetzen. Ach, all diese unnötigen, hässlichen Telefonate! Dr. Julian weist es empört zurück, einen Rapport gegen mich zu erstellen; die Ärztin bewirkt, dass er versetzt wird, mit Frau und Kind weit weg ins Welschland, und dass er sein so geordnet und klug aufgebautes Wirkungsfeld verlassen muss.

Hat die Krankenkasse versucht, auf dem Bienenberg einen Augenschein zu nehmen? Keineswegs! Ende Oktober kommt ein unfreundlicher Brief von Dr. R. Zangger aus Zürich: «Es laufen bei mir immer

wieder Klagen ein über die Art und Weise, wie Sie den Insassen des I. H. Bienenberg zu ausserordentlichen Urlauben verhelfen. Ich möchte Sie ersuchen, die aussergewöhnlichen Urlaube, die auf Grund einer ärztlichen Begutachtung durch Frau Dr. Huber oder andere Vertrauensärzte abgelehnt oder befristet werden, nicht anzufechten, sondern sie als für Ihre Person absolut verbindlich anzunehmen. Es geht einfach nicht an, dass bei einem ablehnenden Entscheid von Frau Dr. Huber, die sich um eine möglichst objektive, rein medizinische Beurteilung bemüht, durch die Lagerleitung ein Gegendruck ausgeübt wird und durch Ihr Verhalten die Heiminsassen zu ständig neuen Wünschen ansetzen, die medizinisch nicht objektiviert werden können. Durch solche Eigenmächtigkeiten haben Sie bereits einen ausgezeichneten Lagersamariter verloren.
Wir alle, auch Sie, haben uns strikte an die von der Zentralleitung herausgegebenen Vorschriften zu halten, die den Verfügungen der Polizeiabteilung entsprechen. Das richtige Zusammenarbeiten von Lagerleiter, Lagerarzt und Lagersamariter ist eine unerlässliche Vorbedingung für einen geordneten Lagerbetrieb.»
Eigentlich möchte ich den Herren in Zürich nun sagen: die *rein medizinische* Beurteilung – bestimmt, die gibt es und die ist beachtenswert. Aber in dem physisch kranken Menschen lebt noch eine Seele, die leidender ist als der Körper und die bei einem Entgegenkommen, einem Eingehen auf ihre besondere Lage eine heilendere Wirkung ausüben kann als ein Medikament. Ich ersuche Herrn Dr. R. Zangger um eine Unterredung. Keine Antwort.
«Schau Heidi», sage ich zu der Kameradin, die recht besorgt ist, «diesen Brief aus dem Spital von Basel von unserer schmalen, blassen Adele Atlas...»
«...für die die Ärztin nichts tun wollte!»
«Ja, Adeles Mitteilung ist wie ein kleiner Trost.»
Heidi liest: «Ich wollte Ihnen gleich schreiben, aber letzte Woche hatte ich jeden Tag so schreckliche Krämpfe, dass ich im Bett bleiben musste. Nun kann ich Ihnen zu meiner grössten Freude mitteilen, dass ich etwas gekriegt habe – keine Angst, kein Baby – aber meine langersehnte Periode. Die Gratulationen der Ärzte und Patienten wollten kein Ende nehmen. Ich bin jedenfalls glücklich.»

Und wir alle sind es mit ihr!
Frau Werba bedarf einer längeren Behandlung im Basler Spital. Auch Maria Hubermann hält man dort wegen ihres Bluthochdruckes zurück.
«Mir scheint», sage ich zu Heidi, «die Ärzte werden versuchen, Frau Hubermann ganz freizubekommen. Durch ihre frühere Tätigkeit im Kunsthandel in Paris hat sie in Basel, dieser kunstfreudigen Stadt, viele Freunde, die ihr helfen werden.»

\*

Und nun schiebe ich mitten in diese sinnlosen Streitereien mit Arztdienst und ZL eine kleine Begebenheit ein, die sich zwanzig Jahre später zugetragen hat.
Es gelang Maria Hubermann damals tatsächlich, auf Grund ärztlicher Gutachten recht bald freizukommen. Später heiratete sie Päuli Wyss, einen Schreinermeister, mit dem zusammen sie den renommierten Kunsthandel «Arts Primitifs» am Rheinsprung in Basel aufzog. Dort begegnete ich ihr Jahrzehnte später durch einen amüsanten Zufall: Eine herrliche Senufo-Figur in ihrem Laden begeisterte mich so, dass ich die Geschäftsfrau bat, sie mir zu reservieren, und zu diesem Zweck notierte ich meinen Namen auf einen Zettel. Die Frau schaute ihn an, schaute mich an, und in einem freudigen Erkennen fiel sie mir um den Hals: «Charlotte Weber», rief sie aus, «ich bin Maria Hubermann vom Bienenberg, und Sie waren meine Lagerleiterin!»
Sie hatte sich in den zwanzig Jahren so verändert, dass ich sie erst nicht zu erkennen vermochte, und von da an blieb ich eine ihrer treuen Kundinnen.

\*

Doch zurück auf den Bienenberg!
Nach einiger Zeit wird Dr. Julian, der natürlich nicht mehr zurückkommt, durch Frau Dr. Blumenthal ersetzt. Sie ist ein wunderbarer Mensch, den wir alle sogleich ins Herz schliessen. Mittelgross, rundlich, mit dunklen Kulleraugen und geschürzten Lippen bekommt sie

schon recht bald von Zosia den liebevollen Übernamen «Negerbaby». Sie hat genügend Humor, sich dies lachend gefallen zu lassen. Natürlich spreche ich sie nicht so an. Doch wenn Heidi und ich untereinander sie im Gespräch erwähnen, vergessen wir beinahe, dass sie noch einen andern, zivilen Namen hat.
Sie erobert die jungen Mädchen bis hin zu den polnischen Frauen im Nu. Ihre abenteuerliche Fluchtgeschichte erfahre ich zu diesem Zeitpunkt noch nicht, erst viel später, in Zürich, in Paris und Israel, spricht sie davon. Ganz spontan entsteht zwischen uns eine freundschaftliche Beziehung, die trotz der kurzen gemeinsamen Lagerzeit im Bienenberg das ganze Leben andauern wird.
Eines Abends, schon nach zehn Uhr, komme ich bei der Apotheke vorbei; sie ist erleuchtet.
«Frau Doktor, Frau Doktor, ich habe eine Haarklammer im Ohr, oh wei, oh wei...», höre ich Rosl Kuflik, die den Kopf voll Haarwickel und Klammern hat, jammern.
Nanu, was ist denn da los? wundere ich mich.
Rosl fehlt im Haar eine Klammer, und da dachte sie, diese wäre in ihren Ohrkanal geraten! Wir alle, Rosl, umgeben von ihren Zimmergenossinnen, «Negerbaby» und ich, lachen herzlich. Oh Rosl!

\*

Nach der endlosen, zermürbenden, zeit- und nervenverschleissenden und unfruchtbaren brieflichen Streiterei mit der ZL und dem Ärztlichen Dienst muss ich das Unglaubliche erfahren, das ich nie für möglich gehalten hätte.
Doch erst leiste ich im Oktober neun Tage Militärdienst in Thun, was mich ganz besonders belastet, weil ich von den Problemen auf Bienenberg nicht abstrahieren kann.
In Thun also: exerzieren, marschieren, grüssen, melden, antreten, abtreten und ähnliche Übungen mit unsern Rotkreuz-Fahrzeugen. Wenn wir von der Ausfahrt zurückkommen und die Wagen schnurgerade auf dem Kasernenhof parkiert haben, kriechen wir in unsern Overalls unter sie, um mittels einer Flüssigkeit und einem Pinsel in der Grösse eines Haushalt-Staubpinsels jedes noch so unbedeutende

Fleckchen zu entfernen. Wasser zum Abspülen schleppen wir in Eimern herbei, von Schläuchen keine Rede. Am Abend beim Appell – jede Equipe steht in Achtungstellung vor ihrem Wagen – fährt der Major mit weissen Handschuhen der Unterseite der Kotflügel entlang, und wehe, wenn der Handschuh einen Schatten abbekommt! Hat er überhaupt genug Finger für alle Fahrzeuge, denke ich mit innerer Auflehnung gegen so viel schikanöse Anmassung. Oder Lächerlichkeit? Muss das so zugehen? Jede von uns ein anonymes Nichts in einem Gesamtplan. Möchte wohl die ZL auch ihre Heime und Lager in dieser Art geführt haben? fährt es mir mit einem Schauder durch den Kopf.

Und siehe da, bei meiner Rückkehr finde ich einen Brief der ZL vor: meine Versetzung als Hilfsleiterin nach St-Cergue! Das ist so widersinnig, so ungeheuerlich, dass ich es hier festhalten muss.

Am 3. November 1943 die Versetzungsverfügung: «Fräulein Charlotte *Weber*, Leiterin im Interniertenheim Bienenberg, wird auf den 8. November 1943 ins Interniertenheim St. Cergue versetzt und steht dort zur Verfügung von Herrn Heimleiter Delpech. Sie übergibt die Leitung des Heims Bienenberg Fräulein Louise Nef, Hilfsleiterin. Vom erfolgten Übertritt ist der Zentralleitung auf Form. 46 ordnungsgemäss Mitteilung zu machen.

Mit Copie an Frl. Nef

Der Chef: Otto Zaugg»

Dem folgt Anfang November ein Brief von Otto Zaugg, in dem er auf die mir von ihm in grosser Güte gewährte Gelegenheit hinweist, wonach ich im Interniertenheim St-Cergue als Hilfsleiterin lernen dürfe, wie ein Heimbetrieb zu führen sei! Ich solle für die ordnungsgemässe Übergabe des gesamten Heimbetriebes Bienenberg in wenigen Tagen besorgt sein.

Das ist zu viel! Meine Fassungslosigkeit, meine Wut und Empörung kennen keine Grenzen. Wie fies, wie niederträchtig, denke ich nur immerzu. Ich werde nichts unternehmen – schon allein der Zeitpunkt der Versetzung ist eine unerhörte Ohrfeige –, ehe mir nicht eine Unterredung in Zürich zugestanden wird. Sie findet statt, worauf mir der Chef der Zentralleitung am 7. Dezember einen Brief schreibt: Erst stellt Zaugg fest, dass wesentliche Bestimmungen der Zentralleitung

von mir nur teilweise beachtet worden seien. «Dadurch wurde in manchen Fällen die Belegschaft des Interniertenheimes Bienenberg gegenüber derjenigen anderer Heime in starker Weise bevorzugt. Sie haben dadurch Ihren Kameradinnen und Kameraden in den andern Betrieben die Führung erschwert. Ich anerkenne durchaus, dass Sie mit grossem Eifer und Hingabe das Interniertenheim Bienenberg von Anfang an geleitet haben. Ich bin auch überzeugt, dass die Verletzungen unserer Bestimmungen einzig aus dem Bestreben heraus geschahen, die Ihnen anvertrauten Flüchtlinge möglichst anständig und gerecht zu behandeln. Sie haben aber dabei vergessen, dass es nicht nur ein Interniertenheim Bienenberg gibt, sondern dass dieses Heim mit der Ausdehnung unseres Betriebes auf mancherlei Dinge Rücksicht nehmen muss, die damals, als es noch eines der ersten Heime war, nicht nötig waren. Ich habe auch gerne davon Kenntnis genommen, dass die Aussprache mancherlei Dinge geklärt hat, und dass Sie Ihrerseits der Ansicht sind, dass Disziplin und Ordnung auch für die Lagerleitungen notwendig sind. Die von der Zentralleitung angeordnete Versetzungsverfügung während Ihres Militärdienstes war ungeschickt. Ich nehme gerne an, dass die Aussprache auch diesen Punkt abgeklärt hat und dass dadurch die Zusammenarbeit zwischen Ihnen und der Zentralleitung nicht mehr weiter belastet wird. [...]
Wir werden Ihnen die Leitung eines neu zu eröffnenden Heimes übertragen. Dies entspricht übrigens unserer allgemeinen Praxis, weil gerade bei der Eröffnung eines neuen Heimes die grössten Schwierigkeiten auftreten und es deshalb zweckmässig ist, die Leitung eines neuen Heimes einer bewährten Leiterin zu übertragen, während es für eine neu beförderte Heimleiterin viel leichter ist, einen bereits bestehenden Betrieb weiterzuführen.
Ich bitte Sie, diesen Vorschlag Ihrerseits zu überprüfen. Ich nehme gerne an, dass Sie nicht mehr an Ihrer konsequenten Haltung, Bienenberg oder Austritt aus der Arbeit der Zentralleitung, festhalten werden. Wir würden es sehr bedauern, wenn wir durch Ihre Haltung eine Mitarbeiterin verlieren müssten, deren grosser Eifer und Hingabe immer geschätzt wurden.»
Dieser Brief zwischen Peitsche und Zuckerbrot wirkt auf mich schizophren. Sie misstrauen mir, aber sie brauchen mich noch. Doch das

allein ist es nicht, was mich so bestürzt. Die Arroganz den Flüchtlingen gegenüber, die sich in dem Brief so deutlich zu erkennen gibt, beunruhigt mich zutiefst. Warum dürfen nicht die Belegschaften aller Heime bevorzugt behandelt werden?
Keinesfalls darf ich jetzt aufgeben.
Bei der Zentralleitung bedinge ich mir aus, auf Bienenberg die begonnenen Aktivitäten im Januar noch beenden zu können. Lerch antwortet, dass Frl. Cathy Schindler nach ihrem Militärdienst den Bienenberg übernehmen werde. Seltsam, denke ich, aber Cathy ist mir lieber als Fräulein Nef. Cathy schreibt sehr lieb, sie komme einfach dann, wenn ich bereit sei, das Heim zu übergeben. Sie weiss, wie sehr ich am Bienenberg hänge.
So bleibe ich noch auf Bienenberg, bis unsere Theateraufführungen stattgefunden haben werden. Das wird gegen Ende Januar 1944 sein. Dann aber: mein Traum eines Schullagers für die jungen Mädchen! Das, nur das will ich weiter verfolgen!
Diese wissen bald, dass ich Bienenberg verlassen werde. Ich verspreche ihnen, mich für die Schule einzusetzen. Über diesen Plan rede ich mit ihnen, sie tun es untereinander, doch unter strengster Verschwiegenheit gegenüber nicht Eingeweihten. Die Vorstellungen und Erwartungen von Zosia und den Mädchen zu kennen ist mir wichtig. Es ist wie eine Hoffnung, die uns alle verbindet. In unserer heimlichen Verschwörung stossen wir auf das Neue an, mit Wasser, mit Tee oder Kaffee, egal. Oft tun wir es nur mit einem Wort, blinzeln uns an und sagen «Auf!». Worauf wir anstossen, das sprechen wir nie aus. Wir verraten uns nicht. AUF wird unsere Schule heissen. Wir sprechen nur noch vom AUF. Das ist unser Codewort, in Gesprächen, in Briefen.

*

Zum Jahreswechsel liegt ein lustiges Gedicht auf meinem Platz. Wer hat es wohl geschrieben?

Die Bienenkönigin

Als Kind schon lernte ich vor langen Jahren,
Was Maeterlink in seinem Buch skizziert.
Ich wusste, dass es fleiss'ge Tiere waren,
Von deren Süssigkeit die Menschheit profitiert.
Man brachte bei mir, dass in regelmäss'gen Waben,
Sechseckig und exakt, die Tierchen wohnen,
Und dass im Wachse aufgewachsen Drohnen,
Die, zu nichts gut fast, neben Bienen leben,
Die Tagwacht, Arbeitszeit, Appelle respektieren
Und drum den Namen Arbeitsbienen führen.
Daneben aber hat das Bienenvolk mit Royalistensinn
Nicht Führer, Duce, nein! die Königin.
In ihres Bienenkorbs Zentrale
Sitzt sie und herrscht in diesem Kreise
Und leitet weise
Und wehret denen, welche nie zufrieden,
Und lobt die Braven und erfrischt die Müden,
Wartet geduldig, wenn die Biene Cohn
Schon zwanz'g Minuten quatscht am Telefon,
Und ordnet der Freizeit buntes Geflimmer
Und ruhet nimmer.

Doch in der Naturgeschichte
Las im Bienenbergberichte
Ich, dass regelmässig lässt
Jahr für Jahr die Queen ihr Nest,
Ferner, dass wenn sie in Zorn,
Keine Biene ohne Dorn.
Jedenfalls ist nicht exakt,
Dass die Queen die Koffer packt,
Wenn sie Lust hat auszufliegen.
Nein, das Schulbuch tut da lügen.
Auch sollt es davon nicht sprechen,
Dass die Bienen bös und stechen.

Ich stell fest: Mit Königswürde
Trägt die Königin die Bürde.
Jede Biene kann ihr sagen,
Was ihr drückt den Bienenmagen.
Wer den Thronsaal auch betritt,
Nimmt von ihr was Honig mit.

Und mit frischem Mute traben
Unsre Bienen in die Waben,
Oder besser hin sie fliegen,
Wo zu mehreren sie liegen,
Auch dies anders, als geschildert
In dem Lehrbuch, wo bebildert
Bis ins kleinste alles steht,
Doch verkehrt und ganz verdreht.

Nein, die Königin ist gütig
Und die Bienen sind nicht wütig,
Und im Bienenkorbe wohnen
Keine arbeitsscheuen Drohnen.
Nein, die Arbeitsbienen weben
Honigfäden uns ins Leben,
Und sie tun es ganz im Sinn
Ihrer Bienenkönigin.

Und, da Freude, die wir geben
Kehrt ins eigne Herz zurück,
Wünschen wir der Bienenkön'gin
Bonfrei honigsüsses Glück,
Und dass mit den Bienen sie sich freuen
Möge in dem neuen
1944!

VII

Der Schauspieler Max Fischer, den wir bereits kennengelernt haben, ist es, der den kulturellen Höhepunkt in unserem Heim vorzubereiten und auszugestalten hilft, nämlich die theatergerechte Aufführung des altflämischen Stückes «Lanzelot und Sanderein» aus dem Jahre 1486, auf das ich zu Hause bei der Suche nach passendem Stoff gestossen war. Ich dachte an etwas Ungewöhnliches, Romantisches, das den jungen Mädchen aus den verschiedenen Kulturen und Gesellschaftsschichten Zauber in den Alltag bringen könnte.
So rufe ich die Mädchen eines Tages in mein Zimmer und mache ihnen den sowohl verlockenden als auch bange machenden Vorschlag. Wir lesen das Stück, sprechen darüber.
«Warum nicht etwas Aktuelles?» kommt die Frage.
«Ach nein, Maidi, davon haben wir genug, das ist doch einmal etwas ganz anderes!» ruft Hadassa.
Beschlossene Sache. Die Rollenverteilung gestaltet sich schon schwieriger. Spielen, ja. Aber so viel lernen? Indessen gehen uns einige Verse bereits durchs Lesen nicht mehr aus dem Kopf.
Sanderein ist ein Jungfräulein aus niederm Stande, in die sich König Lanzelot unsterblich verliebt. Seiner Mutter gefällt dies nicht, sie hintertreibt. Lanzelot befolgt ihren bösen Rat: «... Habt an dem Mädchen Ihr getan / wie Euer Wunsch war und Begehr, / dann sagt Ihr ihm: ‹Ich mag nicht mehr...›», worauf Sanderein das Schloss verlässt und im Walde umherirrt. Der Waldhüter findet sie an der Quelle, aber schon kommt sein Herr, ein edler Ritter, des Wegs, sieht die Jungfrau, hebt sie auf sein Ross, «und dann ist heimwärts er gegangen / mit ihr, der wunderschönen Maid».
Lanzelots Kämmerer, den der König ausgeschickt hat, sie zu suchen, bringt ihm die Nachricht, dass Sanderein gestorben und begraben sei. Aus Liebeskummer und Reue erdolcht sich Lanzelot, der Herrscher von Dänemark.
Ist das nicht eine wunderschöne Geschichte, fast ein Märchen, das aus der tagtäglichen Routine herausführt in eine andre Welt?
«Edith, sind Sie die Sanderein? Und Irm, wie wär's mit dem Lanzelot?»

Irm wehrt sich unbändig, sie scheut das Lernen, gibt aber schliesslich nach.
«Die Mutter?»
Hadassa meldet sich. Die Rolle ist klein, und da niemand den Waldhüter spielen will, übernimmt sie diesen Part zusätzlich.
«Rosl Kuflik, Sie wären ein prächtiger Ritter! Ja?»
Reinhold, Lanzelots Kämmerer, wird Maidi spielen.
Das Stück ist jedoch nicht abendfüllend, wir überlegen uns ein Vorspiel und kommen auf altenglische höfische Tänze, deren sich die beiden grossen Mädchen Milena und Ruth Haas als Kavaliere und Ramona und Esther Spira als Hofdamen annehmen.
Nun beginnt die Begeisterung zu wachsen: Zusammenspielen und Zusammenhalten, Pläne, Ideen... Ungezählte Probleme gilt es zu meistern, unsere Gedanken sind erfüllt. Erst schreiben die Schauspielerinnen ihre Rollen aus dem Büchlein heraus, dann beginnen sie zu lernen. Wenn wir uns im Haus begegnen, sprechen wir uns in etwas abgeänderten Versen aus dem «Lanzelot» an. Wir sind alle durch die Poesie miteinander verbunden. Da sagt eine zur andern im Vorbeigehen: «Ach Gott, wie kann es möglich sein / dass mich das neue Hilfsfräulein / so ganz und gar nicht leiden mag / seit ihres Kommens erstem Tag! / Des leide ich zwar keine Not, / denn mein Geheimnis schweig ich tot...» Hoffentlich versprechen sie sich nicht im Ernstfall! denke ich belustigt und besorgt.
Eine solche Aufführung bedingt einen grossen Aufwand, und ich gebe jede Minute Freizeit daran, die vielen Probleme zu lösen. In Zürich schenken mir einige Konfektionäre meterweise geeignete Stoffe. Theo Otto vom Schauspielhaus will die Kostüme und Perücken für die Edelleute zur Verfügung stellen. Dazu bekomme ich aus dem Landesmuseum einen Helm mit Hellebarde ausgeliehen, die wir als einstimmenden zeitgemässen Wandschmuck beidseitig der Bühne anbringen. Bereits im Sommer hatten Sally und Hubert Weiss mit vielen Rollen hellen Packpapiers und mit feinen Latten die ganzen, von scheusslicher dunkelvioletter Blumentapete bedeckten Wände des Arbeitssaales ausgekleidet. Seither wirkt der Raum modern, ruhig und hell. Zwei plakatgrosse Schriftstücke in gotischer Schrift sollen die Gäste ermuntern, recht grosszügig Programme zu kaufen, ebenso die

Abb. 7: *Die perfekt ausgestattete Bühne für «Lanzelot und Sanderein». Helm und Hellebarde beidseitig der Bühne schmücken den Saal. (Foto: Edi Hauri)*

kleinen, kunstvoll verpackten Zuckermandeltüten, die die Mädchen vorbereitet haben: «Ihr braven Gäste hochgeboren, / Die gute Tat ist nie verloren.» Und: «Ihr, die von edlem Blut und Stande, / Gedenket der im fremden Lande.»

Doch noch sind wir nicht soweit. In einer Ecke des Arbeitssaales ist Yvonne Pietruszkas Couture-Atelier. Sie ist eine hervorragende Schneiderin, eine Polin aus Paris. Ihr Mann ist Arzt und in St-Cergue untergebracht, wohin sie ihm später für kurze Zeit nachfolgen wird. Nun sitzt sie in den abendlichen Freizeitstunden an der Nähmaschine und zaubert die Kostüme in genialer Weise aus den Stoffresten zusammen.

Angrenzend an den Arbeitssaal stellen Hubert Weiss und Sally zusammen mit Charles Eiser, der als versierter Bühnenbildner aus Arisdorf herübergekommen ist, eine perfekte Bühne auf mit Rampenlicht, auf- und abblendbarer Beleuchtung, Kulissen, Hintergrund und einigen wenigen suggestiven Dekors, worum uns jedes verwöhnte Kleintheater hätte beneiden können.

Herr Herzer vom Verlagshaus Conzett & Huber, mein ehemaliger «Du»-Chef, ist bereit, die wunderhübsch ausgestalteten Programme kostenlos zu drucken.

Oben in seiner Kammer komponiert unterdessen Papa Strauss die Musik für drei Streicher zum «Lanzelot», der alte flämische Weisen aus dem 15. Jahrhundert zugrunde liegen. Manchmal steigt er herunter und bespricht sich mit Dr. Lenz am Klavier.

Die Ouvertüre und die Zwischenspiele für Streicher sind von einer einfühlsamen Stimmigkeit, das Hochzeitsmärschlein fröhlich und Lanzelots Todesklage ein ergreifendes Adagio. Am Schluss verklingen leise drei gesummte Frauenstimmen mit dem langsam erlöschenden Licht und lassen das Publikum für eine Weile stumm und bewegt im Dunkel zurück.

Für die vier Tänze hat Papa Strauss ein Andante, ein Allegretto (Tempo di Valse), ein Pastorale und eine Gavotte in der Art altenglischer Hoftänze komponiert.

*

So kommen langsam die drei Aufführungstage Mitte Januar 1944 heran. Freude und Spannung erfüllen das ganze Haus. Sie ergreifen für kurze Zeit auch die Kritischen und Zweifelnden. Einen Moment lang sind auch sie stolz auf *ihren Bienenberg.*

Der erste Nachmittag ist für die Leute der Umgebung bestimmt, die denn auch, schon aus Neugier, recht zahlreich erscheinen. Ja, wir haben sogar den belgischen Konsul und den holländischen Botschafter in Bern eingeladen, und die eleganten Limousinen erscheinen tatsächlich mit den Diplomaten im tiefen Winter auf Bienenberg. Und auch die Flüchtlingsmutter, Frau Gertrud Kurz aus Bern, beehrt uns.

Es ist ein grosser Tag!
Die Aufführung beginnt. Bei den stilvollen Tänzen gilt der Riesenapplaus nicht nur dem Können, sondern ganz wesentlich der Schönheit und Grazie der Tänzerinnen, die wirklich bezaubernd aussehen und sich auch so bewegen. So schweben sie in der Pause mit Programmen und Mandeltütchen durch die dichte Zuschauermenge, ihr Charme ist unwiderstehlich und entsprechend gross sind die Verkaufseinnahmen. Der Erlös geht an die Organisation «Colis Suisse», die mit Hilfspaketen die Notleidenden in den südfranzösischen Lagern unterstützt.
Dann «Lanzelot».
Die Mädchen spielen hinreissend, mit einer unglaublichen Intensität und Hingabe. Nichts geht daneben. Man ist entsetzt über den hinterlistigen Rat der Mutter an den liebeskranken Lanzelot, man ist zutiefst ergriffen, als Sanderein verstört im Walde umherirrt; und als Lanzelot sich erdolcht – Irm macht das wunderbar echt! Das Licht erlischt langsam, die Musik verklingt –, herrscht im Saal betroffenes Schweigen. Dann bricht ein Sturm der Begeisterung los. Und wenn auch nicht bei den Zuschauern, so wird doch bei den Mädchen und uns allen dieser Tag unvergessen bleiben.
Die zwei nächsten Vorstellungen sind den umliegenden Lagern vorbehalten. Kaum fasst der Saal die Gäste!

*

Neben Glück und Stolz und Freude zerfrisst mich innerlich der tiefe Schmerz des bevorstehenden Abschieds. Dies alles hast du in einem Jahr geschaffen, hast Freude, eine menschliche Basis und Schönheit ins Lager gebracht. Und jetzt? Was wird bleiben? Wie wird es den einzelnen, für die ich, das weiss ich, eine Hoffnung und eine Hilfe war, weiter ergehen? Wird jemand ihnen eine Hand reichen, wenn sie ihrer bedürfen?
Sie sollen meine Tränen nicht sehen, die ich nachts nicht zurückhalten kann. In mir ist eine grosse Trauer.
Die Verslein und Grüsse, die mir die Theaterleute auf ein Programm geschrieben und verehrt haben, werden mich immerdar an diese

Abb. 8: *Der Abend beginnt mit altenglischen Tänzen.*

Abb. 9: *Rosl Kuflik als Ritter.*

Abb. 8–11: *Nach langer und intensiver Vorbereitung findet am 14. Januar 1944 die Aufführung von «Lanzelot und Sanderein» statt. Die Aufführung wird später in Bern auf einer öffentlichen Bühne wiederholt. (Fotos: Edi Hauri)*

Abb. 10: *Maidi Dschenffzig als Kämmerer und Edith Königsberger als Sanderein.*

Abb. 11: *Irmgard Königsberger als Lanzelot.*

schöne Zeit erinnern. Einige möchte ich festhalten. Ungewollt beleuchten sie teilweise die Probleme, die sich in der letzten Zeit angehäuft haben: «Wer rasch vertraut, / Ist rasch betrogen, / Das Wort ist sicher nicht gelogen. Hoftänzerin des Fürsten Lanzelot von Dänemark Ramona»
«Sieh da, oh edle Frau vom Bienenberg, / Ein Falke kühn und stolz geht schon ans Werk, / Vom Zweig er viele Blüten nimmt, / Damit ein neues Werk beginnt. Sanderein»
«Wer gibt dem Leben neue Kraft und Stärke? / Ist er geführt von starker Hand, / Das ist und bleibt der ‹Widerstand›!!! Ch. Eiser»
«Oh Weberlein, mög alle Zeit / Der Herrgott Dich und uns bewahren / Vor Neugier und vor Neidsgefahren!!! Fürst Lanzelot»
Der ebenfalls zum Fest geladene und mit der Bitte um eine Kritik bedachte Dr. Hans Steinitz – er ist nach dem Krieg in New York Korrespondent für deutsche und schweizerische Zeitungen, später Chefredaktor der Emigrantenzeitung «Aufbau» – meldet sich wenig später aus dem Interniertenheim Hinter-Guldental. Er meint, er könne sein Versprechen, eine Kritik zu schreiben, nicht halten, denn «die Vorstellung war so wohl gelungen, so durchweg erfreulich und als künstlerische Leistung aller Beteiligten so imponierend, dass mein Versuch, eine Kritik zu Papier zu bringen, scheiterte: es wurde eine Lobeshymne draus. Diese erlaube ich mir, Ihnen beiliegend einzusenden, wobei ich Sie bitte, den guten Willen für die schwache Tat zu nehmen.»
Der Bericht ist tatsächlich eine grossartige Würdigung der Leistung unseres Theaterensembles. Ich hefte ihn zur Freude aller am Anschlagbrett an. Dadurch ist er mir verlorengegangen.
Ende Januar sind Hans Sanden und seine Theaterleute noch einmal bei uns und tragen einzelne Szenen aus Goethes «Faust I» vor. Das mehlweisse Gesicht von Max Fischers Mephisto schaut aus der schwarzen Kappe beeindruckend hervor, angeleuchtet vom Rampenlicht der Lanzelotbühne. Die ergreifende Gretchenfigur spielt Renate Gradenwitz.
In die Stille sagt auf einmal eine Stimme hinter mir ganz gerührt: «Gott, is dus scheen...» Es ist eine weisshaarige ältere Frau, die spricht. Ihre Nachbarin: «Hobt Ihr noch nie von Föist [Faust] geheerd?» Auch sie ist ergriffen.

Diese Aufführung ist die letzte Veranstaltung unter meiner Führung des Interniertenheims Bienenberg. Ein bewegender Abschluss! Aber mir zerreisst es das Herz.

\*

In den letzten Tagen des Januar 1944 ist das Strauss-Quartett in der Gegend von Schaffhausen auf Tournee. Es ist ein seit bereits einiger Zeit vorgesehenes Konzert. Wehmut liegt über dem Ganzen. Eine Karte aus Neuhausen, die Herr Strauss beendet: «Mir graut vor der Rückkehr in den von seiner Königin verlassenen Bienenkorb.»
Und Paul Lenz fügt an: «Bis jetzt war alles sehr nett, aber wehe, wehe, wenn ich auf das Ende sehe, d. h. die Rückkehr ins verlassene Heim.»
Darauf bin ich nachts in meiner Kammer hilflos meinem Schmerz überlassen, trostlos allein. Ich lasse viele zurück, alle, die wir uns gegenseitig schätzen und aufrichtig gerne haben, ja, all dies und viel mehr! Ich gehe durch die Gänge, den Speisesaal. Dann und wann bleibt jemand vor mir stehen, sagt ein paar Worte oder reicht mir die Hand, die ich fest umschliesse, als könnte ich etwas zurückhalten, das vergeht.
Noch einmal steige ich zu den Straussen in die Dachkammer und nehme schmerzlichen Abschied. Werde ich sie später wieder zu mir in ein anderes Lager holen können? Wir trösten uns mit dieser Hoffnung. Ich habe versucht, nicht zu weinen. Es ging auch andern so.
Die Übergabe war problemlos. Herr Giger von der Zentralleitung fand alles in Ordnung und zeichnete die Übergabeprotokolle gegen. Cathy Schindler übernahm, recht bewegt auch sie, meine Stelle. Heidi hielt meine Hand einen Augenblick fest in der ihren, dann drehte sie sich um und ging weg.
Alle Mädchen und Frauen, die sich so sehr auf meine Seite gestellt hatten – unter einem Teil der Belegschaft war nach Bekanntwerden meiner Versetzung ein Aufruhr entstanden –, sind strafversetzt worden, nach Brissago, in das damals wegen des Leiters meistgefürchtete Frauenheim, oder in andere Lager. Nur Lenz und die Straussen und viele andere harren auf dem Bienenberg noch aus.

\*

Ich bin noch ganz in der Nähe, in Neuewelt, in dem Häuschen meiner Schwester, die mit den Kindern weggefahren ist. Doch auf den Bienenberg werde ich nicht mehr hinaufsteigen. Ich könnte das nicht ertragen.

Mit einem Brief versucht Frau Kurz mich zu trösten:

«Bern, 28. 1. 1944

Liebes Fräulein Weber,

Für Ihre lieben Zeilen danke ich Ihnen recht herzlich. Ich habe in all den letzten Tagen sehr viel an Sie gedacht und kann mir wohl vorstellen, wie schwer dies alles für Sie war. Merkwürdigerweise habe ich in letzter Zeit noch zwei ganz ähnliche Fälle erlebt von Menschen, die in grossem, schönem Impuls und mit Begabung ein Werk aufgebaut hatten und die heute den gleichen Weg gehen wie Sie. Eigentlich wollte ich Ihnen schon auf dem Bienenberg davon erzählen; die Gleichartigkeit der Fälle ist direkt frappant. Ich habe bei allen dreien den Eindruck, dass die Zukunft Ihnen doch noch einmal gerecht werden wird. Eines wissen Sie ja selbst am besten: Sie haben in der Zeit, da Sie auf Bienenberg waren, vielen Frauen das Gefühl der Heimat wiedergegeben, und dies allein belohnt Sie für vieles, denn es sind unvergängliche Werte, die Sie da geschaffen haben. Ich bin so froh, dass ich noch in Bienenberg war, während Sie oben die Sache leiteten. Der Nachmittag wird mir unvergesslich bleiben. Ich spürte, wie schwer für Sie diese letzten Tage waren, und ich spürte auf der andern Seite so viel grosse und starke Liebe zu Ihnen, dass ich davon für Sie ganz getröstet wurde. Ich danke Ihnen auch noch recht herzlich, dass Sie mich abgeholt und zurückbegleitet haben, und dass ich zwischendurch diese schönen Stunden in Bienenberg erleben durfte. Ich bin sicher, dass Sie gegen jede Bitterkeit ankämpfen und darum auch aus diesen dunkeln Tagen einen grossen Segen ziehen werden. Es gibt in der Bibel einen Vers, dessen Wahrheit ich in vielen Fällen miterlebt habe. Er heisst: ‹Wenn Du mich demütigst, machst Du mich gross.› Vielleicht haben wir einmal Gelegenheit, mehr davon zu sprechen.

Mit meinen herzlichsten Wünschen grüsse ich Sie bestens,

Ihre Gertrud Kurz»

# Neuewelt

«Man darf die Möglichkeit der Weite nicht vor uns Flüchtlinge hinstellen. Dann wird das Lager erst recht zum Gefängnis.»
*Zosia Rowinska, jüdische Flüchtlingsfrau aus Polen, von März 1943 bis September 1945 in den Heimen Bienenberg, Hilfikon und Zugerberg.*

Abb. 12: *Neuewelt ist ein Ortsteil der Gemeinde Münchenstein bei Basel. Dort wohnt meine Schwester mit ihrer Familie. Sie überlässt mir im Februar 1944 für eine Woche ihr Haus.*

I

*Tagebuch Neuewelt, 31. Januar 1944*

*Heute ist ein Tag wie damals, als ich zwanzig Jahre alt und im Tessin war. Es ist alles voll Frühlingsahnung, und wieder trillert ein Buchfink vor dem Fenster. Wird diese Stimmung mir helfen, über den Abschied von Bienenberg hinwegzukommen?*
Nun, so leicht ist das alles nicht. Doch habe ich ein Ziel, das ist die Schule, das ist das AUF.
Vom Bienenberg kommen das Streichtrio und Zosia zu mir ins Münchensteiner Quartier Neuewelt herunter, wo ich die ganze Woche im Märchenhäuschen, wie die Sträussin es nennt, alleine wohne. Es ist ein Nachmittag voll Musik, voll Freundschaft, und es wird Abend, ehe wir es uns versehen. An eine Rückkehr auf den Bienenberg ist bei dieser Dunkelheit nicht zu denken. So improvisieren wir ein flüchtiges Zuhause für eine Nacht. Noch einmal spüren wir alle so richtig, wie sehr wir uns verbunden sind als Menschen.
Vom Bienenberg schreibt mir darauf Gertrud Strauss:
«Schrecklich liebes Fräulein Weber,
Als wir gestern Abend heimkamen, sass Frau Bohne in unserem Zimmer neben dem Ofen, den sie geheizt hatte. Trotz des netten Empfangs im Büro haben wir alle die Köpfe hangen lassen und haben versucht, uns mit Hilfe der Lebküchlein zu trösten.
Seien Sie nicht traurig. Da Sie doch voller Dynamismus stecken, wird es Ihnen Freude machen, etwas Neues aufzubauen. Etwas von der Atmosphäre, die Sie hier geschaffen haben, bleibt in jedem von uns lebendig und lässt sich nicht durch Änderungen verflüchtigen. Frau Kägi-Fuchsmann hat nicht so unrecht, wenn sie es sogar erfreulich findet, dass wieder ein anderer Kreis von Flüchtlingen dieser Atmosphäre teilhaftig werden darf. In jungen Menschen wird sie denn auch noch tiefer wirken. Für Sie ist diese Änderung wirklich am wenigsten traurig. Und wir besonders Betroffenen dürfen doch nachkommen, ich z. B. bin eine unentbehrliche Fussbodenspänerin, die in der freien Zeit leidenschaftlich gern Wäsche wäscht.»

Wie immer unterschreibt sie mit einem gezeichneten kleinen Vogel Strauss. Diesmal steht in Klammer daneben «Kopf ist oben!» Ich werde noch viele Briefe in diesem selbstironischen Stil erhalten. Ich spüre dahinter ihre inneren Verletzungen.

*

Eines Nachmittags in dieser Zeit treffe ich Zosia, und wir spazieren zusammen am Rheinufer entlang. Zosia bemerkt treffend zu den politischen Flüchtlingen: «Die Tatsache allein, dass sie der Gefahr entronnen sind, lässt sie sich als Helden vorkommen. Dadurch beanspruchen sie auch das Recht auf Forderungen. Sie übersehen aber dabei, dass sie nur ihre eigene Haut gerettet haben.»
Spricht sie von sich? frage ich mich, oder setzt sie sich von den andern Politischen ab?
So wandern wir auf dem Rheinweg weiter. Zosia sagt: «Es ist zu schön – für Flüchtlinge. Diesen Anblick hier würde keiner aushalten.» Sie sagt weiter: «So schön, dass man heulen möchte.»
Ich sehe sie an. Ihre tiefliegenden hellen Augen glänzen. Aufgebrochene Verzweiflung, Schmerz. – Breit zieht der Fluss dahin.
«Dies zu spüren, wie hier alles dahinzieht, wirklich...» sagt Zosia.
Flussaufwärts sind die breite Wasserfläche und die Ufer in blauen Dunst gehüllt, zur Linken spannt sich in weitem Bogen eine Brücke vor dem Abendhimmel über den Rhein.
«Man darf die Möglichkeit der Weite nicht vor uns Flüchtlinge hinstellen. Dann wird das Lager erst recht zum Gefängnis.»
Nach einer Weile, nachdenklich: «Sie können es niemals fühlen, was es heisst: Flüchtling sein.»
Sie hat recht. Habe ich das nicht selbst immer wieder während der Bienenbergzeit gedacht?
Und auf meine Bemerkung, dass nicht alle Flüchtlinge, nicht alle Menschen solche unerträgliche Sehnsucht beim Anblick des Flusses in dieser Landschaft empfinden würden, widerspricht Zosia: «Wir glauben, dass wir sie allein haben, weil wir es aussprechen können. Den andern fehlt nur die Ausdrucksmöglichkeit, doch auch sie haben diese Sehnsucht.»

Wir wandern durch das eindunkelnde Städtchen zum Bahnhof zurück.
«Ich danke Ihnen», sagt Zosia später, als wir uns in Pratteln verabschieden. Ich bin beschämt. Was habe ich denn getan, womit ich Dank verdiente?

*

Gibt es den *Typus* Flüchtling?
Man sagt: Er ist ein Flüchtling. Man sagt nicht: der Flüchtling soundso. Er wird als Teil des Kollektivs betrachtet.
Eine Aufgabe der Nachkriegszeit wird es sein, das Bedürfnis nach Individualität zu erwecken, was bedeutet, eigene Entscheidung und Verantwortung, eigenes Risiko zu übernehmen. Je mehr selbstverständliche, alltägliche Anforderungen an die Menschen, die heute als Flüchtlinge weitgehend entmündigt sind, in Zukunft gestellt werden, um so leichter werden sie zurückfinden in die normalen Bezüge menschlicher Gesellschaft.
So lege ich mir die Gedanken zurecht, die mich im AUF leiten sollen. Die jungen Menschen müssen in Verhältnisse hineingestellt werden, wo sie auch tatsächlich die eigne Verantwortung übernehmen und die Konsequenz aus ihren Handlungen tragen können.
Darüber werde ich mit der Zentralleitung nicht sprechen. Ich werde sein wie ein Lamm, das Wort Selbstverwaltung wird nicht über meine Lippen kommen, bis ich nicht die Schule verwirklicht habe.

*

Noch wirft der Bienenberg seinen Schatten. Ungezählte Briefe erreichen mich von dort. Sie kommen hauptsächlich aus der Feder der Straussen, und sie erzählen, was dort geschieht.
In den letzten Wochen sind «meine» Musiker viel unterwegs gewesen. Papa Strauss erzählt in seiner liebevollen Art von den verschiedenen Konzerten, von der begeisterungsfähigen Belegschaft aus Serben, Kroaten, Slowenen in Laufen, wo der Funke von den Musikern zum Publikum übersprang und der Abend mit serbischen und kroatischen

Chören und Nationaltänzen und einer fabelhaften Bewirtung des ganzen Lagers endete. Er erwähnt weiter die erste Probe in Basel mit dem Sacher Kammerorchester – Hindemith und Strawinsky –, und unser alter Musiker war glücklich, wieder in einem guten Orchester zu sitzen. Doch damit hatte es leider sein Bewenden. Auch ein Quartettabend wurde abgesagt, weil ihnen als «Pflichtlingen» der Besuch Basels verboten worden war, angeblich wegen der dortigen Grippeepidemie.

Was auch immer die wahren Gründe für die Verweigerung seiner Mitwirkung im Sacher-Orchester gewesen sein mögen, Papa Strauss muss sie als Demütigung und Unterbewertung seines Künstlertums empfunden haben.

In einem Brief berichtet Frau Strauss, dass ihnen ein Freiplatz in Basel in Aussicht gestellt worden sei. Auch vom Besuch eines ihrer Buben schreibt sie: «Gestern war Raoul für ein paar Stunden da, als er fort war, habe ich beschlossen, bei einer Neuschöpfung der Welt für Abschaffung des Mutterherzens zu plädieren, das ist eine ebenso unnötig schmerzende Sache wie z. B. der Blinddarm. Könnte man im AUF nicht ein diesbezügliches Verbot am Schwarzen Brett anschlagen?» Und so leiden sie wohl alle, die von ihren Kindern getrennten Mütter. Ich erfahre, dass man mich nie mit Namen, sondern nur unter dem Begriff «die frühere Unordnung» erwähnt.

«Ich frage mich oft», schreibt Frau Strauss, ob man nicht von uns aus einmal ein Schreiben an irgendeine höhere Stelle richten müsste, um zu versichern, dass die jetzige Ordnung im Hause absolut nicht grösser ist als unter Ihrem Regime.»

Und Papa Strauss fügt an: «Wenn ich sagte, es sei viel wesentlicher und edler, unglücklichen und heimatlosen Menschen ein möglichst schönes Heim zu bereiten, als all die Vorschriften trockener Bürokraten zu erfüllen, wusste man keine rechte Antwort. Es fehlt im Geiste dieser Damen das, was wir alle an Ihnen so sehr liebten, Verständnis, Einfühlungsvermögen und vor allem Generosität. Es fehlt die Grosszügigkeit der Grande Dame, die über kleinliche Philisterei mit einem Achselzucken zur Tagesordnung übergeht.»

Ein andermal schreibt Herr Strauss: «All die netten Leute gehen jetzt weg, nun auch Ihre Adjudantin, die liebe Fräulein Heidi.»

Nachdem Heidi Eisenegger den Bienenberg verlassen hat, bringt sie ihren Abschiedskummer zu mir, die ich schon von neuen Plänen erfüllt bin.

«Heidi, tröste dich. Wenigstens sind wir menschlich geblieben, so wie wir es uns zu Anfang versprochen hatten, weisst du noch? Du hast mir sehr viel geholfen.»

Langsam und vorsichtig gelingt ihr, sich von Trauer und Enttäuschung zu lösen. Auf sie warten anspruchsvolle Aufgaben mit Kindern, erst in der Schweiz und in Frankreich, dann mit dem Arbeiterhilfswerk in Norditalien.

Aus den folgenden Zeilen von Papa Strauss, die vom Bienenberg zu mir nach Zürich gelangen, spricht erschütternd die Niedergeschlagenheit über die graue Lebenssituation: «Der Grund meiner Missstimmung war mein Geburtstag. Es ist schauerlich, dass nun wieder ein ganzes nutz- und sinnloses Jahr dahin ist, an solchen Tagen macht man immer ein wenig Bilanz. Ihr mitempfindendes Herz wird verstehen, wie sauer es ist, einen solchen Leerlauf des Lebens zu ertragen, wenn kein Ende abzusehen und man ein alter Knabe geworden ist. Ich möchte manchmal nachts aufstehen und den Zeiger der Zeit festhalten.

Mit der dringenden Bitte, mir nun nicht nachträglich zu gratulieren und damit die Wunde neu aufzureissen, grüsse ich Sie, vielgeliebte Bienenkönigin, in alter Treue, Papa Strauss.»

II

Die Leitung von Bienenberg scheint den Händen meiner Nachfolgerin entglitten zu sein, denn schon weniger als einen Monat nach meinem Weggang vernehme ich, dass Herr Kehrer, der Leiter des Männerlagers Ampfernhöhe, auf Bienenberg regiert.
Herr Kehrer?
Irma Hoenigsberg schildert ihn mir in ihrem Brief vom 8. März 1944 so: «Gauleiter Kehrer est écœurant, je vous en raconterai. Er sagte, wenn es mir im Lager nicht gefalle, warum ich denn überhaupt in die Schweiz gekommen sei, versäumt aber keine Gelegenheit, um hübsche Mädchen zu berühren. Die Weiber sind sehr missmutig und freudlos. Die neue Ordnung ist ausserordentlich ungemütlich. Frigidaire in jeder Beziehung.»
Andere Briefe erzählen von all den abschätzenden Äusserungen Kehrers über mich. Ich ersuche ihn, dies zu unterlassen. In seiner Antwort vom 31. März 1944 steht unter anderem: «Ich ersuche Sie, in Zukunft sich ein bisschen besser durch das Buschtelefon informieren zu lassen, bevor Sie sich an mich wenden. Ich habe Ihnen bereits telefonisch erklärt, dass ich mich nicht bemüssigt fühle, Ihnen über den Bericht, den ich über das Heim Bienenberg an die Zentralleitung abzugeben habe, zum Voraus Meldung zu machen. Ich vermute stark, dass Sie seiner Zeit dann schon von der Zentralleitung direkt darüber informiert werden. [...] Im weiteren habe ich bei einer genauen Kontrolle der Mannschafts- bezw. Kantinenkasse feststellen müssen, dass Sie dort noch eine Zigarettenschuld von Fr. 1.92 stehen haben, die ich kaum als ‹Sozialabzug› buchen kann. Ich ersuche Sie, der Kasse diesen Betrag umgehend zukommen zu lassen, damit dieselbe bereinigt werden kann.»
Mehr als zwei Monate nach meinem Abschied vom Bienenberg verfasst Herr Kehrer auf Veranlassung der ZL am 5. April folgenden Bericht:
«Am 23. Februar übernahm der Unterzeichnete das Heim Bienenberg. Anlass dazu gaben verschiedene Differenzen, die sich innerhalb der Leitung und zwischen Leitung und Belegschaft herausgestellt hatten.

Während meines Aufenthaltes in Bienenberg habe ich nachfolgend aufgeführte Mängel festgestellt:

1. Verwaltung: Bei der Übernahme des Kassenbestandes wurden von mir, bezw. von der Rechnungsführerin Frl. Küng nachfolgende Nebenkassen festgestellt:

a) Mannschaftskasse
b) Theaterkasse
c) Kantinenkasse
d) Kleine Spesenkasse
e) Collis-Suisse Kasse
f) Lanzelot Kasse
g) Markenkasse

Mit Ausnahme der Mannschaftskasse, die von einer Internierten sehr gut und genau geführt wurde, waren von keiner andern Kasse irgendwelche genauen Belege oder Eintragungen vorhanden. Jede dieser Kassen enthielt im Durchschnitt einen Betrag von Fr. 4.– bis Fr. 8.–

Alle diese Kassen wurden von der Rechnungsführerin mit der Mannschaftskasse verschmolzen, nachdem ungefähr festgestellt werden konnte, dass diese Beträge aus Einnahmen von Theatervorstellungen oder aus freiwilligen Abgaben der Mannschaft bei Soldauszahlungen herrührten.

In fast allen diesen Kassen wurden Quittungen vorgefunden, aus denen ersichtlich war, dass einzelne der Belegschaft Vorschüsse bezogen haben. Verschiedene dieser Vorschüsse rührten vom August, September und November 1943 her. Zwei dieser Vorschüsse beliefen sich auf Fr. 25.–, bezw. Fr. 40.–. Darunter wurden geliehene Gelder von Heiminsassinnen, die bereits seit Monaten aus dem Heim entlassen worden waren, festgestellt. Sämtliche Beträge bis auf zwei wurden nachträglich bei den Soldauszahlungen von uns ratenweise eingezogen. Ein grösserer Betrag von Fr. 25.– konnte bis jetzt nicht durch die betreffende Heiminsassin gedeckt werden. Es wurde von uns der Versuch gemacht, diesen Betrag durch die Flüchtlingshilfe zu erhalten. Der Bescheid hierüber steht noch aus. Weiter konnte festgestellt werden, dass auch Vorschüsse aus der Telefonkasse an Heiminsassinnen gemacht wurden. Auf Befragen der betreffenden Kassenführerin gab diese zur Antwort, dass, wenn die Telefonspesen bezahlt werden mussten, der fehlende Betrag aus irgendeiner andern Kasse oder sogar aus der Lagerkasse gedeckt wurde. Waren dann in den andern Kassen wieder genügend Mittel vorhanden, so wurde der entnommene Betrag wieder in die Lagerkasse zurückgeführt. Auf diese Weise muss unserer Ansicht nach mit verschiedenen Kassengeldern hin und her jongliert worden sein. Es entspricht dies vollkommen den miserablen Eintragungen der verschiedenen kleinen Kassen, sodass heute eine genaue Kontrolle absolut nicht mehr möglich ist. Verschiedene Darlehen, die nicht mehr zurückerstattet werden konnten, wurden einfach von der früheren Heimleiterin als ‹Sozialbeitrag› über die Mannschaftskasse abgeschrieben.

2. Materialmagazin: Ein Materialmagazin war überhaupt nicht vorhanden. Wenn ein Teilnehmer entlassen wurde, so liess er einfach die Sachen im Zimmer liegen. Das Sparkonto wurde anstandslos ausbezahlt, ohne dass eine Kontrolle über die abgegebenen oder liegengelassenen Sachen stattfand. Die Zimmernachbarinnen eigneten sich dann diese liegengebliebenen Sachen an, sodass eben die Anlegung eines Material-Magazins für Korpsmaterial nach Ansicht der Heimleiterin Frl. Weber gar nicht nötig war. Bei der Aufnahme des Inventars fehlten 10 Kissen-Anzüge. Wir entdeckten dieselben dann allerdings als Vorhänge hergerichtet vor verschiedenen Zimmerfenstern. Auftrag hierzu soll Frl. Eisenegger erteilt haben.

3. Lebensmittelmagazin: Im Lebensmittelmagazin selbst waren Lebensmittel und Putzmaterial in friedlicher Eintracht kunterbunt durcheinander. Neben einem Eimer Konfitüre stand eine Blechflasche voll Bodenöl. Zwischen dem Trockengemüse machten sich 2 grosse Korbflaschen Panamawasser breit. Einige 5-kg Büchsen wurden uns als Bodenwichse angegeben. Bei einer genauern Kontrolle stellte sich aber heraus, dass es Bouillon-Paste war. In einer Ecke entdeckten wir pulverisierte Kondensmilch, die aber vermutlich unbrauchbar geworden ist, denn die Büchsen tragen die Aufschrift ‹Verbrauchsfrist bis Nov. 42›.

Wir haben nun in der Zwischenzeit ein gesondertes Lebensmittel-, und soweit Platz vorhanden, ebenfalls ein gesondertes Putz- und Materialmagazin eingerichtet.

4. Arbeitseinteilung: Bei einer Kontrolle der Arbeitseinteilung stellte

sich heraus, dass bei einer Belegschaft von rund 140 Heiminsassinnen im Arbeitssaal ganze 19 Köpfe an der Arbeit waren. Die übrigen wurden irgendwie im ganzen Hause verteilt, sodass die meisten von ihnen eine Arbeit zugewiesen hatten, die normalerweise in einer halben Stunde erledigt werden konnte.

Bei dieser Gelegenheit konnte ich denn auch den Grund der Zwistigkeiten innerhalb der Heimleitung feststellen. Die Arbeitslehrerin Frl. Niederer verlangte zu verschiedenen Malen, dass von einer derart hohen Belegschaft unbedingt mehr Leute im Arbeitssaal ihrer Arbeit nachkommen müssten. Dies wurde aber weder von Frl. Weber noch von Frl. Eisenegger zugestanden. Die Leute wurden einfach ohne Befragen von Frl. Niederer von der Arbeit im Saal weggeholt und zu irgendwelchen andern mysteriösen Arbeiten verwendet.

Nach Aussagen von Frl. Niederer wurde im Arbeitssaal sehr oft während des ganzen Tages für Theateraufführungen geprobt und musiziert, sodass es naturgemäss für den kleinen Rest der Arbeitenden auch absolut unmöglich war selbst zu arbeiten. Da sich nun Frl. Niederer sowohl als auch Frl. Schindler weigerten eine derartige Arbeitseinteilung weiterhin mitzumachen, entstanden dann die verschiedenen Differenzen innerhalb der Leitung, die zu den bekannten Streitigkeiten und Expressbriefen führten.

5. Bureau-Betrieb: Im eigentlichen Verwaltungsbureau selbst war eine derart large Kontrolle, dass es vorkommen konnte, dass noch nicht ausbezahlte Sparkonto von im September 1943 ausgetretenen Heimteilnehmerinnen vorhanden waren.

6. Ordnung im Heim: Die Ordnung im Heim liess allerhand zu wünschen übrig. Zum Frühstück erschienen die Heimteilnehmerinnen, wenn sie überhaupt kamen, zum Teil ungewaschen und ungekämmt in Morgenrock und oft in einem derartigen Aufzug, dass man sich in einen Zigeunerwagen versetzt fühlte. Wer Lust hatte zum Aufstehen, kam zum Morgenessen. Wer glaubte, noch etwas liegen bleiben zu müssen, liess sich das Frühstück von einer Zimmerkameradin ans Bett bringen. Ein Teil der Zimmer wurde dann statt vor dem Appell über Mittag gemacht. Verschiedene Vorkommnisse in den Toiletten betreffend Sauberkeit genieren wir uns zu Papier zu bringen. Eine sehr beliebte Art war, übrigens Papier, Konservenbüchsen, Zigaret-

tenschachteln, usw. aus dem Fenster zu werfen. Die Ordnung, die rund um das Haus herum herrschte, kann man sich selbst vorstellen. Beim Essen selbst herrschte ein derartiger Lärm, dass erst Strafmassnahmen mit verlängerter Arbeitszeit hier Abhilfe schaffen konnten. Ein ganz schlechtes Kapitel betrifft die Besuche der Männer an Samstagen und Sonntagen aus den umliegenden Arbeitslagern. Diese Besuche konnten unbehindert zu jeder Türe aus- und eingehen, liefen die ganze Zeit im Heim herum, von einem Zimmer zum andern, ohne dass da irgendwie einmal reklamiert wurde. Vom Unterzeichneten wurde sofort an alle umliegenden Arbeitslager ein Schreiben erlassen, worin er diese Besuche dahingehend festlegte, dass nur noch die gesetzlich getrauten Männer zu festgesetzten Stunden Zutritt zum Heim hatten. Von Frl. Weber wurde dies allerdings als sehr ‹unerhört› in Kritik gestellt.

Über Frl. Weber selbst sind dem Unterzeichneten bei Besuchen von Lieferanten in Frenkendorf und Liestal allerhand Sachen zu Ohren gekommen. Unter anderem erregte es hauptsächlich in Frenkendorf am meisten Anstoss, dass Frl. Weber mit umgehängtem Pelzmantel, langem Zigarettenspitz, Zigaretten rauchend in den Geschäften erschienen sei und sich sehr von oben herab gegenüber den Lieferanten benommen hätte. An einem Ort äusserten sich die Leute derart dass sie uns ins Gesicht sagten, es sei sehr gut, dass endlich einmal im Bordell auf Bienenberg Ordnung geschaffen werde. Der Bahnhofvorstand von Frenkendorf beklagte sich darüber, dass die Fahrscheine hauptsächlich in Sachen Kilometerzahl nicht vorschriftsgemäss ausgestellt wurden, dass sich Frl. Weber sogar erlaubt hätte einen Geschenkgutschein ausgestellt von der Bundesbahn, derart in der Strecke abzuändern, dass sie einfach auf dem Gutschein die Strecke gestrichen hätte und dieselbe um eine gewisse Kilometerzahl zurück verlegte. Diese Korrektur wurde mit dem grossen Lagerstempel abgestempelt und von ihr unterschrieben. Auf eine Reklamation des Vorstandes hin, dass er solche Vorkommnisse nach Bern melden müsse, erklärte sie rundweg: ‹Das sei ihr egal, er solle es ruhig nach Bern melden.› Der Vorstand wollte diesen unrechtmässig abgeänderten Gutschein zuerst als ungültig erklären und nur der Intervention von Frl. Schindler war es zu verdanken, dass hier [nicht] ein Betrag von rund Fr. 30.– verloren ging.

Im Heim selbst gab Frl. Weber den Heiminsassen volle Freiheit, sodass die Frauen zum Teil bis 11 Uhr in Liestal und Frenkendorf spazieren konnten, was natürlich wieder zur Folge hatte, dass in den umliegenden Arbeitslagern die Männer eben auch nicht mehr um 10 Uhr im Lager anwesend waren. Ebenfalls wurde uns bekannt, dass sie von verschiedenen Internierten Geldbeträge geliehen hatte, die sie dann allerdings am nächstfolgenden Zahltag wieder zurückbezahlte. Theaterproben wurden ausgedehnt bis gegen 2 Uhr Nachts, wobei dann in Anwesenheit und Mithilfe von Frl. Weber fröhlich bei Zwischenverpflegung (aus dem Lebensmittel-Magazin) getafelt wurde. Dass diese Leute dann beim Aufsuchen ihrer Zimmer ziemlich Lärm machten, war nach Ansicht von Frl. Weber nichts Aussergewöhnliches, obschon sich der seriösere Teil der Belegschaft über diese Angelegenheit nicht immer günstig äusserte. Das Verhalten von Frl. Weber gegenüber männlichen Internierten liess auch sehr zu wünschen übrig. Unter anderem soll es vorgekommen sein, dass sie mit einem Theaterspieler auf sehr vertrautem Fuss und per du gewesen sein soll.

Die oben erwähnten Mängel konnten bis jetzt zum grössten Teil abgestoppt werden, doch ist immerhin zu bedenken, dass es nicht möglich ist, einen Arbeitsbetrieb, der seit über einem Jahr verfahren ist, in kurzer Zeit wieder auf das rechte Geleise zu bringen. Es scheint, dass der kleinere Fehler bei der Belegschaft ist, denn die Leute fühlen es selbst und äusserten sich auch bereits dahingehend, dass sich mit einer bessern Ordnung im Heim auch der Aufenthalt in demselben angenehmer gestalte. Ein kleiner Teil, der eben durch diese large Heimführung seine grossen Vorteile hatte, hält heute noch durch dick und dünn zu Frl. Weber und berichtet ihr auch über die jetzige straffere Ordnung. Veranlasst durch diese Meldungen erlaubte sich Frl. Weber sich telefonisch und schriftlich zu beschweren. Sie hat auf ihre briefliche Beschwerde Antwort erhalten, in welcher einige krasse Intimitäten aufgezeichnet waren.

Der Unterzeichnete steht jederzeit zu sämtlichen oben angeführten Äusserungen.

Kehrer»

Ich weiss nicht, ob ich lachen oder weinen soll. Ja, das war der Alltag zwischen Nähe zu den Menschen und Lagerkässeli, zwischen Kultur und Bodenwichse. Ich antworte am 14. April auf die Anschuldigungen Kehrers mit einem Gegenbericht an die ZL:

*Stellungnahme zum Bericht von Herrn Kehrer über Bienenberg.*

*Nach der Lektüre erweckt der Bericht des Herrn Kehrer den Eindruck eines Rapportes, der, da es ihm an wirklich belastenden Tatsachen gebricht, auf das Niveau des Klatsches, der üblen Nachrede und selbst der Verleumdung herabsinkt.*

*Da Sie mich darum ersuchen, werde ich dazu Stellung nehmen und bedaure es, dies in so detaillierter Form tun zu müssen.*

*Vorerst sei festgestellt, dass Herr Kehrer das Heim übernahm, nachdem ich es bereits vier Wochen vorher an Frl. Schindler abgetreten hatte, und nachdem Frl. Schindler, die der Lage nicht Meister geworden war, einen Monat später freiwillig demissionierte und bei der ZL eine Hilfe anforderte.*

*Geht man der zu ungezählten Malen von Herrn Kehrer in Bienenberg geäusserten Feststellung, es existierten nur zwei schwierige Dinge, nämlich ein Lager nach Herrn Kehrer und ein Lager nach Frl. Weber zu übernehmen, etwas mehr auf den Grund, so stellt sich heraus, dass die Schwierigkeit, was Bienenberg betrifft, darin besteht, dass eine Lagerführung, die sich mit Menschen und nicht bloss mit Untergebenen oder Nummern befasst, eine viel höhere und ununterbrochene Anspannung und Aufmerksamkeit erfordert.*

*Zu den einzelnen Punkten des Berichtes erkläre ich folgendes:*

*1. Verwaltung: Kassen:*

*a) Mannschaftskasse: Bestand aus Schenkungen, gelegentlichen freiwilligen Einzahlungen, Skonti der Kantinenkasse. Sie wurde von der Teilnehmerin Olga Notter verwaltet und von mir kontrolliert. Es wurde monatlich eine detaillierte Aufstellung der Einnahmen und Ausgaben zur Einsichtnahme für die ganze Belegschaft aufgestellt. Die Mappe, in der über alle die Belegschaft angehenden Kassen eine genaue monatliche Abrechnung eingeheftet wurde, lag für jedermann im Büro auf. Der Versuch, eine besondere Kommission unter der Belegschaft wählen zu lassen, die über die Angelegenheiten der Heiminsassinnen hätte entscheiden und über die Belegschaftskassen Kontrolle ausüben sollen, wurde seinerzeit von den*

*Lagerteilnehmerinnen mit der Begründung abgelehnt, dass eine solche Kommission wegen des guten Einvernehmens, das zwischen Belegschaft und Lagerleitung bestehe, überflüssig sei, dass sie im Gegenteil die Atmosphäre des Vertrauens in Misstrauen verwandeln könnte.*

*b) Theaterkasse: Setzte sich aus einigen Beträgen zusammen, die von den Teilnehmerinnen selber anlässlich einiger Freizeitabende eingebracht wurden oder die uns Aussenstehende, die einer Aufführung beigewohnt hatten, nachträglich stifteten. Sie diente ausschliesslich der Deckung von Unkosten, die sich für die Freizeit ergaben, z. B. zur Anschaffung von Holz, das in der Bastelwerkstatt verarbeitet wurde. Über diese Kasse wurde genau in einem separaten Heftchen Buch geführt. Die monatlichen Abrechnungen wurden der Belegschaft vorgelegt.*

*c) Kantinenkasse: Wurde von der Teilnehmerin Flora Adler, jetzige Frau Heilbrunn, verwaltet. Diese Kasse wurde anlässlich von Revisorenbesuchen immer in Ordnung befunden. Sie wurde von der Verwalterin der Mannschaftskasse, Frau Notter, gelegentlich kontrolliert, jedoch nicht von mir persönlich, was als ein Fehler meinerseits betrachtet werden kann. Über die Bestellungen der Kantine war ich stets auf dem laufenden; sie wurden von mir visiert.*

*d) Kleine Spesen-Kasse: Der Bestand der Kleinen Spesen-Kasse betrug max. Fr. 5.– bis Fr. 10.–. Es handelte sich hierbei um eine Kasse, aus der die ganz kleinen Spesen, wie Telefongespräche, Porti, Fahrauslagen etc., die in der Lagerabrechnung in einem einzigen Beleg zusammengefasst waren, bezahlt wurden. Das Geld hierzu wurde der Lagerkasse entnommen und es finden sich in den Lagerabrechnungen jeweils detaillierte Aufstellungen mit Begründungen und meistens auch Quittungen beim Beleg* KLEINE SPESENKASSE *Pos. 9. Diese Einrichtung wurde von den Buchhaltungsrevisoren nicht beanstandet.*

*e) Colis-Suisse-Kasse: Anlässlich der Aufführung von Lanzelot und Sanderein wurde zwischen Belegschaft und Lagerleitung vereinbart, einen Reinertrag, den wir durch den Verkauf von uns gestifteten Programmen unter den Zuschauern einnehmen würden, ausschliesslich für die Versendung von Colis-Suisse an bedürftige Angehörige in Frankreich zu verwenden. Einige Beträge bekamen wir von ausserhalb geschenkt. Auch diese Abrechnung wurde an der Freizeitsäule im Esssaal zur Einsichtnahme für alle Lagerteilnehmerinnen angeschlagen.*

*f) Lanzelot-Kasse:* Ist identisch mit der Colis-Suisse-Kasse, d. h., sie wurde zuerst so benannt, bis die Spesen, wie Kostüm-und Perückenmiete daraus bezahlt waren. Erst der Reingewinn ergab die Kasse e).

*g) Markenkasse:* Diese Kasse wurde von der Verwalterin der Mannschaftskasse auf eigene Initiative als eine Art «Unterkasse» der Mannschaftskasse eingerichtet. Daraus wurden Marken in Liestal gekauft, die die Belegschaft an dieser Stelle beziehen konnte.

Über die Vorschüsse, die einzelne Teilnehmerinnen aus der Mannschaftskasse erhalten hatten, war ich orientiert. Da diese Frauen den Betrag nach kürzester Zeit wieder zurückzahlen wollten, wie dies sehr häufig geschah, wurde er nicht als «Sozialbeitrag» (Unterstützung einer bedürftigen Kameradin) ausgebucht, was eine Schädigung des Mannschaftsvermögens bedeutet hätte. Die Schulden der inzwischen versetzten Teilnehmerinnen wurden zu wiederholten Malen bei den Schuldnern selbst oder bei deren Heimleitungen angefordert. Es handelt sich hier um einen Betrag von Fr. 5.– von Alice Knoll, die mit Säugling nach La Rosiaz versetzt worden war, ferner um einen Betrag von Fr. 10.50 der Teilnehmerin Grete Weber, die nach drei Tagen Aufenthalt in Bienenberg zur Erledigung persönlicher Angelegenheiten nach Zürich fahren musste und von dort durch die ZL direkt nach Tivoli versetzt wurde. Der Fall Grete Weber dürfte Ihnen bekannt sein. Sie antwortete uns mehrmals, dass sie nicht mehr in der Lage sei, das Geld zurückzuzahlen. Bei dem Betrag von Fr. 25.– handelt es sich um Frau Selma Winterberger, die das Geld vor ihrem Erholungsurlaub auslieh und entgegen ihren Versicherungen noch nicht zurückzahlen konnte. Es handelt sich um eine sonst sehr gewissenhafte Teilnehmerin. Herr Arnold riet mir, für diesen Betrag ein Gesuch um einen «Sozialbeitrag» an die Buchhaltung der ZL zu richten, was ich Herrn Kehrer telefonisch mitteilte. Herr Kehrer selbst befragte mich, warum ich die ausstehenden Beträge nicht vor der Revision als «Schenkungen an Unterstützungsbedürftige» ausgebucht hätte. Ich war jedoch der Ansicht durch blosse Abschreibung der vielleicht doch noch einzubringenden Beträge die Mannschaftskasse nicht schädigen zu dürfen. Da nach einer Verwaltungsweisung das Ausleihen von Geldbeträgen aus der Mannschaftskasse an Teilnehmer nicht erlaubt ist, befinde ich mich hier im Unrecht, und die einfache «Schenkung» wäre hier formell der richtigere Weg gewesen.

*Ich lehne dagegen jede Beschuldigung, die mir eine unkorrekte Verwaltung der Lagerkasse vorwerfen will, als unrichtig und als persönliche Beleidigung ab. Es kam niemals vor, dass die Lagerkasse mit andern Kassen vermischt wurde. Ich bitte Sie, die Richtigkeit meiner Aussage anhand des Revisionsrapportes des Herrn Giger über die Heimübergabe prüfen zu wollen.*

*Aus dem gleichen Grunde muss ich den Vorschlag des Herrn Arnold, die angeblich in der Lagerkasse fehlenden Beträge von Teilnehmerinnen in der Höhe von ca. Fr. 57.– an meinem Salär in Abzug zu bringen, ablehnen, da dies einem Eingeständnis einer unrichtigen Kassenverwaltung gleichgekommen wäre.*

*Ferner muss ich Herrn Kehrer ersuchen, mir die verschiedenen Internierten zu nennen, von denen ich Geldbeträge geliehen haben soll, und ich bin überzeugt, dass er keinen einzigen finden wird.*

*2. Materialmagazin:*

*Es wurde in Bienenberg keine Teilnehmerin entlassen, ohne dass sie nicht ihre persönliche Ausrüstung im Büro abgeliefert hätte, wo diese durch die Kontroll-Ordonnanzen Frau Graumann und Frau Josefsberg sowie durch die Rechnungsführerin Frl. Nef kontrolliert wurden. Das Sparguthaben wurde erst nach der ordnungsgemässen Erledigung dieser Abgabe ausbezahlt.*

*Eine Teilnehmerin, Frau Wilker, wurde direkt vom Spital in Basel auf einen Freiplatz entlassen und hatte folglich ihre Ausrüstungsgegenstände im Zimmer gelassen. Eine Zimmerkameradin lieferte diese im Büro ab. Es wäre in diesem Zusammenhang zu prüfen, ob die unter 5) Büro-Betrieb erwähnten, nicht ausbezahlten Sparkonti nicht deshalb zurückbehalten worden waren, weil die Abgabe der Ausrüstung noch nicht stimmte. Ich ersuche auch hier um Namensnennungen. Ich verweise wieder auf den Rapport von Herrn Giger, um seine Beurteilung dieses Falles zu erfahren. Die Sparguthabenkasse wurde von der Rechnungsführerin Frl. Nef verwaltet.*

*Über das Korpsmaterial (Arbeitsschuhe, Farmerhosen, Socken, Regenschutze, etc) bestanden spezielle Kontrollhefte, in denen sich der Teilnehmer durch Unterschrift für den gefassten Gegenstand zu verantworten hatte. Die Kontrolle der Arbeitsschuhe unterstand der Gärtnerin Frl. Schindler. Das Korpsmaterial wurde im sog. Depot, einem abschliessbaren Raum, verwahrt.*

*Über fehlendes Inventarmaterial gibt die mit Stichtag vom 31. Dez. 1943 durchgeführte Inventarkontrolle genaue Auskunft. Ferner wurde das Inventar bei der Übernahme durch Frl. Schindler zusammen mit Herrn Giger kontrolliert.*

*Die Verwendung von Kissenbezügen, die zum Inventar gehörten, für Vorhänge, ist eine unrichtige Annahme. Bei den in je einem Zimmer im Parterre, 1. Stock und im Dachzimmer befindlichen Vorhänge und Deckchen aus Kissenbezugsstoff handelt es sich um geschenkte Ware. Die Beschuldigung von Frl. Eisenegger, diesen seltsamen Auftrag erteilt zu haben, ist absolut ungerechtfertigt und haltlos.*

*3. Lebensmittelmagazin: Im Lebensmittelmagazin, das ich sehr häufig und regelmässig kontrollierte, herrschte zu meiner Zeit beste Ordnung. Dass wir in den zwei grossen Räumen ebenfalls ungebrauchtes Putzmaterial (Lappen, Bürsten, Besen, etc) auf einem gesonderten Gestell aufbewahrten und einschlossen, kann jeder Kritik standhalten. Für eine nach meinem Weggang ev. eingetretene Unordnung kann ich keine Verantwortung übernehmen. Auch hier gibt der Rapport des Herrn Giger bestimmt Aufschluss. Ich verweise ferner auf einen diesbezüglichen Rapport von Herrn Jean-Richard. Dass Bouillon-Paste mit Bodenwichse verwechselt wird, beweist nur eine bedauerliche Unkenntnis der nachträglichen Kontrollorgane.*

*4. Arbeitseinteilung: Ich ersuche anhand des Arbeitsrapports feststellen zu wollen, wieviele arbeitsfähige Teilnehmerinnen im Heim anwesend waren an dem besagten Tag, an welchem nur 19 Frauen im Arbeitssaal beschäftigt waren. Das Wegholen von Arbeitskräften aus dem Arbeitssaal geschah in der Regel erst nach Vereinbarung mit Frl. Niederer durch Frl. Eisenegger, und wurde immer begründet. Was in den Arbeitsrapporten mit «Hausdienst» bezeichnet wird, erstreckte sich nicht nur auf die Putzarbeit im Haus, sondern umfasste ebenfalls die Service-Gruppe, den Krankenservice, die Holzgruppe, die Ofenheizerinnen, die Wasch- und Bügelmannschaft, sowie die Brot-Transportgruppe und die Kommissionenpatrouille. Es bestand eine lange Zeit eine «Streichmannschaft», deren Aufgabe es war, die Zimmer zu streichen, Böden abzuziehen, zu fegen und zu beizen. Eine kleine Gruppe wurde zum Spänen für die gründlich gereinigten Säle eingesetzt. Auch hier verweise ich auf den Rapport des Herrn Jean-Richard, der feststellte, dass im Bienenberg mit*

*Hingabe und Begeisterung gearbeitet wurde. Dasselbe bestätigen Herr Streuli vom Umschulungslager und Frau Silberstein von der Flickstube. Die Arbeiten, die wir für sie ausführten, sind immer äusserst rasch und gut erledigt worden.*

*Die bekannte und von Herrn Giger erwähnte Einsendung von Expressbriefen an die ZL geschah vier Wochen nachdem ich Bienenberg verlassen hatte. Ich habe damit nichts zu tun.*

*Dass Herr Kehrer ausgerechnet die Proben im Arbeitssaal anführt, die selbstverständlich nicht im Saal selbst, sondern auf der Bühne im Nebenraum stattfanden, wundert mich und beschämt sehr, handelt es sich doch gerade bei diesen Theaterproben, die zu Misstimmigkeiten in der Belegschaft und der Leitung Anlass gegeben hatten, um seine eigne Theatergruppe Ampfernhöhe, für die ich auf sein Drängen hin erst nach langem Zögern und widerstrebend meine Einwilligung gegeben hatte. Durch die Bemerkung des Herrn Kehrer sehe ich das Gastrecht, das wir seinen Leuten damals in unserm Heim gewährten, auf eine würdelose Art beschmutzt.*

*Unsre eigenen Proben fanden im Freizeitraum statt. Arbeitssaal und Bühne wurden nur abends nach der Arbeitszeit benutzt. Es stimmt durchaus, dass sich Proben oder die Arbeiten an der Bühne vor einer wirklich guten Aufführung bis spät in die Nacht ausdehnten, desgleichen stimmt, dass dann manchmal eine bescheidene Zwischenverpflegung im Rahmen des Möglichen verabreicht wurde. Herr Kehrer muss aus seiner eignen Praxis zur Genüge die Gepflogenheit kennen, Gäste nach einer Vorstellung mit einer Kleinigkeit zu bewirten, war er doch mehr als einmal Gast bei uns, sowie ich selbst einmal in Ampfernhöhe. Bei den gereichten kleinen Bissen handelte es sich sehr oft um persönliche Vorräte der Lagerleitung.*

*Dass ich die spät in ihre Zimmer Zurückkehrenden immer wieder zu Ruhe und grösster Rücksichtnahme auf die Schlafenden ermahnte, erscheint mir der Erwähnung beinahe überflüssig.*

*5. Büro-Betrieb: Den Einkauf sowie die Verwaltung der Lagerkasse besorgte ich selbst. Die übrigen Büroarbeiten unterstanden der Rechnungsführerin Frl. Nef. Soldlisten, Urlaube und Sozialbeiträge wurden gemeinsam besprochen. Die Sparguthabenkasse wurde regelmässig kontrolliert anhand der Sparkarten. Es bestehen darüber Aufstellungen am Schluss jeder Soldperiode.*

6. *Ordnung im Heim: Teilnehmerinnen, die nicht zum Frühstück erschienen, gingen ihrer Brotration verlustig. Ein internes Brotkartensytem verhinderte, diese auf anderem Wege zu erhalten. Frauen, die in einem unmöglichen Aufzug zum Frühstück erschienen, wurden verschiedentlich wieder aufs Zimmer geschickt. In den letzten Monaten war es verboten, in Arbeitskleidung (Overall, Gartenschuhe, etc) zum Nachtessen zu erscheinen. Bei Tisch herrschte eine angemessene Ruhe, die ohne Drohungen und Strafmassnahmen erreicht wurde.*

*Die Zimmer wurden des öftern während des Morgenessens sowie regelmässig nach dem Appell kontrolliert. Wegen der mangelnden Sauberkeit in den Toiletten wurden verschiedene Massnahmen ergriffen. Die Erfahrungen anderer Lagerleiter oder Heimleiterinnen bestätigen, dass eine einzige unordentliche Teilnehmerin genügt, um die Sauberkeit in den Toiletten zu gefährden. In der Zeit der Wasserknappheit wurden turnusweise «Toilettenfrauen» eingesetzt, die für Spülwasser und Sauberkeit verantwortlich waren. Dieselben Massnahmen wurden ergriffen bei erneut vorkommender Unreinlichkeit.*

*Es kam vor, dass Dinge aus den Fenstern geworfen wurden. Eine Bewohnerin der betreffenden Hausseite musste in solchen Fällen in ihrer Freizeit die Ordnung um das Haus erstellen. Wir verzichteten stets auf eine billige und widerliche Angeberei. Ich halte jede Erziehungsbemühung durch das Mittel der Angst und Einschüchterung als vollkommen verkehrt.*

*Die Männerbesuche wurden bereits mehrmals besprochen sowohl mit Herrn Zaugg als in Lagerleiterversammlungen in Bienenberg und Zürich. Wie bei solchen Gelegenheiten festgehalten, handelte es sich vor allem auch um Verschonung der kleinen umliegenden Gemeinden vor einer Wochenend-Invasion durch Flüchtlinge, was von allen Lagerleitern der Umgebung sehr begrüsst worden war. Für uns bedeutete es bloss das Angebundensein an Samstagen und Sonntagen und eine Menge Kontrollen. Jeder Besucher musste sich vorher im Büro anmelden. Wenn diese Hausordnung nicht befolgt wurde, konnte es vorkommen, dass wir die Besuche für eine oder zwei Wochen gänzlich sperrten. Die Besuchszeiten waren genau geregelt und wurden fast ausnahmslos auch eingehalten.*

*Was ich in diesem Zusammenhang als «sehr unerhört» kritisiert haben* soll, entgeht meiner Kenntnis, und ich ersuche Herrn Kehrer, mich hierüber aufzuklären.

Die Angriffe, die auf meine eigne Person gemacht werden, tragen so sehr den Stempel einer beschämenden Verleumdung, dass ich verzichte, darauf überhaupt einzugehen.

Indessen möchte ich Herrn Kehrer sehr bitten, mir die Lieferanten mit Namen zu nennen, die an meinem Benehmen Anstoss genommen haben wollen. Ganz abgesehen davon, dass ich auf der Strasse nicht rauche und schon gar nicht mit einer (in meinem Besitz nicht vorhandenen) Zigarettenspitze, dass ich ferner äusserst selten in Liestal oder Frenkendorf zu sehen war, dass mein «Pelzmantel» im Winter aus einer alten Dreiviertel-Lammjacke besteht, stand ich meines Wissens mit sämtlichen Lieferanten auf bestem Fuss. Es ist indessen bekannt, dass Frau Dr. Huber sowohl für Bienenberg als auch für mich schlechte Propaganda machte. Die Ansicht von Herrn Pfarrer Sandreuter aus Frenkendorf, der zu mehrern Malen die Gelegenheit hatte, die Atmosphäre in Bienenberg kennen zu lernen und sich positiv zu äussern, dürfte nicht uninteressant sein. (Ich besuchte, nebenbei bemerkt, kein einziges Mal die Kirche.)

Der Geschenkschein der SBB der Frau Neumann wurde erst nach einer tel. Rücksprache mit dem Stationsbeamten in der von uns gewünschten Weise abgeändert. Die besagte Abänderung, die ich selbst angebracht hatte, geschah nach einer Fehlinformation durch den SBB-Beamten. Dass der Irrtum nicht von unserer Seite allein gemacht wurde, beweist die Tatsache, dass die SBB den Gutschein doch noch akzeptierte. Der Grund, warum Frl. Schindler und nicht ich selbst mit dem Bahnbeamten verhandelte, ist einzig auf Zeitmangel meinerseits zurückzuführen.

Die Frage des Ausgangs wurde auf telefonischem und schriftlichem Wege mit der ZL geregelt. Die Verlängerung für Kinobesuche ist bereits Ende vergangenen Sommers auf die erlaubte Frist beschränkt worden.

Es ist zu betonen, dass gerade dieser «kleine Teil der Belegschaft, der durch dick und dünn zu Frl. Weber stehe», sich nach meiner Heimübergabe tadellos verhalten hat und bereit war, Frl. Schindler in jeder Weise zu unterstützen.

Ich kann nur bedauern, dass der Bericht über das Heim Bienenberg nicht von einem loyalen und unbeeinflussteren Mitarbeiter durchgeführt

*wurde, der ein richtiges Licht auf meine Lagerführung und ihre positiven und negativen Seiten geworfen hätte.*
*Diese lange Stellungnahme, zu der ich mich leider gezwungen sah, bitte ich Sie, als verbindlich und der Wahrheit entsprechend betrachten zu wollen.*
*Ch. Weber*

Wenn ich heute diese Berichte lese, werde ich in die Zeit des Kampfes zwischen kleinlichsten Abrechnungen und der Zuwendung zu Menschen zurückgeworfen. Mitten in dieses Sinnieren, wie ich es schaffte, damals in jener Paragraphenmühle nicht zerrieben zu werden, kommt jetzt, fünfzig Jahre danach, der Brief des Sohnes eines Bienenberger Flüchtlings. Er schreibt unter anderem: «Wie verstehe ich meine lieben Eltern, die bis zu ihrem Lebensende in Treue, in Liebe, in tiefer Dankbarkeit an ihrem Charlottchen hingen! Du warst eine der ganz wenigen, die Menschlichkeit, Wärme, Hoffnung ausstrahlten, Du warst für die Halbgefangenen des Bienenberg das Licht in der Finsternis – nicht christlich gemeint! – Du warst nicht die Lagerleiterin, warst Vertraute und Freundin. Du hast nicht ein Lager verwaltet, Du hast Schicksal geteilt.»

III

Im Februar 1944 nach Zürich zurückgekehrt, stürze ich mich in die Vorbereitungen für mein Schullager, an dem nun in den verschiedenen Heimen so viele Hoffnungen hängen. Ich bekomme in der Zentralleitung an der Beethovenstrasse 11 einen Bürotisch, eine Schreibmaschine und ein Telefon. Ich versuche, so methodisch und konsequent wie nur immer vorzugehen. Voller Pläne, Fragen, auch innerer Unruhe fahre ich abends mit meinem Velo dem See entlang und über die Quaibrücke nach Hause.

Bereits im Dezember 1943 habe ich Lerch meine Vorstellungen mitgeteilt. Als Ausbildungsgebiete habe ich die Berufe der Sekretärin, Buchhalterin, Arztgehilfin und Samariterin vorgesehen, und im handwerklichen Bereich Schneiderin, Modistin, Corsetière, Modezeichnerin, Dekorateurin, Industriezeichnerin und Coiffeuse.

Als wichtigste Bedingungen für ein Gelingen betrachte ich geeignete Räumlichkeiten, einen ausgezeichneten Lehrkörper, wenn möglich nur Flüchtlinge und Emigranten, und die Auswahl geeigneter Schülerinnen. Ein Barackenlager, das man mir anbieten will, kommt für mich nicht in Frage. Ich suche also in der näheren und weiteren Umgebung von Zürich eine geeignete Lokalität, reise ins Toggenburg, ins Zugerland, in den Aargau, suche im Zürcher Unter- und Oberland. Ein Zufall führt mich im April nach Wohlen, den Ort meiner Kindheit, wo ich allenthalben Freunde und Bekannte antreffe.

«Weisst du, dass Oberst Lüthy das Schloss Hilfikon vermieten möchte? Er verlangt aber einen happigen Preis!»

Das Schloss Hilfikon liegt an der Bahnlinie von Wohlen nach Meisterschwanden am Hallwilersee, die mein Vater vor knapp dreissig Jahren gebaut hat! Ein Traum! Ich gehe hin, umwandere den herrlichen Besitz, kann mich vor Freude und Begeisterung kaum fassen und bin fest entschlossen, dort und nirgendwo anders meine Schule aufzubauen. Also entwickle ich einen Plan und eine mir ansonsten wesensfremde Diplomatie, und mit Liebenswürdigkeit, Festigkeit, plausiblen Erklärungen rette ich mir «mein» Schloss. Es gelingt mir, die ZL zu überzeugen, dass sich das alte Gebäude mit seiner schwierigen Heizbarkeit und den vielen Treppen und Gängen absolut nicht als Heim für ältere Flüchtlinge eignet, wofür die Zentralleitung es nach Unterzeichnung des Mietvertrages mit Oberst Lüthy verwenden wollte – gegen meine Absichten! Ich habe in der ZL einen verständnisvollen Befürworter gefunden, der dort die Kulturabteilung leitet: Dr. Armin Sigrist, ein feiner Mensch, der in mir nicht die aufmüpfige Paragraphenbrecherin sieht, sondern eine Kämpferin mit ehrlichem und aufrichtigem Anliegen.

In den folgenden Monaten suche ich mittels Rundschreiben und Fragebogen in allen Frauen- und Männerlagern die geeigneten Lehrkräfte und interessierte Schülerinnen.

Doch welche Berufsrichtungen lassen sich tatsächlich verwirklichen? Mir schwebt ein Abschluss im Sinne der hiesigen Gewerbeschulen vor. Also besuche ich die Frauenfachschulen in Winterthur und am Kreuzplatz in Zürich.

«Wie lange sollen die Kurse dauern?» fragt man da.

«Uns steht vorerst ein halbes Jahr zur Verfügung, das, je nach Kriegslage, etwas verlängert werden kann.»

«Wieder so eine dilettantische Schnellbleiche!» ist etwa der Tenor. Das könnten sie nicht verantworten.

Aber wir haben keine andre Wahl. Wir werden es schaffen!

An der Zürcher Gewerbeschule weht ein etwas aufgeschlossenerer Geist, besonders beim Leiter des theoretischen Unterrichts der Lehrlingsklassen, Herrn Dr. Alfred Feldmann. Lange und intensive Gespräche lassen seine sozialistische Einstellung unschwer erkennen, zudem ist ihm die Ausbildung junger Menschen ein echtes Anliegen. Als ganz besondere Herausforderung sieht er die kurzbemessene Zeit, die Sprachenvielfalt und die unterschiedlichen Bildungsvoraussetzungen der Schülerinnen. Gegenüber Flüchtlingen ist er ganz besonders positiv eingestellt. So entwirft er einen eignen Plan des theoretischen Unterrichts gemäss den Weisungen für die sogenannten Normallehrpläne des Bundesamt für Industrie, Gewerbe und Arbeit, und es gelingt ihm, die Lehrmeisterin der Schneiderinnen, Fräulein Rosa Richle, und den Grafiker Rudolf Bircher als Berater für die Couture- und die Dekorationsklasse zu gewinnen. Eine gewisse Unsicherheit wegen der Kürze der Ausbildungszeit, die in der Gewerbeschule doch immerhin zwei bis drei Jahre beträgt, ist ihnen anzumerken, doch fühlen auch sie sich von diesem ganz neuen Versuch herausgefordert. Ich wohne ihren Stunden bei, wir besprechen Möglichkeiten einer sinnvollen fachlichen Ausbildung.

\*

Die Kriegsereignisse scheinen in der schweizerischen Flüchtlingspolitik zu einem Umdenken geführt zu haben. In einer Sachverständigenkommission werden Fragen der Freizeitregelung und der Weiterwanderung beraten. Ja, man geht sogar so weit, Flüchtlingen ein Mitspracherecht bei den Diskussionen um ihre Probleme einzuräumen.
In der Zentralleitung beginnt man nun, der Ausbildung von Jugendlichen grössere Bedeutung beizumessen. Im April 1944 wird im Tessin ein Ausbildungskurs für Leiter und Leiterinnen und potentielle Flüchtlingslehrer organisiert. Ein gutes Dutzend nimmt daran teil. Herr Milani vom Interniertenheim Trevano und Jean-Richard betreuen den Kurs in Gordola in der Magadino-Ebene, wo bereits ein ZL-Lager besteht. An diesem Kurs lerne ich einige ähnlich denkende Mitarbeiter kennen, Heidi Schneebeli, eine Sozialarbeiterin und Leiterin eines Lagers im Welschland, sowie Dr. Edwin Landau, ein ehemaliger Verleger aus Berlin und Claudel-Spezialist, der über die Lager Gurs und Les Milles in Frankreich in die Schweiz gelangt war. Fräulein Rubli, Dr. Lorant, Dr. Grob und andere mehr sind unter der recht froh gestimmten und sehr motivierten Schar. Wir logieren in einer prächtigen Villa, dem Flüchtlingsheim in Trevano.
Während dem zehntägigen Kurs- und Lagerbetrieb im Tessin steigt in mir die Vergangenheit empor, die Erinnerung jenes unwiederholbaren fernen Frühlings vor vielen Jahren. Nach meiner Heimkehr am 30. April 1944 schreibe ich einige Sätze über diese kurze Reise in mein Tagebuch:
*Ich fuhr den Ceneri hinauf, vor dem letzten Tageslicht flogen am Fenster dunkle Silhouetten von südlichen Bäumen vorbei, Feigen, Eichen, Eschen. Ferne in der Ebene lag Locarno an dem See, der nun wie ein Spiegel den roten Himmel wiedergab.*

*Die längst entschwundene Zeit war mir ganz nah. Sollten wirklich elf Jahre vergangen sein, seit ich von Lugano wegfuhr, zu ihm, dem Freund, und in all die Jahre mit ihm hinein? Wo sind diese Jahre hingegangen? Bald musste der Tunnel von Lugano kommen, wo ich zum ersten Mal in meinem Leben das Gefühl von Entscheidung und Schicksal hatte.*
*Doch nun freute ich mich aufs Aussteigen und die andern Menschen. Fräulein Rubli holte mich ab, sie sah frisch gewaschen und gekämmt und wie aus einem Film der amerikanischen Sezessionskriege aus. [...] Dann kam der Kurs in Gordola, anders. Eigenwillig, vital, nahe Wirklichkeit, gelöstes Problem. Dort wurde verkündet, wurden wir belehrt.*

\*

Wieder sitze ich an meinem ZL-Tisch in Zürich und plane, schreibe, telefoniere, suche all die vorgesehenen Kurse einer Verwirklichung näherzubringen.

In diese Periode der intensiven Vorbereitung für «mein» Schloss Hilfikon fällt ein erfreuendes Ereignis, nämlich die durch Frau Kurz in Bern ermöglichte Wiederaufführung von «Lanzelot und Sanderein» in einem grossen öffentlichen Theatersaal in der Bundeshauptstadt. Aus allen Ecken der Schweiz werden die Bienenberger Künstlerinnen und Künstler nach Bern geholt, Frau Kurz sorgt für Unterbringung während der erneut notwendigen Proben, ich reise von Zürich mit den Kostümen an, und dann geht eines glücklichen Tages die Aufführung über die nun echte, grosse Bühne.

Ich stehe mit gewaltigem Herzklopfen im Publikum. Einige Nonnen mit einer grossen Schar Klosterschülerinnen sind darunter, und ich sehe, wie die armen Schwestern nicht wissen, wohin gucken, als auf der Bühne die böse Mutter Lanzelot den gemeinen Rat gibt und der toll Verliebte diesen auch befolgt, während die uniformierten Schülerinnen im dunkeln Saal mit glänzenden Äuglein auf die Bühne starren. Wie viele Rosenkränze wird das die armen Klosterfrauen kosten, denke ich mitleidig und amüsiert zugleich.

Die Aufführung ist ein beglückender Erfolg.

\*

Allmählich hat der Plan des AUF konkrete Form angenommen, die Liste der Lehrkräfte für die vorgesehenen Kurse in den beiden Unterrichtssprachen Deutsch und Französisch ist aufgestellt. Es sind alles Flüchtlinge. Nach den Erfahrungen von Bienenberg ziehe ich es vor, ohne schweizerische Mitarbeiter auszukommen. Die uneingeschränkte Selbstverwaltung darf auf keinen Fall gefährdet werden. Die Schülerinnen werden alleine den ganzen Betrieb zu bewältigen haben. Wir müssen aus einer Gruppe Mädchen eine Klasse bilden, die sich um den Haushalt kümmert. Somit sind in Hilfikon drei Klassen, je zweisprachig, vorgesehen. Daraus werden nach den Schlussprüfungen durch Zürcher Gewerbeschullehrer Schneiderinnen hervorgehen, ferner Dekorateurinnen mit Kenntnissen in Schriftenmalen und Schaufensterdekoration sowie Sozialarbeiterinnen oder Heimleiterinnen mit Ausbildung in Kochen, Warenkunde und Buchhaltung.

Mit jedem der neun Unterrichtenden habe ich eingehende Gespräche geführt. Nun lade ich sie alle auf den 5. Juni für eine Woche nach Zürich ein. Wir nutzen die Zeit, uns gegenseitig kennenzulernen und um mit den Verhältnissen an der Gewerbeschule und mit den Lehrkräften, die uns ihre Hilfe zugesagt haben, vertraut zu werden. Jeder besucht seine entsprechenden Klassen. Die Theorielehrer führen Gespräche mit Dr. Feldmann, orientieren sich in den Fachklassen, studieren die Anforderungen auf allen Gebieten, und am Abend nach dem Nachtessen im Umschulungslager Zürichhorn tauschen wir unsere Erlebnisse und Erkenntnisse aus. Diese Tage sind von einem unschätzbaren Wert für uns alle.

Unser Lehrkörper, hier stelle ich ihn vor:

In die geschäftskundlichen Fächer, Korrespondenz, Sprache, Buchhaltung, Rechnen, alles sowohl in Deutsch als auch in Französisch, teilen sich Herr Georg Henschel (1887), Frau Elisabeth Picard (1889), Fräulein Zosia Rowinska (1914). Diese drei Lehrkräfte übernehmen auch ihren Fähigkeiten entsprechend Geschichte, Soziologie, Literatur, Naturwissenschaften, Mathematik und spezielle Fremdsprachenkurse.

Herr Rudolf Borth (1914), ein Emigrant, der in Zürich Biologie studiert und an zwei Tagen in der Woche nach Hilfikon herüberkommt, lehrt Englisch und Materialkunde.

Frau Yvonne Pietruszka (1913), die wir schon vom Bienenberg her kennen, ist die hervorragende, souveräne Leiterin der Schneiderinnenklassen.

Das Modezeichnen unterrichtet Fräulein Ruth-Maria Michaelis (1921), die handwerklich begabt ist und den Mädchen somit nebenbei eine ganze Menge verschiedenartiger Fertigkeiten vermitteln kann.

Herr Alexander Kaiser (1887), ein Emigrant, der sich in St-Cergue unbeschäftigt langweilt und der später in Zürich unter dem Namen Cay als Grafiker bekannt werden sollte, hat die Verantwortung über die Dekorationsklasse.

Fräulein Jula Mayer (1910) ergänzt seine Kurse in den Fächern Zeichnen, Dekoration und Handfertigkeit. In der Schneiderinnenklasse zeigt sie den Mädchen, wie man Accessoires, Schmuck und sonstiges Zubehör herstellt.

Frau Anna Henschel (1884) gibt ihre hauswirtschaftlichen Kenntnisse gerne und mit grosser Gründlichkeit weiter.

Nun entstehen die detaillierten und hervorragend konzipierten Lehrprogramme unserer Unterrichtenden, über die die Gewerbelehrer staunen und ehrliche Begeisterung zeigen.

Mit Olek Pietruszka als Lagerarzt betreut ein nicht nur kompetenter, sondern auch äusserst sympathischer Arzt die junge Schar, und für den obligatorischen Schweizerischen Ärztlichen Dienst stellt sich in Wohlen der gute alte Medikus Dr. Candinas zur Verfügung, der sich noch an mich und unsere Familie aus den Jahren des Ersten Weltkriegs erinnert.

\*

Wie ich so in meinem Büro in der ZL sitze und das für die Schule benötigte Hausinventar und Material berechne, kommen wie ein frischer Wind drei lebhafte Mädchen mit lachenden Augen ins Zimmer hereingeweht.

«Wir haben durch Zufall in unserem Lager von der Schule gehört, und wir möchen daran teilnehmen.»

«Schön. Was wollen Sie denn lernen? Leider sind die Klassen für Schneiderei und Dekoration bereits belegt.»

Lange, aber keineswegs entmutigte Gesichter.

«Doch, da gibt es eine Möglichkeit. Wir wollen ohne schweizerische Mitarbeiter oder Hilfskräfte arbeiten. Der ganze Betrieb soll von den Schülerinnen bestellt werden, und eben für diese praktische Arbeit in Haus und Küche fehlen noch Interessentinnen...»
Ich kann kaum ausreden, da stimmen sie schon freudig zu, und ich lese ihre Gedanken: «Nur weg von Morgins!» Das ist ein strenges Lager im Wallis.
Die drei prächtigen Menschen, die sich nun anmelden, nämlich Salomea Nussbaum, kurz Schifra genannt, Letty Schmidt und Anni Lustig, werden eine zentrale und positive Kraft in Schloss Hilfikon sein.

\*

Während der ganzen Monate, seit ich den Bienenberg verlassen habe, werde ich von Träumen und Gedanken heimgesucht, die sich in langen Tagebuchaufzeichnungen niederschlagen. Sie zeigen meine innere Situation, die sich in einer entscheidenden Phase zu befinden scheint. Die Verarbeitung meiner Erfahrungen im Bienenberg, Zweifel und Kritik, Selbstbehauptung und Rechtfertigung, das Verlangen, zu gestalten, mich selbst und – ja, ich gestehe es mir ein – auch jung und glücklich zu sein, das alles liegt darin.
Es ist zuweilen ein Wonnegefühl, in meiner Wohnung zu sein. Durch die Dämmerung schweben leise Ahnungen und Stimmen, die einer Zeit angehören, die bereits zurückliegt oder die ich kommen spüre. Ich verdunkle die Fenster, und die Lampen strahlen ihr Licht aus. Dann entschwinden die Gestalten und Traumgebilde.
Ich schaue mich um, nehme ein Buch zur Hand, lege eine Platte auf, kuschle mich in den grossen Ohrensessel. Doch da steigen unvermittelt Bilder auf, und das unbeschwerte Geniessen wandelt sich in eine klarsichtige Selbstbetrachtung. Ich setze mich ans Pult und notiere:
*Es genügt nicht, die richtigen Gedanken zu haben. Ob man aus ihnen die praktische Konsequenz für sich selbst zu ziehen imstande ist, ist ausschlaggebend. Man entscheidet sich nicht in Gedanken, sondern nur durch die Tat.*

*Mir ist zuweilen, als müsste ich mit angehaltenem Atem und geschlossenen Augen über einen dunkeln Abgrund springen; und mich dazu zu entscheiden, fällt mir unbegreiflich schwer.*
Eines Nachts im Traum springt eine kleine Maus aus einer Ecke mir an die Halsschlagader, um mich zu beissen.
Am Morgen sinniere ich lange und komme zum Schluss, dass Tod Neuanfang bedeutet. Die Ereignisse der letzten Wochen haben im dunklen Reich meiner Seele Kräfte für eine Wiedergeburt geweckt.
Und dann: In einem weitern Traum wird ein Dinosaurier getötet, der tot gar nicht mehr gross und furchteinflössend ist. Was nur hatte mich so zu schrecken vermocht?

\*

Vermehrt und intensiv setze ich mich mit dem Judentum auseinander. Was mich stets wieder beschäftigt: Welche Kraft diese Menschen, woher auch immer sie kommen, auf eigenartige Weise verbindet. Beziehen sie ihren Halt aus den streng strukturierten Religionsgesetzen oder aus der mystischen Quelle des Chassidismus und der kabbalistischen Weisheiten? Glauben sie unvermindert, auch jene, die nicht fromm sind, an die göttliche Verheissung? Und hat sie vielleicht gerade das vor dem seelischen Absturz bewahrt?
Wo steht denn *mein* Glaube, wenn ich dieses jüdische Leid sehe und davon höre?
Doch nun wende ich mich ganz meinem realen Traum von Hilfikon zu.

# Schloss Hilfikon – das Berufsschullager für Flüchtlingsmädchen

> Prüfungsfrage des Kochexperten: «Wozu braucht man das Dessert?» «Für die gute Laune!», antwortet die kleine *Lea Davidovic, Schülerin der Küchenklasse von Juni 1944 bis Januar 1945 auf Schloss Hilfikon.*

Abb. 13: *Im Berufsschulheim Schloss Hilfikon, das in der Nähe des Hallwilersees liegt, absolvieren 38 Flüchtlingsmädchen erfolgreich eine Lehre als Schneiderin, Dekorateurin oder Heim- und Betriebsküchenleiterin.*

I

Das herrschaftliche Schloss Hilfikon liegt auf einem kleinen Hügel am Rande des gleichnamigen Bauerndorfes mit einigen verstreuten Höfen. Die Bauern heissen seit eh und je Brunner und Hagenbuch, Meyer, Schneider und Dahinden. Neben dem Schloss befindet sich die unter Denkmalschutz stehende Kapelle mit der Rokoko-Innenausstattung. Eine kleine Brücke führt vom Innern des Schlosses durch einen besonderen Eingang auf die Empore. Ein Park mit hohen alten Bäumen umgibt den Bau, dessen Wehrturm, der bereits zur Römerzeit gebaut worden sein soll, nur noch knapp über die Baumwipfel ins Land hinausschaut. Wenn man vom weiten Hof, den zwei Seitengebäude begrenzen, über kleine Pfade den Hügel hinabsteigt, gelangt man an einen Teich, in dem sich die Blumen des Ufers, Silberpappeln und eine Trauerweide spiegeln. Ein Bächlein gluckert durch die Wiese. Ich sitze auf der schon etwas morschen Treppe zur Umkleidehütte und lausche. *Es ist eine Stimmung, in der man sich nicht wunderte –* wie ich hingerissen in mein Tagebuch notiere –, *wenn einem ein weisser Schwan mit einem goldnen Krönlein oder ein Einhorn begegnete. Oben im Wald krächzt nah und dunkel ein Rabe, um den Turm sausen sirrend Mauersegler.*
Das ist Hilfikon! Es wird ein Zuhause sein für die jungen Mädchen, eine Heimat auf Zeit.
Vom Schlosshof gelange ich durch das gewölbte, in eine alte Mauer eingelassene Eingangstor unter Kastanienbäumen zum behäbigen Gärtnerhaus mit den Stallungen. Hier wohnt der Gärtner Dübendorfer mit Frau und Sohn.
Zwei grosse Räume im ersten Stock können je zehn Mädchen beherbergen. Sie sind hell und wirken mit den getäferten Wänden recht heimelig. Die scheinbare Bevorzugung der Schlossbewohnerinnen, die sich in kleineren Zimmern einrichten, wird für die Mädchen im Gärtnerhaus durch das Gefühl einer grösseren Unabhängigkeit aufgewogen.
In den letzten Maitagen 1944 und Anfang Juni wird das Einrichtungsmaterial geliefert.

Abb. 14: *Die drei Männer Georg Grätzer, Hubert Weiss und Sally Goetzler, leisten unentbehrliche Arbeit: Im Leiterwagen schleppen sie die schweren Waren zum Schloss hinauf, besorgen die Reparaturen und führen Werkkurse durch. Jula Mayer fragt nach der Post.*

«Sie haben natürlich den Materialverwalter gehörig bezirzt, schaut nur, das ganze Material, Tische, Bänke, Betten und Matratzen, Geschirr und Besteck, alles ist neu!» ruft Zosia begeistert aus.
Sie gehört zusammen mit einigen andern zur Einrichtungsequipe, die unermüdlich und mit Begeisterung am Werk ist. Das ganze Haus mit den vielen Gängen und Treppen, Winkeln und Fenstern, mit der riesengrossen Küche – alles seit langem unbewohnt – wird gescheuert, gewaschen, entstaubt, gewachst. Rudi Borth und Rita Szternfeld bauen das Warenmagazin auf, Ritas Mann Nathan wird als Nachtwächter fungieren. Mit Hubert Weiss und Sally ist Georg Graetzer eingetroffen, der Postmann, der die Briefe an die Adressatinnen persönlich von Zimmer zu Zimmer verteilen wird. Die schweren Arbeiten fallen den Männern zu, sie bringen die Milch aus der Molkerei und andre Güter von der kleinen Bahnstation zum Schloss herauf. Wie früher schon organisieren Sally und Hubert Weiss kleine Kurse für Holzarbeiten in der Schreinerei in einem der Seitengebäude.

Es wird erwogen, überlegt, debattiert: «Welcher Raum eignet sich am besten für die Dekorationsklasse?» «Wo richte ich die Schneiderei ein?» Yvonne wählt das grosse quadratische Turmzimmer aus, dessen Fenster nach allen vier Winden ins Land hinausschauen. «Wie bringst du die Nähmaschinen und Schneidertische über die engen Treppen hinauf?» Doch alles ist möglich.
So geht es Tag für Tag.
Auch die Unterrichtenden und die übrigen Schülerinnen sind eingetroffen und haben sich ihre Zimmer ausgesucht.
Im nordöstlichen Eckzimmer im dritten Stock stehen auf dem blassgrünen Spannteppich ein paar Möbelchen aus der Biedermeierzeit, und Oberst Lüthy ist um sein Mobiliar bange, falls nicht ich das Zimmer bewohnen würde. Auf der Brüstung der dazugehörigen kleinen Terrasse scheint ein Hahn aus Eisen, den Reblaub umrankt, jeden Tag aufs neue seine Lebensfreude der Morgensonne entgegenzukrähen. Welch überwältigende Wirklichkeit! denke ich.
Meine drei Morgins-Mädchen – wen wundert's? – sind noch einen Stock höher gestiegen und hausen zusammen in einer geräumigen Mansarde. Auch Ruth Michaelis, die in Anlehnung an die bekannte Schriftstellerin Karin Michaelis von allen bald nur noch «Karin» genannt wird, ist ins Dachgeschoss gezogen, wo sie sich mit grossem Geschick und Geschmack ihr Zimmerchen sehr persönlich und wohnlich einrichtet.
In einem der beiden Seitengebäude, in dem ebenerdig das Waschhaus und die Schreinerei untergebracht sind, logieren sich die Männer ein.
Die «Nobeletage» im zweiten Stock des Schlosses weitet sich zu einer offenen Halle mit Balkendecke, mit Bogendurchgängen und einer Feuerstelle, in der sich mit Leichtigkeit ein halbes Rind braten liesse. Davor, in die Nische eingemauert, steinerne Sitzbänke. Dieser Raum ist das Zentrum: Hierhin führen die Treppen, hier isst man, versammelt sich, hört Musik, denn selbst ein Klavier steht an der hintern Wand! Hier sind die Mitteilungen am Anschlagbrett zu finden. Von der Halle gelangt man ins Büro und in den Rittersaal. Dort verleihen ein Kachelofen aus dem 18. Jahrhundert und der lange Eichenholztisch dem Raum ein herrschaftliches Gepräge.
Alle sind wir nun untergebracht.

Abb. 15: *Das Turmzimmer wurde zum Schneideratelier umfunktioniert. Neben der praktischen Arbeit werden die Mädchen auch im Modezeichnen und in geschäftskundlichen Fächern unterrichtet. (Foto: Wilhelm Maywald)*

Im Mai bin ich noch in Zürich mit Besprechungen und dem Einführungskurs beschäftigt. Derweil richtet der Rechnungsführer der ZL, Herr Giger, die ganze ungeheure Bürokratie, die Kassenbücher und Abrechnungsaufstellungen ein, die er später an Dr. Lenz und seine Assistentin, Ruth Haas, und für das Warenmagazin an Rita übergibt. Gegenüber der Dorfbevölkerung legt der betagte Schreiner Meyer, der sich noch gut an den Bahnbau aus dem Ersten Weltkrieg erinnert – mein Vater war der leitende Bauingenieur –, für uns die Hand ins Feuer. So spüren wir eher abwartende Neugier als Misstrauen bei den Leuten in der Gegend.

Am 11. Juni 1944 fahre ich aufs Schloss, erst per SBB bis Dietikon, dann im kreischenden Tram über den Mutschellen bis Wohlen und von dort mit der Lokalbahn nach Hilfikon, wo mich beim Aussteigen ein Gefühl von Gelöstheit und Freude erfasst. Ich weiss, die freie Arbeitseinteilung hat die künftigen Schlossbewohner angespornt, und die Fortschritte von Tag zu Tag sind enorm. Müde Arme und Beine, aber strahlende Gesichter!

Das AUF, hier beginnt es zu leben!

Ich ziehe nun endgültig ein in mein hochgelegenes Eckzimmer, hinein in einen Traum, der Wirklichkeit geworden ist.

\*

*Tagebuch Hilfikon, im Juni 1944*

*Es war die vergangene Nacht so schön, so unendlich beglückend, dass ich den Zorn der Götter fürchtete. Es war so still, ganz geheimnisvoll alles.*

*Schon Tage zuvor, als das Inventar angekommen war und wir es ins Schloss geschleppt hatten, stand ich abends oben an meinem weit geöffneten Fenster und schaute beglückt über den Hof und den ausladenden blühenden Kastanienbaum, über das alte Ziegeldach des Nebengebäudes mit dem Rundtürmchen an seiner äussern Mauerecke. Ein Duft von Wiesen, Erde und Pflanzen wehte herauf, Mücken tanzten im letzten Sonnenstrahl, die Amsel begann zu flöten. Und auf einmal stand Zosia neben mir und über ihrem verschwitzten Gesicht, über dem ganzen von der Arbeit erschöpften Menschen lag eine bebende Freude. Wir umarmten uns wortlos, vielleicht hatten wir beide am innigsten das AUF erwartet.*

*Jetzt bin ich schon eine gute Woche hier. Ich spüre eine Wehmut im Herzen, so, als wäre dies alles nicht von langer Dauer, oder so, als gingen die, die mir nahe stehen, bald wieder fort, und als bliebe ich da, mit meiner Aufgabe, allein, und die alte Einsamkeit lagerte sich um mich und das Schloss.*

Doch nun reisse ich mich los und trete auf die Terrasse hinaus. Es ist eine dunkle, warme Nacht. Ein leiser Sommerregen fällt, und der Geruch der Erde, der aus den Feldern und dem Park ausströmt, gibt mir Kraft und Ruhe. «Noch sind sie ja alle da!» höre ich mich sagen, und neben der geöffneten Balkontüre schlafe ich beruhigt ein.

*

Am 3. Juli ist die offizielle Eröffnung der Schule in Anwesenheit von ZL-Chef Otto Zaugg, des Gemeindeammanns von Hilfikon, einiger Gäste und von Dr. Armin Sigrist. Dieser verständnisvolle, stille Mensch wird uns nicht nur in vielen Belangen immer wieder behilflich sein, sondern uns auch, wie der Engel an der Himmelspforte, vor allen unnötigen Besuchen oder Einmischungen abschirmen. – Hat er wohl jemals gewusst, wie dankbar ich ihm dafür war? In seiner vornehmen, bescheidenen Art würde er sich darauf nie etwas zugute gehalten haben.

Eine freudige und zugleich bange Erwartung liegt an diesem für alle so ungewöhnlichen Tag in der Luft. Ich spüre sie im ganzen Haus, vom Turmzimmer bis zur Dekoration im Nebengebäude, vom Büro bis zur Küche, wo Frau Henschel und die Mädchen der Küchenklasse ein besonderes Mahl vorzubereiten versuchen.

Die Herren Gäste werfen einen obligaten Blick auf den in der Halle angeschlagenen, ausgezeichnet konzipierten Stundenplan, lassen Staunen und Zufriedenheit erkennen, statten dem Büro einen Besuch ab und verteilen sich dann im Haus und nicht zuletzt im Park. Die blitzende Sauberkeit und Ordnung beeindruckt sie, doch ein Lob bringt der hohe Chef nicht über die Lippen. Dr. Sigrist dagegen strahlt und drückt mir anerkennend die Hand, und der Gemeindeammann ist sichtlich erfreut, Oberst Lüthys Schloss von innen betrachten zu können.

Im Haus ist es still geworden: Die grosse Herausforderung für uns alle beginnt!

Es ist ein Tag vor dem Einzug der Alliierten in Rom.

Es ist der Sommer, an dem wir an einer Zukunft bauen.

Es ist das Jahr auch, in dem sich in Europa und in der Welt die Zukunft entscheidet!

*

In den ersten Tagen nach Schulbeginn versuche ich einfach nur dazusein. Im Büro und im Magazin gibt es reichlich Arbeit, Bestellungen sind zu machen, vor allem darf das Schulmaterial nicht fehlen. Irm Königsberger, die sich kategorisch geweigert hat, einen der Kurse zu besuchen und in der Folge auch gelegentlich die theoretischen Stunden, in die sie sich einschreiben musste, schwänzt, steckt nun meistens bei Herrn Dübendorfer und verrichtet mit ihm zusammen fleissig und begeistert alle möglichen Gartenarbeiten. Für uns ist sie nun die Verantwortliche für den Garten, und diese Aufgabe bewältigt sie ausgezeichnet.

«Ob ich wohl auch beim Bauern da drüben arbeiten könnte?» fragt sie mich eines Tages.

Der behäbige Bauernhof über der Strasse gehört zum Schloss und ist an die Familie von Hans Schneider verpachtet. Wir gehen zusammen hin. Der Bauer weiss erst nicht recht, was er sagen soll, stimmt etwas zögernd zu, und schon nach einigen Tagen mag er Irm gar nicht mehr missen. Das Mädchen ist glücklich, und wir sehen es oft nicht einmal zum Mittagessen.

Die Hausarbeiten und die Hausordnung haben sich die Mädchen alleine zurechtgelegt und eingeteilt, sie schlagen das Ergebnis ihrer Beratungen am Schwarzen Brett an:

«Beschluss der Legislative auf Schloss Hilfikon, am 15. Juli 1944

Ordnung im Haus

a) Jedes Zimmer wählt seine Zimmerverantwortliche. Diese Präsidentin hat die sehr angenehme Aufgabe, die lieben Zimmerinsassinnen auf herumliegende Büstenhalter, etc aufmerksam zu machen.

b) Sie ist für sämtliche Arbeiten ihrer Zimmergenossinnen verantwortlich.

c) Sie wechselt spätestens alle 14 Tage.

d) Besprechungen der Zimmerpräsidentinnen mit Frau Henschel jeden Freitag von 18.30–19.00 Uhr, zur Festlegung des Arbeitsplanes.

Tafelordnung

a) Jeder Tisch beginnt mit dem Essen, wenn alle Tischgenossen anwesend sind. Es ist den einzelnen Gruppen überlassen, ob sie ein gemeinsames Anfangszeichen an ihrem Tisch einführen wollen.

b) Die Mahlzeit ist mit dem Servieren der Aschenbecher beendet; die Tafeln können aufgehoben werden.

c) Es ist jeder einzelnen überlassen, wie ‹angezogen› sie zum Nachtmahl erscheinen will. Wir appellieren an den persönlichen Geschmack!
d) Das Office wählt jede Woche einen Obermundschenk, der für das allgemeine leibliche Wohl zu sorgen hat.

Freizeit
a) Hiermit wählen wir ein Festkomitee, das sich mit der Dekoration des Hauses und der Organisation der Gesellschaften auf Schloss Hilfikon zu befassen hat.
b) Chorleiter: Frl. Weber, Karin, Gisela
c) Generalkomitee der Freizeit:
   Radioprogramme: Letty, Thea
   Bach-Händel-Musik, Referate: Jetta
   Swing, Bunte Abende: Sabine, Toni, Addy
   Administration: Ruth Kuttner»

Die Mädchen werden mit Begeisterung und Elan, manchmal auch mit einiger Mühe mit ihrer Aufgabe fertig. Auch wissen wir alle genau, dass eine Übertretung der heiligen Gesetze und Gebote der ZL, könnte sie eine solche bei uns entdecken, unser AUF gefährden würde. Jedenfalls bleiben die internen Freiheiten, die unser Zusammenleben so menschlich und natürlich gestalten, dem rügenden Auge der ZL verborgen. Gesuche um Extravergünstigungen, wie Besuche von Künstlern und Vortragenden, Exkursionen, Kinovorstellungen, richten wir an Dr. Sigrist. Nichts derartiges wird unternommen ohne den durchdiskutierten und einhelligen Beschluss der ganzen Belegschaft. Die Kursprogramme andrerseits sind festgelegt. Sie sind bis in alle Details aufgestellt und zwingend. In den Examensberichten am Ende der sieben Kursmonate legen die Lehrer über ihre Arbeit genau und freimütig Rechenschaft ab über die Erfolge, aber auch über die erhöhten Anforderungen, die eine Schule wie die unsrige sowohl an Lehrer als auch an Schülerinnen stellt. Anhand ihrer eignen Leitlinien und unter Berücksichtigung der Interessen der Schülerinnen führen die Lehrer ihre Klassen konsequent und zielgerichtet an die Prüfungsanforderungen heran, die zum Beispiel für die Küchenklasse im Januar 1945 so lauten:

«Prüfungsaufgabe für die Küchenklasse (praktischer Teil):
Sie befinden sich in einem Kriegsland in der Nachkriegszeit. Sie erhalten den Auftrag, die Küche für ein gemischtes Lager von 150 Personen einzurichten und zu organisieren. Die Belegschaft setzt sich aus 100 Männern, die Arbeit im Freien verrichten, und 50 Frauen, die in Waschküche, Bügelei, Flickstube, Büro beschäftigt sind, zusammen. Bearbeiten Sie folgende Aufgaben:
I. Organisation der Küche
a) Kochgelegenheiten und Geschirr
b) Küchenpersonal
II. Stellen Sie ein Verzeichnis auf der Waren und Vorräte, die Sie ständig in der Küche bereit haben müssen.
III. Stellen Sie den Speiseplan auf für die Zeit vom 1.–7. Oktober.
Mengenberechnung für den 1. und 2. Oktober

| Rationierung: | pro Person |
|---|---|
| Milch | 3 dl/Tag |
| Brot | 250 g/Tag |
| Butter/Fett | 20 g/Tag |
| Käse | 40 g/Tag |
| Fleisch | 1,2 kg/Monat |
| Zucker | 10 g/Tag |
| Konfitüre | 750 g/Monat |
| Teigwaren | 600 g/Monat |
| Hülsenfrüchte od. Gerste | 1,2 kg/Monat |

Gemüse, Obst und Kartoffeln sind in genügender Menge erhältlich.
Zeit für die Aufgabe: 4 Stunden»

Einige Auszüge aus den Erfahrungsberichten der Lehrer, die nach den Examen vom Januar 1945 Bilanz ziehen, beleuchten den einen oder andern wesentlichen Punkt ihrer Arbeit. Zosia schreibt:
«Meine Aufgabe war, im Rahmen des Programms Rechnen, Buchhaltung, Wirtschaftsgeographie und Staatskunde zu unterrichten. Da die Schülerinnen in Berufsgruppen geteilt wurden, ergab es drei Klassen von ganz verschiedenem Typus. Die Berufswahl spiegelte in gewissem Sinne die Weltanschauung wieder:

Abb. 16: *Die sogenannte Küchenklasse, hier vor dem Waschhaus im Hof, sorgt für den materiellen Unterhalt des Berufschullagers. In praktischer Arbeit eignet sie sich die Kenntnisse für einen Beruf mit sozialer Ausrichtung an.*

Schneiderinnenklasse: Die Klasse bestand in ihrer Mehrheit aus Emigrantenkindern, die seit 1933 sich in ständiger sowohl physischer als auch moralischer Unsicherheit befanden. Aus diesen Gründen suchten sie einen Beruf zu erlangen, der ihnen in der Zukunft eine relative Sicherheit und Unabhängigkeit bieten sollte. Diese Einstellung war dominierend. Alles, was sie theoretisch erlernten, sollte dem praktischen Zweck dienen. Allem andern, das nicht unmittelbar mit ihrem Beruf in Verbindung stand, wurde nur ein mässiges Interesse geschenkt. Was ihnen ein berufliches Weiterkommen sichern sollte, wurde mit äusserstem Fleiss und mit Ausdauer gelernt.
Dekorationsklasse: Diese Klasse unterschied sich wesentlich von den Schneiderinnen. Mit Ausnahme einer Reichsdeutschen waren es Mädchen, die bis zum Kriege in einer sichern bürgerlichen Existenz lebten, eine gewisse Bildung und Kultur besassen wie auch gewisse fest umschriebene und auf sichere Stützpunkte aufgebaute Zukunftspläne (Familie in Übersee, Rückkehr ins Mutterland).

Küchenklasse: Diese Klasse, die sich die Erlernung der Technik der Gemeinschaftsküche zum Ziel gesetzt hatte, um nach dem Kriege sich der sozialen Fürsorge zu widmen, bildete eine ziemlich homogene Gruppe. In ihre Mehrheit stammen sie aus dem Osten (Polen, Tschechoslowakei) und verkörperten bis zu einem gewissen Grade das Solidaritätsbestreben und Zusammengehörigkeitsgefühl der Ostjuden. Ihrer Einstellung nach waren sie auch bewusst jüdisch.

Aus diesen drei verschiedenen Gruppen entwickelten sich auch drei ganz verschiedene Lehrgänge. [...] Da ich auf jede Autorität von Anfang an verzichtete, jede künstliche Distanz von Anfang an beseitigte, galt ich im Unterricht nur als Kamerad, der ein gewisses Wissen zu vermitteln hatte. [...] Wenn letzten Endes der Unterricht zu einem positiven Ergebnis gelangte, so waren es die Schüler selbst, die durch ihre bewusste Arbeit, ihre Ausdauer, ihre gegenseitige Hilfe es geschafft haben. Obwohl über Disziplin nie gesprochen wurde, war das Verhalten in der Stunde im Vergleich mit Normalschulen musterhaft.»

Ganz anders der Dekorationslehrer Alexander Kaiser! In seinem Bericht heisst es unter anderem: «Zu Beginn des Unterrichts war die Situation der Dekorationsklasse eine schwierige, denn der Anfangszustand des Schülermaterials wäre am besten mit einer Koppel ungezähmter junger Pferde zu vergleichen gewesen, die weder Trense noch Kandare kannten und nun plötzlich in eine Art hohe Schule genommen werden mussten [...]. [Dies] erforderte alle Aufmerksamkeit, Energie und Geduld und endlich Liebe zur Sache. Die ersten Wochen vergingen daher in der Hauptsache damit, diesen jungen, ungebärdigen, teils äusserst temperamentvollen ‹Halbwilden› beizubringen, dass das ihnen anvertraute technische Arbeitsmaterial nicht zur spielerischen Vernichtung anvertraut worden war, sondern als wertvolles Instrument ihrer Ausbildung zu dienen hatte. [...] Das Lehrziel, ein einfaches Schaufenster mit allem dazugehörenden Inventar selbständig und sauber zu dekorieren, wurde von allen Schülerinnen erreicht. [...] Das grösste Plus, das durch diesen Lehrgang erreicht wurde, besteht weniger darin, dass in der Dekorationsklasse Überdurchschnittliches von den Schülerinnen geleistet wurde, sondern in der Erkenntnis, dass diese jungen Menschen wieder ihr Selbstvertrauen zurückgewonnen haben, dass sie gelernt haben,

Abb. 17: *In zwei Räumen des Nebengebäudes ist die Dekorationsklasse untergebracht. Hier wird entworfen, gezeichnet, an Büsten drapiert, die Kenntnis verschiedener Schriften erworben. (Foto: Wilhelm Maywald)*

durch systematische Arbeit ihre in ihnen schlummernde Begabung zu entwickeln und dass dieser Art in ihnen das Bewusstsein gestärkt wurde, Positives zu leisten und dazu auch fähig zu sein.»
Kaisers Bericht bestätigt mir, dass – im Gegensatz zu den übrigen Lehrern – in seinem Unterricht die Beziehung zwischen Lehrer und Schülerinnen eine Autoritätsfrage ist. Mir scheint, dass im allgemeinen die Methode des sanften Zwanges nicht die richtige ist zur Bändigung von «Halbwilden» und nicht die angebrachte Form für

unsere teilweise temperamentvollen, doch nicht unbelasteten und in keiner Weise verwilderten Mädchen. Herr Kaiser kommt aus einer Schule von gestern, vor der überwiegenden Zahl der andern, methodisch aufgeschlossenen Lehrer verliert seine zu autoritäre Haltung an Bedeutung. Die kameradschaftliche Art von Karin und das subtile Vorgehen von Jula Mayer vermögen wunderbar auszugleichen.

\*

Die Küchenklasse ist im Moment das grösste Problem. Eine versierte Schülerin stellt aus der Gruppe ein Team zusammen, dem sie das Kochen beibringt, und die Belegschaft hat keinen Grund, sich über das Essen zu beklagen. Bloss lernen die Mädchen keinerlei Theorie. Eine aus dem benachbarten Sarmensdorf beigezogene Haushaltlehrerin hilft kurze Zeit aus. Doch erst im Oktober, als aus einem Interniertenheim im Wallis der Lagerkoch Herr Dublanc zu uns beordert wird, bekommt die Küchenklasse ihren Lehrmeister, der ganz im Sinne unseres Schulgeistes den Mädchen in wenig Zeit ungeheuer viel beibringt. In seinem Schlussbericht heisst es: «Nach kurzer Zeit schon konnte ich jedem Mädchen am Montag seine Arbeit für die Woche zuteilen, z. B. war einer Schülerin die Suppe, einer andern das Gemüse anvertraut. Mit diesem System habe ich die besten Erfahrungen gemacht. Jede Woche während meines Urlaubs vom Samstag Nachmittag bis zum Sonntag Abend konnten die Schülerinnen das Gelernte unter Beweis stellen. Das von ihnen auf den Tisch gebrachte Essen schmeckte der Belegschaft von ungefähr 70 Personen, für die täglich gekocht werden musste, am Sonntag immer ausgezeichnet.
Jede Woche gab ich an drei Nachmittagen Theorieunterricht über Nahrungs- und Ernährungslehre. [...] Die Mädchen waren sehr gut zu führen und zeigten auch viel Interesse an der Arbeit. Gerade, da unsere Mittel zum Kochen beschränkt sind, war es eine Freude zu sehen, wie sich die Schülerinnen von sich aus anstrengten, für die Speisezubereitung immer wieder eine Abwechslung zu suchen. Sobald man sie selbständig arbeiten lässt, sind sie willig und arbeitsam. Ich möchte wünschen, in dieser Art weiter unterrichten zu können.»
Yvonne Pietruszka, die mit den deutsch- und französischsprachigen

Abb. 18: *Frau Picard arbeitet mit zwei Schülerinnen in der Kaminecke.*
*(Foto: Wilhelm Maywald)*

Schneiderinnenklassen erstaunliche Fortschritte macht, ist denn auch sehr beglückt über die Arbeit. «Je tiens à souligner que ce bon résultat est dû en grande partie à la volonté d'apprendre, à l'application et le goût pour le travail des élèves, lesquelles il a souvent fallu littéralement chasser de l'atelier, où elles restaient souvent pendant leurs heures libres pour s'exercer.»
Herr Henschel, der in Grenoble Hochschulprofessor für Sprachen gewesen ist, sieht die Schwierigkeiten in den völlig verschiedenen Vorbildungen, Sprachen, Interessen und auch im Altersunterschied der Schülerinnen (siebzehn- bis fünfundzwanzigjährig). In seinem Be-

richt lesen wir unter anderem: «Gemeinsam ist eigentlich nur eines, die gegenwärtige soziale Lage: alle sind aus der Bahn geworfen, heimatlos, verfolgt, in der persönlichen Freiheit beschränkt, mit einer völlig dunkeln Zukunft vor sich. Dieses Negativum war schliesslich der wirksamste Hebel für die Bildung eines gewissen Gemeinschaftsbewusstseins. In Bezug auf den Stoff und seine Behandlung hatte ich infolge der bestehenden Verschiedenartigkeit mit Zentrifugaltendenzen zu kämpfen.»

Die hervorragenden Deutsch- und Geschichtsstunden von Frau Picard, die als Studienrätin an einem jüdischen Lizeum in Danzig unterrichtet hat, werden hoch geschätzt. Nach ihrer Liberierung nach Winterthur am Ende Sommer kommt sie für den Unterricht wöchentlich an drei bis vier Tagen nach Hilfikon. Sie bemerkt in ihren Schlussbetrachtungen: «In allen Klassen und Gruppen wurde zielbewusst und mit Fleiss gearbeitet. Der Wunsch, möglichst viel zu lernen, war bei allen Mädchen sehr gross, Aufmerksamkeit und Ausdauer jedoch wurden zuweilen beeinträchtigt. Ausser den natürlichen Ermüdungserscheinungen ergaben die jeweiligen Kriegsereignisse, z. B. die Befreiung Frankreichs, eine gesteigerte Nervosität (nicht nur bei den Schülerinnen!), die sich natürlich auch bei der Arbeit auswirkte, jedoch im Hinblick auf das Arbeitsziel immer wieder überwunden werden konnte. [...]

Eine grosse ungelöste Frage bewegt diese jungen Menschen: Was wird mit uns nach dem Kriege? Und da wir Erwachsenen für uns selber kaum eine Antwort darauf finden, stehen wir solchen Fragen recht hilflos gegenüber.»

Rudi Borth, jung, schweigsam, gescheit, mit einem trockenen Humor, wird im Laufe des Sommers nach Zürich liberiert, um seine Doktorarbeit zu beenden. Er kommt jeweils Montag und Dienstag zu uns ins Schloss für seine Material- und Englischkurse. Doch bald merken wir, dass dies nicht der einzige Grund ist, denn in dem idyllischen Häuschen am Teich beginnt heimlich und innig eine Romanze, und es wundert niemanden mehr, warum Karin so häufig dort hinuntereilt. Diskret vermeiden wir es, darüber zu sprechen oder gar zu stören. Das Liebesnest wird respektiert. Und von dort wird dann im kommenden Jahr ein kleiner Vogel ausfliegen!

In seinem Unterricht arbeitet Rudi sehr ernsthaft, und auch Karin erreicht mit ihren Schülerinnen erstaunliche Resultate. Rudi berichtet nach dem Examen: «Die Erfahrungen in meinen beiden Fächern bestätigen in jeder Hinsicht die Richtigkeit der Prinzipien, die in den Vorbesprechungen als allgemeine Grundlage für die Kurse akzeptiert worden sind: Verzicht auf reine Autoritätsdisziplin, Lerneifer und Aufmerksamkeit nicht als befohlene Forderung, sondern aus Freude und Interesse am Stoff, Belebung trockener Themen und Lehrziele durch Anschaulichkeit an Gegenständen aus dem Erfahrungs- und Interessenbereich der Schülerinnen, Freiwilligkeit, dies alles hat sich bewährt.»

Und Zosia bringt es auf den Punkt: «Die Aufhebung des Zwanges äusserte sich nicht nur in einem grösseren Lerneifer, sondern in einer viel freieren inneren Haltung der Schüler selbst. Aus passiven Lagerteilnehmern wurden selbstbewusstere, selbstsicherere und aktive Menschen.»

Ja, das ist unser AUF! fühle ich beglückt.

So wie Dr. Sigrist mich in Zürich abschirmt, wache ich hier in unserm Schloss über ein ungestörtes, ein freies und sinnvolles Arbeiten. Das begreife ich als ein wunderbares, mir überantwortetes Geschenk.

II

*Tagebuch Juni 1944*

*Der Nachmittag heute mit Dr. Feldmann war ausserordentlich. Er war zu uns herübergekommen, und wir waren alle im Rittersaal versammelt, Schülerinnen und Lehrer. Er sprach beinahe drei Stunden zu uns über seinen Werdegang als Lehrer, ohne uns zu ermüden. Die Mädchen folgten ihm mit unvermindertem Interesse bis zum Schluss. Ich sass zwischen ihnen, und es wurde mir wieder einmal bewusst, welch riesengrosse Verantwortung wir übernommen haben mit der Gründung dieses Schullagers, indem wir dafür sorgen müssen, dass die Schülerinnen das Maximum lernen können, und zwar individuell verschieden. Als ich diese lauschenden, erwartungsvollen Gesichter um mich sah, erfasste mich eine gewaltige Freude, eine Zuversicht und ein grosses Vertrauen in diese jungen Menschen.*
*Nun ist es spät, ich sitze in meinem Zimmer, voller Gedanken. Und, wie ich mich anschicke, sie niederzuschreiben, schrillt und dröhnt, mitten in der Nacht, von Villmergen herüber die Sirene. Es packt mich so, dass mir Tränen in die Augen schiessen. Wenn nur die Mädchen schon schlafen! denke ich. Hoffentlich hören sie dies Heulen nicht!*
Am nächsten Tag unterhält sich Dr. Feldmann mit Herrn Henschel, Frau Picard, Zosia und mir über sein Vorgehen im Sprachunterricht. Es kommt die Rede auf Wörterbücher, Syntax, Fremdsprachenlernen, und es ergibt sich eine lebhafte Diskussion über optische und akustische Methoden in der Didaktik.
Feldmann geht so vor, dass er auswendig lernen lässt, zum Beispiel Texte, Vokabeln. Dies sei die Grundlage des Wissens, des Forschens.
Womit wir uns sogleich befreunden, ist sein Lehrsystem, nämlich der Verzicht auf die Notengebung. Er erläutert: «Pädagogische Arbeit schliesst das Richteramt aus. Da wir Lehrer noch immer rechtlich zu dieser Art Kategorisierung verpflichtet sind, helfen wir uns in meinen Schulklassen, indem jede Schülerin sich selbst einschätzt und ihre Note vor der ganzen Klasse bekannt gibt. Die Kritik der Kameraden fällt im allgemeinen ausgesprochen fair und gerecht aus. Die Selbst-

bewertung ist ein wirksamer Faktor im Lernprozess.» Wir führen die individuellen Notenbogen ein, die bei den Mädchen erst etwas Verwirrung schaffen, dann aber sehr beliebt sind.

*

An einem herrlichen Sommerabend wandere ich mit Schifra weit durch die Wälder und Felder. Es riecht nach Sonne auf Kiefernnadeln, nach frischer Mahd und Erde.
Schifra erzählt von ihrer Familie. Sie waren neun Geschwister, sie ist die Zweitjüngste. Der Vater, das unbestrittene Oberhaupt der Familie und ein angesehenes Mitglied der jüdischen Gemeinde in Amsterdam, wurde deportiert, desgleichen zwei Brüder. Ein dritter wurde an unserer Grenze von einem Schweizer Grenzwächter zurückgeschickt. Sie sollten alle nicht mehr zurückkommen. Ein Schwager ist im Gefängnis, eine Schwester mit zwei Kindern nach Bergen-Belsen verschleppt. Eine andere Schwester in England. Die Mutter, zwei Brüder, die jüngste Schwester Gonny und sie konnten sich durch grosse Geldzahlungen an Schlepper in die Schweiz retten.
Sie spricht mit grosser Selbstironie, die mich an diesem sensiblen, innerlich so starken jungen Menschen schmerzt. Doch ich weiss auch, dass sie sich damit vor ihrer grossen Verletzlichkeit schützt.
«Wir, wir konnten uns retten. Wir hatten die Mittel, meine Mutter musste nicht ins Lager. Ihr habt uns aufgenommen, wir können sogar etwas lernen. Ja, warum tun Sie das eigentlich? Man mag im Grunde uns Juden doch gar nicht...»
«Schifra, sprechen Sie nicht so! Ihr Juden seid Menschen, genauso wie wir alle. Ihr habt das Recht zu lernen, genauso wie die Schweizer Jugendlichen. Ja, eigentlich noch viel mehr! Ihr müsst euch nach dem Kriege selber helfen.»
Ich fasse einen Augenblick ihre warme kleine Hand.
«Ich wollte», fahre ich fort, «dass die andern Mädchen Ihren Mut und Ihren Lebenswillen besässen.»
«Es sind viele, die so denken und fühlen wie ich», meint Schifra, und der Glanz in ihren dunkeln Augen bekräftigt dies. Wir reden noch so hin und her, und es wird uns beiden recht leicht und froh zumute. Ich

spüre, dass Schifra mir sehr nahesteht und dass ich sie nicht verlieren werde.

*

Es ist Juli geworden und sommerlich warm. Der Teich ladet zu abendlichen Erfrischungen, aber über dem schlammigen, seit langem wohl nicht mehr gereinigten Grund ist das Wasser grün und trübe. Wir selber können da nicht Abhilfe schaffen, der Schultag ist zu ausgefüllt.
«Könnten Sie uns wohl helfen?» frage ich den Leiter des Umschulungsjugendlagers auf dem Hasenberg an. Er schickt uns fünf junge Leute, die sich begeistert eine Woche lang mit der Reinigung des Teiches zu schaffen machen und noch so gerne mit unsern Mädchen tändeln und scherzen. Es ist eine glückliche, sonnige Zeit. Die Kontakte bleiben, und später werden wir sie noch einmal aufnehmen. Doch dann werden drei der jungen Männer, die uns heute helfen, nicht mehr dabeisein: Sie sind still und unbemerkt nach Frankreich zu den Partisanen zurückgegangen, wo einer von ihnen fallen und der andere seinen Arm verlieren wird.

*

Die Wochen verstreichen. Ich sehe Karin, die ihre Zeichengruppe unter dem grossen Kastanienbaum vor dem Schloss versammelt hat und eifrig mit den Schneiderinnen arbeitet. Aus dem Waschhaus quillt Dampf, denn ein Teil der Küchenklasse besorgt die Wäsche im althergebrachten Stil mit Dampfkessel und Waschbrett. Dr. Lenz, der unentbehrliche und pünktliche Helfer in allen Büronöten, bereitet wieder einmal die Monatsabschlüsse vor und wird mich dann rufen:
«Fräulein Weber, wir sind soweit, bitte unterschreiben.»
Ich könnte es mit geschlossenen Augen tun, sosehr kann ich mich auf Dr. Lenz verlassen.
«Wie wär's wieder einmal mit einem Konzert?» frage ich ihn. «Wir könnten die Straussen bitten. Mir scheint, sie sind bereits aus dem Lager entlassen.»
Die Belegschaft ist einverstanden.

Abb. 19: *An schönen Tagen nimmt Karin (stehend in der Mitte) ihre Schneiderinnenklasse zum Modezeichnen in den Park. (Foto: Wilhelm Maywald)*

Wir holen unsere lieben alten Bienenberger an der Haltestelle der Bahn ab und bummeln plaudernd den Schlosshügel hinauf.
«Wie wunderbar es hier ist!» höre ich sie beide tief beeindruckt rufen, und ich spüre aus ihren Stimmen eine leise Wehmut heraus, nicht mit uns zusammen in Hilfikon leben zu können. Sie werden umringt von den ehemaligen Bienenbergerinnen: «Was tut sich dort? Wer ist jetzt der Leiter? Wie geht es Ramona, Frau Notter, Greet Marx und den vielen andern?» Und in den Mädchenstimmen ist ein Frohlocken, jenes Lager verlassen zu haben, nicht zu überhören.

«Keine Bienenkönigin mehr, eine Schlossherrin!» sagt Papa Strauss in seinem rührend verehrenden Ton.
«Wie schön, dass ihr da seid!» kann ich nur sagen und umarme sie beide. An den zwei Konzertabenden sitzen wir alle in der Kaminnische oder am Boden und auf den Bänken. Es ist ganz still, ja fast feierlich. Das Trio spielt im eindunkelnden Abend Werke der grossen Meister. Ich sehe Zosia an, Schifra, Anni, Letty. Sie scheinen alle tief bewegt.
Papa und Gertrud Strauss bleiben noch einige Tage bei uns und musizieren mit Dr. Lenz. Wir unternehmen mit ihnen kleine Spaziergänge in die reifende Sommerlandschaft. Der Abschied fällt schwer, von neuem beginnt die Zeit der Briefe.
Zu zwei zeitlich auseinanderliegenden Konzerten kommt die Pianistin Sarah Novikoff aus Zürich zu uns aufs Schloss und spielt Brahms, Saint-Saëns, Chopin und Tschaikowsky. Als Jüdin ist sie vor längerer Zeit aus Russland in die Schweiz geflüchtet. Sehr interessiert erzählen sie und die Mädchen gegenseitig von ihren Schicksalen und tauschen ihre Erfahrungen aus.
Ein Kunstgenuss anderer Art, der in den November fällt, ist der Gesangsabend von Frau Mabella Ott-Penetto, einer Altistin, die durch ihren Part als Ottavio in Monteverdis «L'Incoronazione di Poppea» in Zürich bekannt geworden ist. Sie ist Südafrikanerin, gross, warm, mit einem dunklen Timbre in der Stimme, das besonders in den Negro Spirituals voll zur Geltung kommt. Doch vorerst singt sie die «Lieder vom Tod» von Mussorgsky, die uns erschüttern. Werden sie Schmerz hervorrufen? Oder eher dessen Verarbeitung bewirken? Es ist wohl beides, doch die Spirituals breiten danach etwas Heilsames über alles aus. Es ist ein bewegender Abend, im Kamin flackert ein Feuer. Wir sitzen alle noch beisammen, eigentlich recht still und einander verbunden.
«Diese Atmosphäre von Vertrauen, Menschlichkeit und Zuversicht, die in Ihrem Schloss herrscht, hat mich tief beeindruckt. Es ist wie eine Hoffnung, die sich darin ausdrückt», meint Mabella Ott-Penetto, als ich sie nächstentags zur Bahnstation hinunter begleite.

*

Abb. 20: *Kulturelle Veranstaltungen, über die stets die Vollversammlung der Schülerinnen entscheidet, sind auch unter den Hilfikonerinnen sehr beliebt. Hier lauschen sie dem Klavierrezital der russischen Pianistin Sarah Novikoff.*

Noch sind wir mitten im Sommer. Während der Zürcher Schulferien offeriert Rudolf Bircher der Dekorationsklasse zehn Tage Praktikum in der Gewerbeschule. Die Schülerinnen werden vor die effektiven Probleme der Schaufensterdekoration gestellt, lernen mit verschiedenen Materialien und Techniken umgehen. Es kommen trotz der erst sechswöchigen Vorbildung in Hilfikon bemerkenswerte Arbeiten zustande. Jula Mayer und Karin begleiten sie. Zur Führung in der Firma Grieder & Co. schliesse ich mich meinen Hilfikonerinnen an. Der Dekorateur führt uns durch das exklusive Modehaus von den Dekorationsateliers im Keller über die Bekleidungsabteilungen bis hinauf zur Telefonzentrale unter dem Dach.

«Sie sehen so aus, als ob die neue Aufgabe Ihnen mehr Spass machte als der Modejournalismus», begrüsst mich Herr Grieder, als er mich unter den Mädchen entdeckt.

«Tatsächlich, Herr Grieder. Und darf ich später noch einmal mit unserer Schneiderinnenklasse vorbeikommen?»

Er wird uns zu einer Modeschau einladen. Wie herzlich und hilfreich so viele dieser erfahrenen und auch weltmännischen Schweizer doch sind, stelle ich erfreut und dankbar fest.

Die Kosten für unsere Exkursionen werden von der Zentralleitung und von dem von mir angefragten Comité œcuménique pour les réfugiés in Genf gedeckt.

\*

Es ist unterdessen August geworden. Am Morgen des Sechsten höre ich schon ganz früh ein Getuschel vor meiner Tür, und auf einmal wird daraus ein fröhliches «Happy birthday to you...»

«Ein solches Erwachen! Das ist ja unglaublich!»

Ich bin wirklich überrascht und ergriffen. Aber das ist noch nicht alles: Da stapfen die Männer herauf mit einem kleinen selbstgeschreinerten Salontisch, in dessen Platte sie grüne Kacheln aus dem Schloss, die in einem Schuppen herumlagen, eingelassen haben. Und dahinter kommt die Küchenklasse mit einem selbstgebackenen Gugelhopf! Ich möchte sie am liebsten alle umarmen. Bald steht auch ein grosser Wiesenblumenstrauss auf dem neuen Tisch, und darunter liegen einige illustrierte Lied- und Notentexte, die Zosia kunstvoll angefertigt hat. Aber vor allem sind da die blitzenden Augen. Was für ein Tag!

\*

*Tagebuch 10. August 1944*

*Erinnerungen. Unbeschwert zu sein ist das Geschenk, das ich hier verteilen möchte, das ich austeile, ohne es zu wissen.*
*Eben haben die Mädchen unten Bach gespielt, das Doppelkonzert d-moll. Ich spürte zum ersten Mal, wie Reinheit schmerzen kann. Dann war da ein Habicht, der über dem Dach des Seitengebäudes ferne in der unbewegten Luft kreiste, immerzu seine Kreise zog. Die Luft war gegen den Horizont hin heller, und im Hof lag die Sonne, lag an der braunen Bogentür in der weinlaubbewachsenen Mauer, lag auf der Bank mit den geschwungenen Eisenfüssen, der alten herrschaftlichen Gartenbank. Und es war so ruhig, nur die Musik von Bach und der Habicht, der kreiste und auf einmal niederstiess im Feld hinter dem Dachfirst. Und so ist alles: die Helligkeit, die Sonne auf allem, die Wärme, und der Tod dahinter, schwer und schmerzlich. Und so das ganze Leben.*

\*

Gestern, am 23. August, haben die Franzosen Paris zurückerobert. Es wird im «Weissen Elefanten» gefeiert. Das ist die einzige, äusserst einfache Wirtschaft von Hilfikon.
Als ich um zehn Uhr abends nach einem Krankentransport vom Kreisspital Muri zurückkomme und mit Olek hinuntergehe, sind sie schon in heller Stimmung und Heiterkeit. Goetzler blass wie eine Leiche, die dunkeln Augen stechen noch mehr aus dem Gesicht heraus, die Falten sind tiefer. Für ihn bedeutet dieser Tag: Befreiung seines Quartiers und seiner Arbeitsstätte in Paris sowie liberté, égalité, fraternité. Aber für Hadassa ist es nur ein Anlass, irgendeiner. Sie spricht, singt, tanzt, hebt das Glas. Diese Heiterkeit kenne ich noch nicht an ihr.
Ja, sagt sie später auf dem Heimweg in einem wahnsinnigen Lachanfall: Sie gehe in den «Weissen Elefanten» und trinke und sei fröhlich und esse dort kleine «Stückli»; aber alle andern, die Eltern, die Geschwister, der Verlobte Albert, sie alle könnten sich noch nicht freuen. Das Lachen geht in ein haltloses Schluchzen über. Und dazwischen wieder erzählt sie wie ein Kind. Ich fasse ihren Arm und presse ihn fest an mich, und so wandern wir langsam ins Schloss hinauf. Die

andern gehen mit, aber sie schweigen. Wer könnte all die Gedanken, Ängste und Befürchtungen ermessen!

*

Wenn ich nach Zürich komme, suche ich meinen kranken Vater, die Mutter und die Freunde auf, vor allem A. Wir plaudern, doch unvermittelt schweifen meine Gedanken ab.
«Du bist so abwesend. Nimmt dich deine Arbeit so gefangen?»
«Arbeit? – Es sind die Menschen.»

III

An einem Sommerabend sehe ich im Rittersaal zwei Mädchen vor einer Menge Papieren, Rechnungen, Belegen sitzen, die Stirn in argen Falten. Sie scheinen ganz absorbiert von einem grossen Problem.
«Lilo, Mirel, haben Sie noch keinen Feierabend? Was berechnen Sie da?»
«Ach, schauen Sie nur her, Yvonne wollte, dass wir die Materialkosten für die zwei Schneiderinnenklassen für das erste Quartal errechnen. Da sind alle Unterlagen, aber das ist überhaupt nicht einfach», meint Lilo.
«Ecoute, nous arriverons!» beruhigt Mirel, die anfallende Schwierigkeiten immer frisch und praktisch anpackt.
Es sind beides Mädchen aus dem Gärtnerhaus. Die Berechnung wird der ganzen Schulversammlung vorgelegt, damit jede Einsicht in die Kostenfrage bekommt.
Die Kalkulationen scheinen den Mädchen der Dekorationsklasse etwas weniger Kopfzerbrechen verursacht zu haben. Sabine Najgeboren bringt einige mit vielen Zahlen beschriebene Zettel zu Ruth Haas ins Büro. Sie zählt auf:

| Belege | Verbrauchsmaterial | Preise | |
|--------|-------------------|--------|--------|
| 29 | Leim | Fr. | 3.12 |
| 30 | Reissnägel | „ | 0.42 |
| 61 | Zellophan, Wohlen | „ | 3.12 |
| 70 | Pinsel, Farben | „ | 45.75 |
| 73 | Racher & Co. | „ | 71.45 |
| 74 | Schaufenster | „ | 80.87 |
| 15583 | 5 Ds. Klebstoff | „ | 7.80 |
| 17573 | 24 Gummi, Bleist. | „ | 3.60 |
| „ | 42 Bleistifte | „ | 10.80 |
| 21600 | 2 1/2 kg Draht, No 14 | „ | 2.80 |
| „ | 5 kg Draht, No 16 | „ | 5.00 |
| 61604 | Papier m. 20% Rabatt | „ | 10.55 |
| 21606 | Molton | „ | 135.00 |

| | | | |
|---|---|---|---|
| 16837 (1478) | Farben, Pinsel | „ | 43.65 |
| 20308 | Papier, Hefte etc. | „ | 91.00 |
| 20742 | Stahlnadeln, Tinte | „ | 4.90 |
| 20304 | Farbe m. 20%, Kas. 4% | „ | 62.55 |
| 20881 | Rollen Papier | „ | 24.65 |
| 20740 | Pinsel | „ | 13.00 |
| 20743 | Federn-Papier | „ | 45.76 |
| 20751 | Heftklammern | „ | 0.90 |
| | Total | Fr. | 666.69 |

Wann immer ich ins Turmzimmer hinaufsteige, kann ich nur staunen über das, was Yvonne mit ihren Klassen zustande bringt. Da steckt ein Mädchen an der Büste die Ärmel an eine Bluse. Margot Murzynski hilft ihrer Kameradin Mass nehmen. Die Nähmaschine rasselt. Yvonne überschaut ihre eifrige Schar. Wie konsequent, diszipliniert und professionell sie doch arbeitet! Dabei ist der Ton herzlich, kameradschaftlich, ja fast mütterlich. Die perfekte Beherrschung ihres Berufes verleiht Yvonne die Sicherheit und wohltuende innere Ruhe, die von ihr ausstrahlen. Ich kann sie mir ohne weiteres in einem grossen Atelier vorstellen, wo die Arbeiterinnen sie schätzen und verehren. Sie hat die grössten Klassen mit Mädchen, die am wenigsten Schulbildung besitzen.

Ich steige die Estrichtreppe hinunter. Zosia sitzt im Schulzimmer im dritten Stock, in dem eine Weltkarte hängt. Von draussen auf dem Gang höre ich die lebhaften Stimmen, Fragen, Antworten. Es folgen Pausen, während derer Zosia vermutlich auf der Karte die Anbaugebiete des Reises einzeichnet, der im Zentrum der Betrachtung steht. Private Lektüre der Mädchen hat besonderes Interesse für China geweckt.

Auf der gedeckten Terrasse neben dem Rittersaal versucht Herr Henschel einer Gruppe Mädchen unter dem Gesichtspunkt der Nachkriegsbedürfnisse die komplexen Zusammenhänge von Bevölkerungspolitik, Kriegsrecht, Neutralität und Asylgewährung verständlich zu machen, und hier vermag nicht einmal der sonnige Sommernachmittag die Aufmerksamkeit der Mädchen abzulenken.

Derweil diskutiert Rudi Borth mit seinen Schülerinnen in der englischen Konversationsstunde über das von den Mädchen gewünschte

Thema: Our duty after the war. Ein andres Mal macht er es besonders spannend und stellt die Frage: Could you be a spy?
In einer Ecke des Parkes scharen sich einige Schülerinnen der deutschen Klasse um Frau Picard und lauschen ihr. Worüber sie wohl sprechen? Ich weiss, dass Frau Picards Geschichtsstunden sehr geschätzt werden. Bei solchen Gelegenheiten fehlt Edith, die ein gepflegtes Deutsch spricht und nicht genug lernen und aufnehmen kann, selten. Frau Picard mag ihre Aufsätze. Und schreibt Edith nicht auch an einem Märchen? Wie anders ist da ihre Schwester Irm! In dieser Zeit würde sie lieber durch Felder und über Hügel reiten. Das ist *ihr* unerfülltes Märchen.
Eben kommt Frau Henschel mit zufriedener Miene aus der Küche; sie hat dort alles in tadelloser Ordnung vorgefunden. Die Küchenklasse sitzt bei Olek Pietruszka im Sanitätszimmer, wo er ihnen Grundkenntnisse der Ernährungslehre beibringt, zu denen die Zuhörerinnen eifrig Notizen machen.

*

Anfang September bereiten die acht Mädchen ihre viertägige Exkursion vor. Zusammen mit Frau Henschel und Zosia besuchen sie zwei Grossküchenbetriebe des Zürcher Gemeinnützigen Frauenvereins und bekommen Gelegenheit, einzelne Speisen zu kosten. Die Keramikherstellung in der Fabrik Bodmer im Giesshübel spricht ein wenig die künstlerische Seite an, der Besuch des Gaswerkes in Schlieren und der Filtrieranlage in Wollishofen vermittelt sachliche Informationen. Meistens begleite ich die Klasse.
Die Schokoladenfabrik Sprüngli in Wollishofen erkennt man von weitem am Duft. Wir verfolgen den ganzen langen Weg der Schokoladen- und Pralinenherstellung, von der Kakaobohne bis zum Endprodukt, und wir werden mit Müsterchen verwöhnt.
«Das schmeckt mir nun gar nicht mehr, nachdem ich gesehen habe, wie stumpfsinnig die Arbeit am Fliessband ist!»
«Hast du bemerkt, wie ausgelöscht die Augen der Frauen sind?»
«Und acht oder mehr Stunden tagtäglich in dem Maschinenlärm und dem Schokoladenduft... Mir ist jetzt schon beinahe übel davon.»

Das sind die Kommentare. Im stillen freue ich mich darüber. Wir könnten die Küchenklasse auch Sozialklasse nennen, denke ich.
Grossen Eindruck macht die Besichtigung des Notmassenquartiers des Zürcher Hilfstrupps im Gut Bombach in Höngg. Ganz besonders die Gespräche mit Frau Sascha Morgenthaler, der Mutter von ungezählten Puppenkindern, hier nun aber «Mutter» von Menschen in Not, bringen die Augen zum Glänzen, stimmen nachdenklich. Das Grundstück ist gross und weit und grün; und es herrscht hier ein guter Geist. Das merken sich meine Mädchen.
Im Schloss zurück, verfassen je zwei Schülerinnen einen Bericht über eine der Besichtigungen. Als sie ihn der ganzen Belegschaft vorlesen, verraten die vielen Fragen der andern Kameradinnen das wache Interesse an den geschilderten Erlebnissen.
Kurz darauf, in den vier Tagen vor dem Quartalsurlaub Mitte September, unternimmt die Schneiderinnenklasse ihre Exkursion nach Zürich in Begleitung von Frau Pietruszka und Herrn Henschel. Wir haben ihnen verschiedene Besichtigungen vorgeschlagen, doch die Anmeldungen in den Betrieben besorgen die Mädchen selbst. In der Tuchfabrik Wädenswil und der Knopffabrik Helvetia in Adliswil gilt das Interesse nicht allein der in fachlicher Beziehung anregenden und instruktiven Präsentation von Material und Techniken. Der Einblick in die abstumpfende Wirkung der maschinellen Fabrikarbeit hinterlässt auch bei dieser Klasse einen nachhaltigen Eindruck. In der Stoffdruckerei H. Wieland in Gattikon und im Betrieb der Vereinigten Färbereien AG in Zürich wirkt die Arbeit weniger geisttötend. Doch der Höhepunkt ist die grosse Modeschau der Firma Grieder im Kongresshaus, wo die eleganten Mannequins über den langen Laufsteg tänzeln, schreiten, sich drehen, Jacken und Mäntel öffnen und schliessen. Unsere gut plazierten jungen Schneiderinnen sitzen da mit grossen Augen. Yvonne fühlt sich in ihrem Element.
Spontan, manchmal auch ein bisschen dazu gedrängt, schreiben die Schülerinnen aller Klassen, begutachtet von Frau Picard und Herrn Henschel, ihre Dankbriefe an die verschiedenen Firmen.

*

Wir haben zu Beginn der Schule gemeinsam beschlossen, die uns nach je sechs Wochen zustehenden drei Urlaubstage zusammenzuhängen, um den Unterricht erst nach drei Monaten unterbrechen zu müssen. Es war keine glückliche Idee, wie wir im Laufe der langen, angespannten Lernperiode feststellen, denn die nervliche Belastung und die Ermüdung beginnen die Aufnahmefähigkeit der Schülerinnen zu beeinträchtigen. Es ist eine durch die Kriegsentwicklung aufregende, bedrückende Zeit. Europa ringsum brennt! Die Ereignisse überstürzen sich, und doch ist das Ende dieses fürchterlichen Mordens noch nicht absehbar. Immer wieder müssen Schülerinnen und Lehrer sich zusammenreissen, um das Ziel, den Unterricht, nicht aus den Augen zu verlieren.

Mitte September ist der Quartalsurlaub endlich herangerückt, für einige Tage wird es still in Hilfikon. Alle Mädchen haben nahe Verwandte oder eine Schweizer Gastadresse, wo sie die Tage verbringen können. Alle?

Den zwei schon volljährigen Schwestern Cammeo ist als einziger überlebender Verwandter ein Onkel geblieben, der in einem Lager in Finhaut im Wallis interniert ist. Sollten sie nicht zu ihm fahren dürfen? Ich glaube sie so behandeln zu müssen wie die übrigen Schülerinnen. Die ZL ist anderer Ansicht.

Erneut ein Ärgernis, das Otto Zaugg die Gelegenheit gibt, mir einen disziplinarischen Verweis zu erteilen. Der Verwandtschaftsgrad des Onkels ist für volljährige Flüchtlinge nicht ausreichend, um einen Fahrschein zu rechtfertigen. «Das Urlaubsreglement sollte Ihnen bekannt sein», schreibt er.

Gut, dass die Mädchen schon weggefahren sind, denke ich befriedigt und grimmig zugleich. Die fast neunzig Franken werden wir berappen. Und wie üblich ergibt der Fall Cammeo eine Korrespondenz, die viel Papier und Zeit verschleisst.

Über das zweite Mädchenschulungslager in Klosters, wo solch verwerfliche Verstösse gegen die Disziplin nicht vorkommen, ist die ZL des Lobes voll. Doch bin ich davon überzeugt, dass für die Mädchen im Hinblick auf die kommende Zeit Hilfikon dem Heim in Klosters überlegen ist. Durch die Selbstverwaltung und die schwierige persönliche Freiheit und Verantwortung kann jede einzelne sich eine

Lebenshaltung aneignen, die auf Entscheidungsfreiheit gründet, auch wenn dies nicht dem Geiste der ZL entspricht.
Wir arbeiten heute für das Morgen, und nie und nimmer für die ZL.

*

Nach der Ruhe der Urlaubstage kehrt volles Leben ins Schloss zurück. Was nun folgt, nennen wir die «Hochschulwoche». Die Aufnahme des geregelten Unterrichts erscheint uns noch nicht sinnvoll, denn in diese Zeit fällt der höchste jüdische Feiertag, der Versöhnungstag.
Viele den Wünschen der Schülerinnen entsprechende Vorträge sowie kunsthandwerkliches Arbeiten füllen die Zeit aus. Im Mittelpunkt des Interesses stehen Fragen der Nachkriegsarbeit, wie etwa Einrichtung von Kinderheimen, Betreuung von geschädigten Kindern oder Erwachsenen.
Ganz unmittelbar angesprochen werden wir alle von der Causerie des Pädagogen Monsieur Isaac Pougatz, der in Versoix bei Genf ein Kinderheim leitet. In unsern Bemühungen um Selbstverwaltung, Eigenbestimmung, Freiheit, Verzicht auf Zwang werden wir durch seine Ausführungen bestärkt. Im Anschluss an die vielen Diskussionen und Gespräche beschliessen wir, sein Buch über die Arbeit in Ferienkolonien, «Mes centvingtsix gosses», demnächst gemeinsam durchzulesen.
Mit mehr Zurückhaltung begegnen wir Frau Kägi-Fuchsmann vom Schweizerischen Arbeiterhilfswerk, die viele Lager gesehen hat, jedoch von der Atmosphäre und der Selbstverwaltung bei uns so begeistert ist, dass nun durch ihr weitherum verkündetes Lob unser Hilfikon allzu bekannt wird. Was sie uns zu sagen hat über die Anforderungen in der Nachkriegszeit ist nüchtern, hervorragend dokumentiert und steht solide auf einer sozialen Lebenseinstellung.
Leitende Persönlichkeiten von Hilfsorganisationen aus allen drei Sprachregionen des Landes finden den Weg zu uns aufs Schloss. Wir geben uns alle Mühe, Störungen des Unterrichts zu verhindern.
Doch nun ist Jom Kippur, der Versöhnungstag. Eine ganze Reihe Mädchen fastet, wenngleich selber auch nicht mehr sehr überzeugt, so doch im Gedenken an die Eltern.

Abb. 21: *Einige Mädchen haben einen Nothilfekurs auf dem Gut Bombach bei Zürich vorbereitet. Im Rittersal, in dem Versammlungen, Vorträge und Unterrichtsstunden stattfinden, legen sie mir ihren Plan vor.*

Yvonne anerbietet sich, die traditionelle Speise für den Abend dieses Tages, die «gefillten Fisch», zuzubereiten. Sie scheint darin Übung zu haben.
Die Tische sind festlich gedeckt, Kerzen brennen, die Platten mit dem Festgericht werden herumgereicht.
«Ça vous plaît?» fragt Yvonne erwartungsvoll.
Fisch mit Zucker, das sei zwar etwas Ungewohntes, doch habe sie es köstlich zubereitet. Natürlich habe ich Mühe, und bin damit nicht allein.

Abb. 22–25: *Das in Höngg (Zürich) gelegene Gut Bombach von Frau Sascha Morgenthaler nimmt im Oktober 1944 40 junge Schweizerinnen und Flüchtlingsfrauen für einen Nothilfekurs auf. Es wird ein Not-Camp*

*aufgestellt, mit Küche, Schlafbaracke und Latrinen. Gemeinsam wird gesägt, geflickt und gekocht. (Fotos: Sascha Morgenthaler)*

Mir ist aufgefallen, dass Schifra fastet, während sie sonst die Speisegesetze nicht weiter einhält.
«Ich habe es im Gedenken an meinen ermordeten Vater getan», sagt sie, und daraus spüre ich, wie sehr sie an ihm gehangen hat. Einmal am Pessach, so erzählt sie mir, sei es ihr gelungen, das Stückchen Matze unter Vaters Serviette hervorzuziehen, ohne dass er es bemerkte, was bedeutete, dass sie sich etwas wünschen durfte. Und das war ein Fahrrad gewesen.

*

Es ist an einem dieser Tage, dass ich abends einem der Morgins-Mädchen etwas abgeben muss und deshalb in den Dachstock hinaufsteige. Das ist ungewohnt, und daher sind die Mädchen überrascht, als ich eintrete. Blitzschnell verstecken sie etwas hinter dem Rücken, unter dem Tischchen.
«Oh, lasst das doch. Raucht ruhig weiter. Habt ihr auch für mich eine Zigarette?»
Erstaunen! Ich erkläre ihnen, dass das Rauchverbot in den Schlafzimmern nicht als eine Schikane, sondern einzig und allein als eine Massnahme gegen Brandgefahr anzusehen sei.
Nun erzählen sie mir von einem Plan, den sie gerne ausführen möchten, und fragen mich um Rat: Sie hätten Frau Morgenthaler im Gut Bombach angefragt, ja, angeregt, ob nicht dort auf dem herrlichen Gelände eine Art Sozialkurs organisiert werden könnte, an dem auch Schweizer Jugendliche teilnehmen sollten. Sie stellen sich so etwas wie die Improvisation eines Notlagers vor, wie das in der Nachkriegszeit bestimmt gebraucht würde.
«Eine ausgezeichnete Idee!» stimme ich bei, selbst völlig gepackt. «Nehmt die Initiative in die Hand. Mir scheint, Frau Morgenthaler hat Kontakte zur YMCA [Young Men's Christian Association]. Bei der ZL wird euch Dr. Sigrist behilflich sein.»
So kommt vom 8. bis 15. Oktober 1944 der sogenannte Nothilfekurs für vierzig junge Mädchen aus Schweizer und ZL-Jugendlagern und vom Frauenheim Sonnenberg zustande. Am Vortag bereiten die Küchenklasse und einige Schneiderinnen Proviant und Speisezettel für die ganze Woche für alle Kurskameradinnen vor.

Die Woche verläuft in froher Stimmung, kameradschaftlich, unbeschwert. Einige Vorträge sind eingeplant, werden interessiert angehört und diskutiert. Alte Bienenbergerinnen treffen sich, neue Bekanntschaften werden geschlossen. Bei meinem Besuch überrascht mich die ungeheure Aktivität. Da werden Latten gesägt, Pflöcke eingeschlagen, Herde gebaut, Zelte aufgestellt, es ist, als müsste das kleine Camp schon morgen eine Schar Flüchtlinge aufnehmen. Helle Stimmen, Munterkeit. Frau Morgenthaler ist denn auch des Lobes voll über diese, wie sie sagt, «prächtigen jungen Menschen». Sie verspricht, uns im Schloss bald einmal zu besuchen.
Solche Szenen bewegen mich sehr stark. Beginnt so die Zukunft?

*

Grund zur Freude gibt ein weiteres Unternehmen, das die Mädchen spontan und alleine organisieren:
Im Oktober wird ein Grossteil der Männer unseres Bauerndorfes zum Militärdienst aufgeboten. Es ist Erntezeit, die Bauern kommen in Bedrängnis. Irm sieht das, andere Mädchen merken es auch, und so wird eine grossangelegte Bauernhilfe mit eigenem Arbeitsvermittlungsbüro, Aufstellungen über die Verteilung auf die Höfe usw. organisiert. Die Dekorationsklasse zeichnet und schreibt kleine Plakate, die in der Molkerei, beim Schreiner Meyer, an der Station angeschlagen werden. Der Gemeindeammann wird begrüsst. In einer Versammlung ist alles unter den Schülerinnen vorher besprochen und diskutiert worden, dann sprechen sie mit den Lehrern das reduzierte Kursprogramm ab.
Am ersten und zweiten Tag sind die Bauern noch skeptisch, doch dann, als sie merken, wie gut die Mädchen arbeiten, wird das kleine Arbeitsamt völlig überrannt! Das dauert an die zwei Wochen, über den ersten grossen Ernteschub hinweg.
Ich selbst rühre keinen Finger, ich schaue nur mit unerhörter Freude zu. Das ist unser Hilfikon, unser AUF, denke ich.

# IV

Endlich, Mitte Oktober 1944, kommt der Lagerkoch, Herr Hans Dublanc, zu uns ins Schloss und bringt der Küchenklasse systematisch alle Kenntnisse bei, die von einem Hilfskoch im Gastgewerbe vom BIGA gefordert werden. Ulla Henschel und Rose Chaimovic, letztere eine frohmütige und äusserst zuverlässige Tschechin, holen ihn am Bähnchen ab, während die sechs andern Köchinnen ihn in der dampfenden und duftenden Küche erwarten und mit Kostproben ihrer Mahlzeit beglücken. Es entwickelt sich eine sehr schöne Zusammenarbeit zwischen Koch und Klasse. Hans Dublanc, ausser mir der einzige Schweizer im Haus, wird sogleich von uns allen akzeptiert.
Rudi Borth büffelt nun in Zürich an seiner Doktorarbeit. Er erscheint wöchentlich einmal für die englische Konversation der Fortgeschrittenen und zur Materialkunde der Schneiderinnen. Ja, vielleicht auch sehnt er sich nach dem Hüttchen am Teich oder dem Stübchen im Dach. Es wird ja nicht mehr lange dauern, bis ich Trauzeugin bin.
Ganz still und unbemerkt haben auch Lilo Siedler aus dem Gärtnerhaus und Georg Gaetzer zueinander gefunden, und nach dem Krieg wandern sie auf einigen kleinen Umwegen zusammen nach Australien aus.

*

An vielen schönen Herbstabenden versammelt sich ein kleines interessiertes Grüppchen auf meiner Terrasse, wo wir das Buch «Verwahrloste Jugend» von August Aichhorn, dem Begründer der psychoanalytischen Pädagogik, zusammen durcharbeiten. Wir sind tief beeindruckt von der Art, wie er Verhaltensstörungen von Jugendlichen in den Erziehungsheimen verstand und löste.
«Was man aus diesem Bericht herausspürt», sagt jemand von uns, «ist noch etwas anderes, nämlich das unerhörte Vertrauen und die Liebe zu diesen jungen sogenannten Verwahrlosten.»
«Das war bestimmt seine stärkste Kraft.»
«Ob es nach diesem Krieg auch ein paar Aichhorns geben wird?»

Abb. 26: *Gelegentlich besuchen uns auf Schloss Hilfikon ehemalige Bienenbergerinnen, wie hier Lore Bohne. Auf der Terrasse meines Zimmers sitzen ich (links) und Zosia Rowinska, dahinter stehen Lore Bohne, Edith Königsberger, Hadassa Bacon, Rita Szternfeld und Irm Königsberger.*

Diese Frage bleibt natürlich unbeantwortet im Raum stehen, aber ich spüre, dass einige der eifrigen Zuhörerinnen sich angesprochen fühlen. Sie werden denn auch in dieser Richtung in der Nachkriegszeit tätig sein.

*

Zweimal an einem Samstagnachmittag spazieren wir alle über den Hügel, der Hilfikon vom Hallwylersee trennt, nach Schloss Brestenberg, das als Hotel zu dieser Zeit nicht in Betrieb ist. Der Verwalter stellt uns einen grossen Saal mit Bestuhlung zur Verfügung, wo eine Filmequipe aus Zürich uns zunächst «L'Entrée des Artistes» mit Louis

Jouvet vorführt und das nächte Mal «Der Tod auf dem Apfelbaum». In dieser flämischen Legende kann niemand mehr sterben, seit der Grossvater den Tod auf den Apfelbaum verbannt hat, weil dieser die Eltern seines geliebten Enkelkindes bei einem Autounfall umkommen liess. Als der Bub, der sich lebhaft mit dem Tod auf dem Baum unterhält, durch einen Sturz qualvoll leiden muss, löst der Alte den Bann, und mit seinem Enkel wandert er Hand in Hand aus dem Leben einem Licht entgegen.

Der Tod als Erlösung, das haben wir beinahe vergessen in dieser von sinnlosem Tod so fürchterlich heimgesuchten Welt. Der Film, eine Parabel – aber für die meisten wohl kaum ein Trost.

\*

Eine unerfreuliche und lästige Anordnung ohne erklärende Erläuterungen trifft in diesem Herbst alle Lager: eine Urlaubssperre und massive Einschränkung des ohnehin knapp bemessenen Ausgangsrayons für eine unbestimmte Zeit. Die Massnahme kommt aus Bern, so nehme ich an, und wird politische Hintergründe haben. In einer Vollversammlung gebe ich sie bekannt.

Noch einmal rufen wir uns ins Bewusstsein, dass viel auf dem Spiel steht, falls man uns Missachtung der Verfügung nachweisen kann. «Es geht um unsere Selbstverwaltung und Freiheit. Ihr könnt euch ja vorstellen, wie schnell man uns einen Aufpasser ins Haus schicken kann, der auf Appell und ähnlichem bestehen wird.»

Es ist unangenehm, von neuem ein Hauch von Unfreiheit und Gefangensein. Wir bemühen uns, das Beste daraus zu machen, bis das Verbot wieder aufgehoben sein wird.

Schifra sucht mich auf.

«Gonny, meine kleine Schwester, die in Celerina ist, kommt dieses Wochenende nach Zürich. Erlauben Sie mir, dorthin zu fahren, um sie zu sehen?»

«Schifi, ich werde Ihnen nichts erlauben und nichts verbieten. Wenn man Sie erwischt, ist das AUF in Gefahr. Aber die Entscheidung liegt einzig und allein bei Ihnen.»

Schifra kämpft innerlich und beisst die Zähne zusammen. Tränen

sind in ihren Augen, aber – sie bleibt. Wahrscheinlich kann ich gar nicht ermessen, was dieses Verbot für sie bedeutet, wie stark sie sein muss und wieviel Hilfikon ihr wert ist.
«Danke, Schifra.» Ein Lächeln huscht über ihr Gesicht.

*

Von allem Anfang an führt Rita Szternfeld, erst zusammen mit Rudi, dann allein, das Magazin in mustergültiger und sachgemässer Art. Sie ist ein stiller und ruhender Pol im Haus. An den Monatsenden sitzt sie viele Stunden im Büro und schreibt Abrechnungen. Jedermann mag sie. Nathan Szternfeld, den Nachtwächter, sieht man tags nicht so häufig. Er geht seine eigenen Wege. Wohin sie ihn führen, frage ich nicht, ebensowenig, wie er an Nescafé herankommt, mit dem er am späten Vormittag in dem kleinen elektrischen Kochtopf in meinem Zimmer das in Belgien und Holland so beliebte «Kopje Koffie» zubereitet, für mich und alle, die Lust darauf haben. Das geschieht immer geräuschlos und geheimnisvoll, wobei in seinen schwarzen, melancholischen Augen Verschmitztheit aufblitzt.

*

Dr. Feldmann, Fräulein Richle und Herr Bircher von der Gewerbeschule kommen hie und da nach Hilfikon und besprechen mit den Lehrerinnen und Lehrern den Prüfungsstoff. Sie sind beeindruckt von der geleisteten Arbeit. Es wird denn auch sehr intensiv gelernt, genäht, gezeichnet, an Mannequins drapiert und, natürlich, gekocht. Zwei Hauswirtschaftslehrerinnen der Gewerbeschule bemühen sich mit viel Verständnis und Rat um das Prüfungsprogramm der Küchenklasse, sie werden die Expertinnen bei den Examen sein. Monatlich erstellt jede Lehrkraft einen kurzen Arbeitsrapport für uns selbst und für die ZL, den Ruth Haas im Büro abtippt.
Dr. Sigrist ist eines Tages zu Gast, und wir setzen, zusammen mit dem Lehrkörper, die Daten für die Schlussexamen fest. Sie werden im Januar stattfinden.
Doch was dann?

Noch sieht es nicht nach Kriegsende aus, auch wenn die Russen längst über Sofia und Belgrad vorgestossen sind, die Donau überschritten haben und bald an der Weichsel stehen. Die Deutschen übernehmen die Macht in Budapest und vernichten die ungarischen Juden. Im Westen haben die Alliierten eine Offensive in Lothringen begonnen. Das ist vielleicht der Grund für die Urlaubssperre, mutmasse ich. Im November – endlich! – unternimmt die Regierung in Bern Anstrengungen, Juden, besonders die ungarischen, zu retten. Am 1. Dezember gibt es in der Schweiz über hunderttausend Flüchtlinge, von denen viele unser Land nach kurzer Zeit wieder verlassen.

Doch wie wird es nach den Abschlussprüfungen in Hilfikon weitergehen? Diese etwas bange Frage besprechen wir immer wieder mit den Schülerinnen. Sie sollen uns ihre Wünsche mitteilen, und zu diesem Zweck hängt ein grosser Wunschzettel am Anschlagbrett.

Neben den Prüfungsvorbereitungen überlegen wir intensiv, wie wir die Vorstellungen der Mädchen in unserer Schule verwirklichen können. Unserem Plan eines Fortbildungskurses, den wir mit Dr. Sigrist besprechen, stimmt dieser ohne Einwände erfreut zu. Er wird darüber wachen, dass uns keine Hindernisse in den Weg gelegt werden.

Aber dann werde ich Ende November wieder einmal zu einem unglaublich stumpfsinnigen sogenannten militärischen Einführungskurs für Rotkreuzfahrerinnen nach Thun aufgeboten. Haben wir ein solches Training nicht bereits vor vier Jahren absolviert? Es dauert zehn für mich völlig verlorene Tage, jetzt, mitten in den vielen Vorbereitungen in Hilfikon. Drill und noch einmal Drill, stur und autoritär. Zu allem Unglück kommt am Ende der Dienstzeit ein Fall von Diphterie vor, und die Kameradinnen der fünf benachbarten Pritschen – ich bin leider darunter – werden noch länger zur Beobachtung zurückbehalten. Unbegreiflich: Man schliesst uns zusammen mit der Erkrankten in demselben Raum ein. Das ist zuviel für mich, ich bekomme einen Wutanfall, wegen der Verlängerung, wegen der Stumpfsinnigkeit der Massnahme, schreie, tobe, reklamiere, so sehr bin ich ausser mir. Im unruhigen Schlaf rasen und überpurzeln sich in meinem Kopf all meine Aufgaben in Hilfikon. Daraufhin bin ich entschlossen, mich unmittelbar nach Kriegsende beim Militär abzumelden.

Ich habe von Thun aus an die Mädchen im Dachzimmer wegen eines Geburtstages einen Brief geschrieben, den Schifra mir mit viel Humor beantwortet: «Sind Sie so traurig ohne Selbstverwaltung, oder ist das Stroh zu hart, dass Sie die Tage so zählen? Hier klappt alles. Der Küchendienst am Sonntag war wie immer (?) prima. Alles, alles werden Sie Mittwoch hören. Noch zweimal schlafen, dann ist es soweit. Einen Haufen Grüsse von Ihrer Schif.» Auch Sonja und Anni grüssen, und Letty, die in dieser Zeit als Delegierte von Hilfikon an einer Frauen-Hilfsdienst-Tagung teilgenommen hat, fügt an: «Hello, hello, hier die Tagung. Geistig und körperlich erholt. Habe würdig Hilfikon vertreten. 2 kg zugenommen. Warte schon mit Ungeduld, um Ihnen einen Bericht zu geben. Auf bald, behalten Sie guten Mut. Hartelijke groeten, Letty.»
Wie sie mich trösten wollen, meine vier aus der Mansarde!

\*

In der Zeit vor dem Jahresende ist vermehrt Nervosität zu verspüren, die ich weniger dem bevorstehenden Examen als der näherrückenden Unsicherheit wegen der Zukunft zuschreibe, ja, vor allem der Angst vor Enthüllungen und grausigen Wahrheiten, die vorläufig noch unter einer trügerischen Hoffnung begraben liegen.
So gehen wir Chanuka, dem jüdischen Lichterfest, und dem Heiligen Abend entgegen. Im Leuchter brennt jeden Tag eine Kerze mehr. An Weihnachten, die einer grossen Zahl der Hilfikonerinnen nicht unbekannt ist, liegen Tannenzweiglein auf den Tischen, und ein harziger Duft weht durchs Haus. Im Kamin brennt ein grosses Feuer, es werden Chanukalieder gesungen, wohl erklingt auch eine Weihnachtsmelodie. Das verkleinerte Theatergrüppchen hat ganz heimlich und überraschend beschlossen, den Kameradinnen den «Lanzelot» vorzuführen auf einer von Hubert und Sally geschickt improvisierten kleinen Bühne. Für den Ritter und Kämmerling springen zwei Mädchen mit Textbuch in der Hand ein, und auf zwei Tage kommen die Straussen mit ihren Streichinstrumenten zu uns. Diesmal holen Nanine und Paul Lenz die Freunde ab. «Nun sehe auch ich endlich einmal den berühmten ‹Lanzelot›!» sagt Frau Lenz. Spass und Ergriffenheit wie eh

und je. Es ist vielleicht das letzte Mal, dass wir uns alle so zusammenfinden, eine bange leise Aufbruchsstimmung ist nicht zu verkennen.

*

Im Laufe des Herbstes sind Anmeldebogen in die Lager verschickt worden, in denen Interessentinnen sich zu Ausbildungskursen für fürsorgerische Arbeit in der Nachkriegszeit eintragen können. Edith schreibt sich ein und bekommt später für den Kurs in Zürich ihre Bestätigung. So wird sie uns also im Laufe des Januar verlassen. Irm meldet sich bei einer Arztfamilie in Herrliberg als Haushilfe an.
Dies ist der Beginn der Abschiede.

# V

1945: Die Examenszeit ist da. Sie beginnt im Januar und dauert für die Schneiderinnen zehn Tage, etwas weniger für die anderen Klassen. Die perfekten, fertiggestellten Arbeiten liegen auf. Die Gewerbeschullehrer und -lehrerinnen und viele Experten sind eingetroffen. Überall werden Gruppen und Grüppchen geprüft. Die Aufgaben sind sehr anspruchsvoll, noch erschwert durch die Tatsache, dass für die wenigsten Mädchen Deutsch oder Französisch, in denen geprüft wird, die Muttersprache ist.

Die Aufgaben für die Dekorateurinnen beziehen sich in der Fachprüfung auf die Gestaltung von Schaufenstern und Plakaten. Die Frage Nummer sechs «Wie gestalten Sie ein Damenwäsche-Plakat? a) welche Schrift? b) welche Farbe?» beispielsweise beantwortet eine Schülerin folgendermassen: «Ein Damenwäsche-Plakat muss den Eindruck des leichten und weiblichen machen. Ich stelle mir z. B. ein Plakat, dunkler Grund (dunkelblau) mit einer leichten Silhouette in ganz zartrosa, die entweder ein Nachthemd, oder eine Combinaison trägt, sehr schön vor. Die Schrift muss elegant und ebenfalls zart sein. Unter elegant verstehe ich eine dünne, (grosse Schrift) hochgezogene Schrift, die an hochbeinige, schlanke Frauen erinnert. Auf dunklem Grunde muss diese Schrift ebenfalls hell sein und mit der Silhouette ein Ganzes bilden.» Auf französisch weiss sich diese Schülerin gleichermassen gekonnt auszudrücken, wie eine von ihr im Fach Geschäftskorrespondenz geschriebene Antwort auf ein vorgegebenes Bewerbungsschreiben dokumentiert: «La décoration est un métier, qui exige avant tout beaucoup de fantaisie. Le bon goût y joue également un rôle très important. Mais je sais que vous possédez l'un comme l'autre. Un point essentiel je veux vous souligner. Il faut énormément d'exercise, et un travail très concentré. Bien entendu, chaque métier demande plus ou moins de concentration et d'application. Mais dans la décoration, voyez-vous, il n'y a simplement pas de réussite, sans ces deux qualités.»

Mit Spannung erwarten wir die Ergebnisse. Sie sind ungewöhnlich gut, um 0,5 Punkte im Durchschnitt besser als diejenigen der Ab-

schlussklassen an der Gewerbeschule nach zwei bis drei Jahren Ausbildung! Mich erfüllt Stolz und Freude. Bravo ihr Mädchen, ein Bravo aber auch der unschätzbaren Leistung des Lehrkörpers!
Auch die Küchenklasse strahlt. Hat da der Experte ein Mädchen gefragt: «Wozu braucht man das Dessert?»
«Für die gute Laune!» antwortet die kleine Lea, ohne einen Augenblick zu zögern, mit grösstem Ernst. Der Experte akzeptiert schmunzelnd die originelle und kluge Antwort, deren Wahrheitsgehalt wir alle beim Mittagessen am Schlussfest auf der Zunge prüfen können in Form eines Apfelstrudels. Denn nach allen Regeln der Kunst hat die Küchenklasse ein festliches Prüfungsmahl zubereitet mit Vorspeise, Fisch, Fleisch, Gemüse und eben: dem Dessert, das zu der entspannten und frohen Stimmung beiträgt. Dr. Sigrist hält eine kleine Ansprache, dankt und gibt seiner Freude Ausdruck. Er kommt später auf mich zu und drückt mir die Hand, ohne viele Worte. Auch Herrn Zaugg haben wir eingeladen, und die Schneiderinnen lassen es sich nicht nehmen, am Nachmittag zum Tee eine Modeschau mit eigenen Kreationen vorzuführen. Es ist ein Tag voll stolzer Freude und Heiterkeit.
Das Wesentliche unserer Schule widerspiegelt sich in den Expertenberichten: Fräulein D. Leissing beendet ihren Prüfungsrapport folgendermassen: «Nicht unerwähnt lassen möchten wir den sehr guten Eindruck, den uns das ganze Lager machte. Die Leiterin hat ein besonderes Geschick in der Auswahl ihrer Lagerlehrer und Gehilfen, und ihre grosszügige und initiative Art wird jedem Lagerinsassen gerecht und gibt den Heimatlosen wieder etwas Boden unter die Füsse.
Trotz vieler Freiheiten innerhalb des Lagers besteht eine selbstverständliche Disziplin in einer wohltuenden Atmosphäre. Wir können für das Weiterbestehen solcher Heime nur das Beste wünschen.»
Dr. Feldmann schreibt unter anderem in seinem langen, abschliessenden Exposé: «Das Leistungsergebnis dieser Prüfung, deren Arbeiten durch je zwei Experten aus Zürich begutachtet und zensuriert worden sind, kann nun mit den Resultaten schweizerischer Lehrabschlussprüfungen direkt verglichen werden: es muss als *überdurchschnittlich* gut bezeichnet werden.

Dieses Ergebnis beweist, mit welch ausserordentlichem Fleiss während der sechs Monate in Hilfikon gearbeitet worden ist. Noch wichtiger erscheint mir die ungewöhnliche Besserung in der *allgemeinen Haltung* der Arbeiten. [...]
Deutlicher als es vielleicht dem direkt Beteiligten erscheinen mag, ergab sich dem fremden Betrachter ein sehr erfreuliches Bild der *seelischen Beruhigung und charakterlichen Entwicklung*. Ein Bild, das sich übrigens auch in der Gesamtheit des Hilfikoner Gemeinschaftslebens immer deutlicher auszuprägen schien.
Ich möchte daher nicht verfehlen, den Lehrerinnen und Lehrern hohe Anerkennung auszusprechen in Anbetracht der Unsumme von Kleinarbeit, die geleistet worden ist und die Heimleitung wie auch die Zentralleitung zu diesem wohlgelungenen ersten Versuch eines Berufsbildungskurses herzlich zu beglückwünschen. Es scheint mir jedoch wichtig, aus den gewonnenen Erfahrungen zwei Entschliessungen abzuleiten:
1. Für weitere Kurse dieser Art darf bei ähnlich sorgfältiger Auslese des Kollegiums die den Schülern und Lehrern gewährte Freiheit in *Methode und Stoffauswahl* beträchtlich erweitert werden. Drill auf Prüfungen kann vermieden werden, wenn diese vernünftig reformiert werden.
2. Es schiene mir wichtig, im Rahmen des möglichen die internierten Lehrkräfte für die Lösung ähnlicher Kaderaufgaben in der Schweiz zu interessieren, soweit es sich mit deren eignen Zukunftsplänen vereinbaren lässt.»
In diesen letzten Abschnitten spricht Dr. Feldmann mir aus dem Herzen. Eine Art Schulungskurs für pädagogische und soziale Nachkriegsarbeit schwebt mir seit langer Zeit vor, und ich habe schon im stillen meine Fühler weit ausgestreckt.

# VI

In den ersten Februartagen sitzt der ganze Hilfikoner Lehrkörper mit ernster Miene und gefurchter Stirn im Rittersaal. Es gilt, das Programm für den Fortbildungskurs, der mindestens drei Monate dauern soll, aus all den vielen eingegangenen Wünschen der Schülerinnen herauszukristallisieren.

Schliesslich werden vier Hauptkurse festgelegt, die vormittags abgehalten werden, nämlich Fortsetzung der Schneiderei und der Gebrauchsgrafik. Neu dazu kommen Buchhaltung und Maschinenschreiben sowie Weben und Spinnen. Jede vierte Woche besorgt eine dieser vier Klassen anstelle ihres Hauptkurses den Haus- und Küchendienst am Vormittag. Die Nachmittage sind für allgemeine Fächer reserviert, die jede Schülerin selbst für sich bestimmen kann. Den persönlichen Stundenplan von dreissig Wochenstunden spricht jede Schülerin mit der entsprechenden Lehrerin oder dem Lehrer ab.

Den Wunsch nach einem Sanitätskurs, der mit einem Sanitätsausweis abschliesst, können wir durch die Mithilfe eines Kursleiters aus Wohlen befriedigen. Eine Hebamme aus dem Nachbardorf erteilt an fünf Nachmittagen Geburtshilfe.

Die Aufstellung des Stundenplans stellt ein recht kompliziertes Puzzle dar.

Eines Tages fragt Dr. Sigrist am Telefon: «Es hat sich bei mir ein Künstler und Weblehrer gemeldet. Haben Sie Interesse?»

Und ob wir das haben!

So kommt denn aus dem Tessin Arthur Bryks nach Hilfikon, eine in ungewöhnlicher Weise anregende, sehr vitale Persönlichkeit, undurchschaubar und schillernd. Vielleicht aber kommt uns das bloss so vor, weil er in ausnehmend vielen Gebieten zu Hause ist, er malt, bildhauert, töpfert, webt, spinnt im wörtlichen Sinn, vielleicht auch ein bisschen im übertragenen, aber das hält man ihm gerne zugute, liest aus den Handlinien und deutet die Schrift, scheint mit den Sternen in Verbindung zu stehen, kurz, er nimmt auch ausserhalb seiner Webkurse bald einen nicht unbedeutenden Platz in unserer Gemeinschaft ein. Er bringt zwei leichte, gut zu bedienende Webstühle eige-

ner Konstruktion mit, dazu einen Haufen gesponnene und rohe Wolle – und auserdem seine aschblonde junge Tochter Ly, die den Vater «Papa-Kamerad» nennt und die Spinnkurse übernehmen wird. Immer wieder soll Bryks jemandem das Schicksal aus der Hand lesen. Zosia mit ihren psychologischen und graphologischen Interessen entfesselt die heftigsten Diskussionen. Auf seine Veranlassung hin bringen wir Ton ins Haus. Wer will, kann versuchen, damit zu modellieren. Zum strengen, formalistischen Alexander Kaiser ist er ein Gegenpol, und die künstlerisch begabte Karin arbeitet gerne mit ihm zusammen. Sie wird später das Weben zu ihrer Hauptbeschäftigung im Leben machen. Mich selbst regt er an zum Zeichnen, Skizzieren, Malen, und noch in einem späteren Brief meint er unter anderem: «Wie ich mich für Sie freue, dass Sie zu modellieren begonnen haben. Bestellen Sie viel Ton, viel Farbe (Ölfarben). Ich zeige Ihnen dann, wie man Leinen und Kartons grundieren kann, und freue mich auf das, was Sie werden schaffen können.»
Was wird dies wohl sein? denke ich. Vorerst ist es die laufende Arbeit, dann der Plan für den sogenannten Pädagogischen Kurs nach Kriegsende, der in den kommenden Monaten eine dicke Mappe mit interessanter und anregender Korrespondenz füllt; Zusagen bedeutender Pädagogen, Wissenschaftler, Sozialarbeiter, die mein Vorhaben begrüssen. Ich bin voller Begeisterung und Zuversicht. Die positiven Urteile von überallher bestärken mich.
Noch weiss ich nicht – kann es mir eigentlich gar nicht vorstellen –, dass Zaugg mit einem Federstrich den ganzen Plan vom Tisch wischen wird.

\*

Ein ungeahnter Reichtum an Phantasie, Ideen, Witz und Geschmack, ja, auch an Lebensfreude und Lust am Jung- und Unbeschwertsein bricht am Purim hervor, dem jüdischen Karneval im Februar. Die Mannigfaltigkeit der Kostüme und Dekorationen würde einem Künstlerball im «Baur au Lac» in Zürich alle Ehre machen. Das Schloss wird in einen orientalischen Bazar verwandelt, unser Büro in eine türkische Kaffeebude; schummrige Beleuchtung hinter bunten phantastischen

Schirmen, Kissen am Boden, witzig bemalte Wandplakate. Der reich geschmückte Rittersaal hat sich in Buffet und Bar verwandelt, wo die aus unseren bescheidenen Mitteln zubereiteten Verköstigungen warten. Die Halle präsentiert sich als Ballsaal mit Sitzgelegenheiten ringsum an den Wänden. Überall Karikaturen, amüsante Sprüche. Die Dekorationsklasse befindet sich in einem schöpferischen Taumel! Die Schneiderinnen lassen die Nähmaschinen heisslaufen, und in der Küche duftet es verführerisch.
Doch was wäre all das ohne, ja, ohne männliche Präsenz! Wir haben das Jugendlager Hasenberg eingeladen. Die Burschen kommen gegen Abend mit ihrem Leiter zu uns, teilweise ebenfalls maskiert. Hinter der Verkleidung verschwinden Spannung und Hemmung. Lachen, Necken, wohl auch stilles Plaudern, Sichmitteilen, schüchterne Zärtlichkeit. Natürliche Begegnungen nach so langer Zeit der künstlichen Isolierung in Frauenheimen und Männerlagern.
An diesem Tag sind der Leiter vom Hasenberg und ich heimlich Verschworene, die ZL wird nichts erfahren von unserem so regelwidrigen «unmoralischen» Tun, und Dr. Sigrist deckt es mit seinem Schweigen. Es ist ein vollauf gelungenes Fest, das nicht enden will, ehe nicht ein fahler Dämmerstreif den Morgen anzeigt. Das erste Bähnchen nähert sich pfeifend und nimmt die junge Schar mit.
Wie viele Jahre ihrer Jugend haben diese Burschen und Mädchen doch verloren!

*

Über der Landschaft liegt nun eine weisse Schneedecke und verschluckt die Geräusche der Aussenwelt. Der eiserne Hahn auf meiner Terrasse trägt eine dicke Kappe. Wir heizen mit Koks und Torf, so gut es geht. Man sitzt nun gerne etwas näher zusammen.
So lesen wir wieder einmal an einem Sonntagabend in meinem Zimmer ein Buch. Ich bin nicht richtig dabei.
«Seht ihr, wie es schneit?» Weiter nichts.
Ich denke an Nathan und Rita. Die anderen wahrscheinlich auch. Gestern haben sie ihren Urlaub angetreten, nach Finhaut im Wallis, und ich weiss, ohne es wissen zu dürfen, dass sie von dort über die Berge nach Frankreich entkommen wollen.

«Nathan, der Winter ist noch nicht vorbei, alles ist tief verschneit, die Berge sind gefährlich.» Ich habe versucht, ihn zur Vernunft zu bringen. «Wollen Sie nicht noch zuwarten?»
Doch Nathan treibt es zurück, nach Belgien. Ich bin sehr besorgt, ich habe ihn und Rita umarmt.
«Bonne chance! Lasst von euch hören!»
Die ganze letzte Nacht haben mich Bilder von Bergwanderungen und grausigen Eiswüsten bedrängt.
«Es schneit noch immer», sagt jemand.
Da klopft es an die Tür und herein kommen – Nathan und Rita. Sie schauen etwas bedeppert drein, doch sie sind sichtlich erleichtert.
«Nathan, wie siehst du denn aus!» rufen einige gleichzeitig und belustigt.
Er trägt verschiedene Jacken und Mäntel auf sich, die er, um nicht aufzufallen, nicht in Koffer packen konnte, gleicht daher einer kleinen Tonne und schwitzt ordentlich, desgleichen Rita.
«Wir freuen uns so, dass ihr zurück seid! Wir waren schrecklich besorgt. Nun, schält euch aus den Kleidern und erzählt!»
Aber der Gedanke, die Schweiz zu verlassen, ist konkreter geworden, untergründig und unbewusst lässt er nicht mehr los.

\*

Die Alliierten kämpfen am Rhein und im Ruhrgebiet, die Russen stossen nach München und Berlin vor. Hunderttausende von Menschen aus den östlichen Konzentrationslagern werden umgebracht oder in endlosen, grausamen Fussmärschen, ohne Nahrung und richtige Bekleidung, westwärts nach Buchenwald oder anderswohin getrieben. Doch das wissen wir noch nicht, wir erfahren es erst viel später.
Langsam, mit der Aussicht auf ein absehbares Kriegsende, sind in der Schweiz Flüchtlinge nun Menschen geworden, über die man nicht mehr bloss verfügt, sondern mit denen man spricht, sich mit ihnen berät und die an der eigenen Zukunftsgestaltung aktiv beteiligt sein dürfen. So findet im Februar in Montreux eine grosse Flüchtlingskonferenz statt, an der eine kleine, von der Vollversammlung delegierte Gruppe Hilfikonerinnen teilnimmt und über Erfolge und Erfahrungen berichtet,

die wir mit der Selbstverwaltung, der zwanglosen Schule und der inneren Freiheit gemacht haben. Die Gruppe tut dies mit derselben Begeisterung, mit der sie die ganzen Monate hindurch unser Experiment mitgetragen hat. Von allen Seiten höre ich Lob und Bewunderung für meine frischen Mädchen, die vom Wert unserer Schule überzeugt sind. Isaac Pougatz aus Versoix schreibt: «Depuis j'ai eu plusieurs fois d'excellentes nouvelles de votre petit monde et j'ai aussi eu le plaisir en même temps que plusieurs centaines de personnes d'applaudir l'exposé extrèmement réjouissant de votre pupille Melle Henschel.» Er erwähnt, dass er von dem «Pädagogischen Kurs in Vorbereitung» Kenntnis erhalten habe und schliesst seinen Brief: «Je me réjouis particulièrement de ce que le cours pour moniteurs ait lieu chez vous et je souhaite de tout cœur qu'il réussisse.»
Trotz all dieser Freude habe ich einen quälenden Traum, schreie verzweifelt auf und erwache deswegen, das heisst, Zosia reisst die Tür des Nebenraums auf, wo sie ihre Stunden vorbereitet, beruhigt mich, und ich versinke sogleich in einen ruhigen Schlaf. Am Morgen steigt mit unwahrscheinlichem Morgenrot der Tag herauf, ich empfinde es so fremd und fern von allem menschlichen Sein.
Was wird auf mich zukommen?

*

Am Morgen spreche ich im Büro mit Ruth Haas über das Buch von Hemingway, «Wem die Stunde schlägt». Sie meint, es sei nichts darin, das zurückbleibe. – Wirklich nicht?
«Sehn Sie, Hemingway, der ganz eindeutig auf der republikanischen Seite steht, hebt doch in der Darstellung seiner Erlebnisse eines heraus: die *menschliche Lösung,* die besagen will, dass hüben und drüben Menschen sind, dass Hass und Zwang nichts bringen ausser vielleicht glatte, scheinbar funktionierende Zustände auf Zeit.»
«Wie wollen Sie das erreichen? Durch Belehrung? Durch Erziehung?»
«Bedingungen schaffen, in denen Menschen frei und würdig leben können.»
«Sie haben recht. Aber wie?» fragt Ruth skeptisch.

*

Abb. 27: *Die Organisation und Verwaltung des Lagers erfordert einen grossen administrativen Aufwand. Drei Personen sind voll damit beschäft; im Vordergrund Ruth Haas, die Schreibarbeiten erledigt. (Foto: Wilhelm Maywald)*

Die Mädchen lernen, machen schul- und wissensmässig Fortschritte, aber wenn man sie vor eine Entscheidung stellt, nehmen sie allzuhäufig noch immer die Haltung von Abwehr, auch Egoismus und Voreingenommenheit ein. Wie kann man dagegen ankämpfen? Wir hätten noch viel Zeit und Ruhe nötig.

Ich sitze neben Zosia, die ihre erste Chemiestunde gibt. Es geht fröhlich zu, intensiv und angeregt. Ich fühle, dass die Schülerinnen ganz lebendig zum Kern der Materie vorstossen. Zosia hat die Möglichkeit, etwas Schöpferisches zu tun – und trotzdem! Da ist noch immer die blinde Ablehnung der Schweiz. Nun werde ich sie fragen: Glaubst du wirklich, dass dir die Schweiz nichts anderes gegeben hat als den Stacheldraht, die Soldaten ringsherum und die ZL-Nummer?

Hier ist etwas, das ich nicht verstehe. Meint sie *die* Schweiz, die durch ihre Rückweisungen an den Grenzen Elend und Tod verursacht hat? Oder hat sie, wie so viele andere ihrer Kameraden «im Käfig», gar keine Gelegenheit, Menschen, die in aller Stille ihre Türen für Flüchtlinge geöffnet haben, kennenzulernen? Ist es, frage ich mich, ganz einfach das bittere Schicksal, ein Flüchtling zu sein, das den Blick verdunkelt? Oder sieht sie weiter als ich, sieht das menschliche Versagen der Schweiz im grossen Zusammenhang?

Wie soll denn, wenn diese verhängnisvolle Haltung nicht überwunden werden kann, der Völkerhass ein Ende finden? Den Vorschlag eines Referenten, einen Vortrag über «Das Reich und die Eidgenossenschaft» zu halten, lehnt die Schülerinnenversammlung ab. Die einen wegen «Reich», die andern wegen «Eidgenossenschaft», und viele wegen beidem.

Unlängst war die Sanden-Theatergruppe da und spielte Lessings «Nathan der Weise». In der Diskussion über die Botschaft des Stückes, die Toleranz, wird die Verunsicherung der Mädchen sichtbar: Ihre Äusserungen lassen Hass und Skepsis durchblicken. Es gelingt ihnen noch nicht, eine Betrachtungsweise zu anerkennen, die ihre durch Flucht und Emigration geprägten Standpunkte erschüttern könnte.

Ist es Selbsterhaltung? Eine kollektive Schutzmassnahme? Oder die tiefe Verletztheit der eigenen Menschenwürde? Ich weiss es nicht, aber ich komme nicht dagegen an. Wird das, was wir versucht haben, ihnen mitzugeben, sich erst später im Leben bewähren?

# VII

8. April 1945.
Ein heftiger Nordwind weht durch einen hellen, sonnigen Frühlingsmorgen, biegt das junge Grün der Birken und fährt in die kleinen, kaum geöffneten Blätter der Kastanien, spielt mit den Flügeln der Vorfenster. Pfeift, bläst, saust. Die Natur ist voll Unruhe.
Es stürzen wieder so viele Dinge auf mich ein, der neue Kurs, das Ende des alten, die vielen pädagogischen Fragen, die Studienwochen. Immer wieder: planen, handeln, organisieren, verwirklichen! Es gibt Augenblicke, in denen ich davon sehr müde bin. Ich warte auf Tage der Ruhe und Besinnung, um die Geschehnisse und die Zeit, die man durcheilt, verarbeiten zu können. Aber ich glaube, diese Zeit kommt nie. Man muss sie im Moment finden, immer wieder sich nehmen.

\*

Nach und nach verlassen einige der Mädchen das Schloss, sei es, dass sie zu irgendeinem andern Kurs aufgeboten worden sind oder dass sie eine Haushaltstelle oder einen zeitlich begrenzten Arbeitsplatz gefunden haben. Letzteres erweist sich als fast unüberwindbar schwierig. Kann ich doch nur für fünf der so gut ausgebildeten und fleissigen Schneiderinnen dank meiner Verbindungen aus der Modejournalismuszeit eine Stelle und eine befristete Arbeitserlaubnis erhalten, natürlich erst nach der Waffenruhe in Europa.
Die freigewordenen Plätze in Hilfikon haben vier junge katholische Polinnen eingenommen, mit denen eine Verständigung nur in gebrochenem Deutsch möglich ist und die nicht ganz begreifen, was in Hilfikon vor sich geht. So sieht man sie hauptsächlich am Spinnrocken oder an den Webstühlen sitzen oder in der Küche hantieren. Sie sind von den Nazis nach Deutschland in Fabriken verschleppt worden, haben aber im allgemeinen Durcheinander der sich abzeichnenden Niederlage fliehen können. Es werden ihrer noch sehr viele kommen. Im nächsten Jahr werden sie in geschlossenen Gruppen die Schweiz verlassen und die Rückreise nach Polen antreten. Werden sie wohl je ihr Ziel erreichen?

Karin, die ihr Kind erwartet, erhält eine Arbeit beim Jüdischen Kinderhilfswerk von Frau Dr. Sutro in Zürich und zieht zu Rudi in sein Mietzimmer an der Plattenstrasse. Rudi Borth und Frau Picard sind ja bereits früher aus der ZL entlassen worden. Jula Mayer wird in Wallisellen einen kunsthandwerklichen Kurs leiten.
In Hilfikon führen wir unseren Fortbildungskurs bis zuletzt weiter. Während einige Schülerinnen sich ganz intensiv einsetzen, als wollten sie noch so viel als möglich in sich aufnehmen, finden andere kaum mehr die richtige Ruhe dazu.

\*

An einem lauen Frühlingsabend steigen Zosia und ich am gegenüberliegenden Hang des Dorfes den Hügel hinauf und lassen Strasse und Schloss zurücksinken. Es liegt eingebettet in weiche Baumkronen, in Pastellgrün und im Schwarz der Tannen, zeitlos und so voll Ruhe.
So gehen wir, ab und zu anhaltend, uns umwendend, schweigend. Weit oben, beim Waldrand, biegen wir in den Waldweg ein. Es dunkelt.
Wir kommen ins Gespräch. Immer wieder die zwischen zwei Menschen gewechselten Worte, die den anderen treffen, doch im Grunde sich auf die eigene Situation beziehen. Zosia geht neben mir, den Kopf ein wenig eingezogen zwischen den Schultern, mit ziemlich raschen Schritten, sehr gespannt. Sowie die Rede auf Bryks kommt, holt sie sich eine Zigarette hervor und zündet sie mit einer heftigen Bewegung an.
Das bringt mich zum Lachen, ich möchte ihr die Komik klarmachen, besinne mich, sage, es sei nichts Wichtiges, doch sie dringt in mich.
«Ich mag den Kerl nicht ausstehen», sagt sie.
«Aber Zosia, warum ständig diese Bemerkungen?»
Sie solle nicht immer alles, was sie denke, so offenlegen, damit beeinflusse sie die Mädchen und lasse sie nicht mehr ihre eigene Meinung finden. Zudem unterbricht sie den den Gesprächspartner oft gnadenlos: «Nein, das ist nicht so, sondern...»
Nun erwähnt Zosia, verletzt, den Ton, in dem ich mit ihr spreche, und sie geht, in sich verkrochen, gespannt, zwei Schritte vor mir.

«Der Weg ist breit, wir könnten auch nebeneinander gehen», sage ich.
«Bitte schön...» Und da ist wieder diese Geste, die Beklemmung und Betroffenheit ausdrückt: Sie neigt sich ein bisschen und weist mit der Hand den Weg.
Dann gehen wir nebeneinander, sie stapft davon wie ein kleines Kind, und plötzlich fühle ich ihre Hand, die die meine erfasst, und so gehen wir, wie zwei Kinder, Hand in Hand. Später lege ich ihr den Arm um die Schulter, und sie bettet ihren Kopf auf meine Hand. Da kommt sie mir so weich und vertrauensvoll vor, dass ich das Gefühl habe, sie wie eine Henne unter meine Flügel bergen und schützen zu müssen.
Was mag in ihr vorgehen? So ungelöst, so unverdaut, ja, unverdaubar schleppt sie Ballen von Ballast mit sich herum.
Zartheit ist eine Seite von Zosia. Selbstironie und Sarkasmus sind ihre Gegenwehr; ein Angriff, der sie selbst wohl am meisten schmerzt.

*

In jener Zeit habe ich das wohlüberdachte und ausführungsreife Programm für den Pädagogischen Kurs ausgearbeitet. Dutzende von Zusagen für einzelne Vorträge oder länger dauernde Kurse sind eingetroffen, Anmeldungen von gegen vierzig weiblichen und männlichen Interessenten fremder und schweizerischer Nationalität. Dies alles nun lege ich Dr. Sigrist vor. Welch erfolgreiche Arbeit würden wir vollbringen, wäre er die letzte Entscheidungsinstanz!
Es kommt am 14. Mai der Brief von Otto Zaugg: «Wir danken Ihnen für die Zustellung des ausführlichen Programms für den geplanten pädagogischen Kurs für Hilfslehrer in Ihrem Heim, sowie für Ihre Mitteilung über die angemeldeten Teilnehmer. Nach eingehender Überprüfung sind wir zum Schluss gekommen, dass der Kurs auf der von Ihnen vorgeschlagenen Basis im Moment nicht durchgeführt werden kann, da sich nicht genügend Teilnehmer gemeldet haben, die wirklich die erforderlichen Voraussetzungen besitzen, im Bezug auf schulmässiges Wissen, wie auch in charakterlicher Hinsicht.»
Wie kann er das beurteilen! denke ich. Ist nicht gerade *das* die Herausforderung: *trotzdem* das Ziel zu erreichen? Und es geht bei Zaugg weiter: «Wir sehen uns deshalb genötigt, die freien Plätze in Hilfikon

vorläufig mit andern Flüchtlingen zu belegen, wobei wir selbstverständlich den besonderen Charakter Ihres Heims nach Möglichkeit in Betracht ziehen werden.»

Noch gebe ich die Hoffnung nicht ganz auf. Mein Kurs ist so vielseitig und bis in jede Einzelheit ausgearbeitet, dass ich mir ein Scheitern gar nicht vorstellen kann.

Als dann doch ein negativer Bescheid eintrifft, kommt es mir vor, als besudle und zerstöre man ein schönes Kunstwerk und werfe es auf den Müll, ins Feuer oder ins Meer. Welcher Leerlauf nach Wochen von Arbeit und Gedanken. Ich schreibe Dutzende von Absagebriefen an die vielen Lehrkräfte, Befürworter und Helfer im ganzen Land.

*

Am 29. Mai erfolgt eine Mitteilung der ZL, Hilfikon müsse als Heim für russische Flüchtlingsmädchen bereitgestellt werden, ich möge für die Versetzungen der noch verbleibenden «Hilfikonerinnen» besorgt sein. Wegen der Bestellung der Heimleitung würden sie gerne mündlich mit mir Rücksprache nehmen.

Ich bin mir klar, dass ich mit Menschen, die sich in der Nachkriegszeit praktisch und pädagogisch einsetzen wollen, arbeiten möchte. Ich weiss auch, dass ich eine solche Aufgabe gemeistert hätte, dass aber die erwarteten Russinnen nicht in diesem Plan unterzubringen sind. Aber Hilfikon?

Sie nehmen mir meine Arbeit und mein so sehr geliebtes Wirkungsfeld in Hilfikon weg!

Oberst Lüthy bedauert dies ausserordentlich. Er bedankt sich für den, wie er sagt, «grossartigen Unterhalt seines Besitztums».

*

Heute, wo ich mehrere Jahrzehnte danach meine Erinnerungen niederschreibe, frage ich mich, wieso der 8. Mai 1945, das Kriegsende, in meinen Tagebüchern nirgends erwähnt ist; wie kommt es, dass ich meine Erschütterung nirgends zu Papier gebracht habe? War jener Moment etwas, das man in seiner Seele und in seiner Phantasie so lange mit solcher Intensität und Gewissheit erhofft hatte, dass man sein Eintreffen gar nicht mehr erfassen oder daran glauben konnte? Doch jener Tag kam ja nicht unvorhergesehen, man las die Tagespresse, man hörte mit steigender Spannung Radio. Die Ereignisse hatten sich überstürzt.

Als dann die Zeitungsverkäufer in den Strassen der Städte um Mitternacht die Botschaft von der Unterzeichnung des Waffenstillstandes ausriefen, als am frühen Morgen des 9. Mai im ganzen Land die Kirchenglocken läuteten, ja, da rannen die Tränen über die Wangen, ob man wollte oder nicht.

Es war das Ende des Krieges, der Zerstörungen und des Mordens; das Ende aber auch des Nichtwissens und der entgegen aller Vernunft genährten Hoffnung auf Wiedersehen, auf Frieden, auf – ja, auch das: auf Vergeltung.

Auf den Gesichtern meiner Mädchen lag Freude, hinter der die Angst zitterte.

Es war das Ende auch einer Geborgenheit, die je nachdem als Schutz oder als Gefangensein empfunden worden war.

Und ich selbst?

Ich muss sehr zerrissen gewesen sein: Zuversicht und zugleich wenig begründeter Glaube an eine bessere Zukunft einerseits, und andererseits der Schmerz der unerbittlichen, endgültigen Abschiede.

Wie indessen ich jenen Tag durchlebte, ist in meiner Erinnerung verlorengegangen.

\*

Am 2. Juni 1945 teilt der Personaldienst der ZL mit, dass Fräulein Gertrud Schmidt am 7. Juni das Russenheim Hilfikon übernehmen werde. Die Übergabe mit einem Revisor geht problemlos vor sich, da alles stimmt und in bester Ordnung ist.

Am 6. Juni schicke ich an Otto Zaugg meine Kündigung:

*Hiermit ersuche ich Sie, meine Kündigung als Mitarbeiterin in Ihren Betrieben auf 30. Juni 1945 entgegenzunehmen.*

*Leider kann ich mich mit Ihrem Vorgehen betr. Heim Hilfikon und im besonderen gegen mich selbst in dieser Angelegenheit nicht einverstanden*

*erklären. Ich bedaure, unter diesen Bedingungen meine Arbeit nicht fortsetzen zu können.*
Eine Kopie dieses Briefes geht an Dr. Sigrist, der, wie ich mit Empörung feststellen muss, in keiner Weise von dem ganzen Handel um Hilfikon und um mich selbst unterrichtet worden ist. Die gleichen intriganten Machenschaften wie im Bienenberg, denke ich. Höchste Zeit, dass ich diesen Betrieb verlasse. Zaugg, daran zweifle ich keinen Augenblick, wird mein Ausscheiden im stillen begrüssen, auch wenn er «bedauert und meinen grossen Einsatz» aufs neue lobend erwähnt. Er kann nicht gut anders, denke ich verächtlich und doch zutiefst verletzt, denn Lob scheint ihm von verschiedenen Seiten zu Ohren gekommen zu sein, von Persönlichkeiten allerdings, die nicht ganz auf seiner Linie liegen.

*

17. Juni 1945.
Ich wusste es: Alles, was in diesen letzten Tagen geschah, geschah zum letzten Mal. Als ich am Weiher sass, am Abend, in der tiefen Stille da unten, war es zum letzten Mal. Und auch das Kaminfeuer, und was danach kam: Schifra war so müde, dass ich sie spät, halb eingeschlafen, zu Bett brachte. Sie schlief schon, doch schien sie von Bildern gequält zu sein. Sie wälzte sich hin und her und zerwühlte die Leintücher mit den Beinen. Ich strich über ihr so weiches Haar, versuchte sie zu beruhigen, doch ihr Ausdruck war gequält, und plötzlich sagte sie: «Haben Sie gesehen, wie sie einsam und verlassen waren?»
«Wer?»
«Alle!»
Und sie wälzte sich herum. Und plötzlich drückte sie beide Hände vors Gesicht und sagte entsetzt: «Schrecklich!»
«Kind, beruhige dich, wach auf...», und da schaute sie mich erstaunt von ferne an. Die dunkeln Augen waren wie verschleiert.
«Muss ich jetzt schon fort? Muss ich schon fort?»
Es war schrecklich. Ich fühlte mich irgendwie schuldig, als ich hinausging, das Licht löschte, nachdem sie sich beruhigt hatte. Ich hatte sie umarmt und ihr den Gutenachtkuss gegeben, und sie hatte mich umarmt, und ich fühlte ihre heissen Kinderhände.

Dann war ich draussen. Das Haus lag still, der Gang leer. Es war überall Abschied, aber einer, der Wunden zurücklässt, weil noch nichts abgeschlossen ist; es ist zu früh, zu unfertig noch alles.
Schifra, mein armes Kind.
Es war ihre letzte Nacht in Hilfikon.
Und es war auch *mein* Abschied von Hilfikon.

# Zugerberg – das Lager für Jungen aus dem KZ Buchenwald

«Filleicht wartet noch auf uns eine Zukunft.»
*Artur und Abram, zwei Buchenwalder Jugendliche, auf dem Zugerberg vom 14. Juli bis 4. September 1945*

Abb. 28: *Im Heim Felsenegg auf dem Zugerberg befinden sich etwas mehr als hundert Jungen aus deutschen Konzentrationslagern, wo sie, als Juden in Polen verfolgt, mehrere Jahre zugebracht haben.*

I

Aus der grossen Traurigkeit, die sich durch das Scheitern meiner Schulpläne und Hoffnungen um mich gelegt hat, reisst mich Anfang Juni – noch im Schloss Hilfikon – der Brief von Frau Dr. Marianne Flügge-Oeri aus Bern:
«Schweizer Spende an die Kriegsgeschädigten
Sie haben sich seinerzeit freundlicherweise für eine Arbeit innerhalb unseres Werkes zur Verfügung gestellt. [...] Nun stellen sich unserem Werke neue konkrete Aufgaben für kriegsgeschädigte Kinder. Und wir möchten Sie fragen, ob Sie sich zur Verfügung stellen wollen und wenn ja, auf welchen frühesten Zeitpunkt Sie mit Ihrer Arbeit beginnen könnten.
Die Durchführung der Aufgabe hat das Schweizerische Rote Kreuz, Kinderhilfe in Bern, übernommen.
Es sollen aus deutschen Konzentrationslagern bis zu 2000 kränkliche und verwahrloste Kinder zur Erholung in die Schweiz kommen. Sie sind bis zu 12 Jahre alt und werden voraussichtlich in zwei bis drei grösseren Zentren der Schweiz untergebracht. Die ersten Kinder werden auf ca. 12. Juni erwartet.
Für die Durchführung des Projektes brauchen wir sofort tüchtige und hilfsbereite Kräfte und wenden uns deshalb auch an Sie.»
Drei Tage später folgt ein weiterer Brief: «Wir benötigen dringend ganz besonders gut qualifizierte Hilfskräfte. Das Rote Kreuz, Kinderhilfe glaubt, auch Ausländer zu dieser Aufgabe zuziehen zu können. Vielleicht haben Sie unter Ihren Bekannten Menschen, die sich der Aufgabe gerne widmen würden. Was meinen Sie dazu?
Ihre Meinung wäre uns sehr wertvoll. Ich danke Ihnen im Voraus für Ihre Antwort.
Wir brauchen Primarlehrer, Fürsorgerinnen, Kindergärtnerinnen, Krankenschwestern und auch etwas Bureaupersonal.»
«Zosia, Schifra, Ulla», rufe ich recht aufgeregt, «hört mal zu!» Und ich lese den Brief vor. Grosse Begeisterung. Eine nahe Zukunft voll Sinn, die uns ganz erfüllen wird.
«Oh, wie schade, ich kann nicht mit euch kommen», meint Schifra

etwas unsicher, «ich bin ja für den Werklehrerkurs der ZL im Umschulungslager Zürichhorn angemeldet.»
«Schifi, du kommst später zu uns, nach dem Kurs, wir werden dich sehr gut brauchen!» tröstet Zosia.
Zosia Rowinska und Ulla Henschel schreiben unverzüglich ihre Anmeldungen. In einem Expressbrief schicke ich meine Personalien, empfehle die beiden Mithelferinnen, gebe den mir möglichen Arbeitsbeginn auf Ende Juni, nach der Übergabe von Hilfikon, an.
Am 18. Juni sind wir zu einer Sitzung beim Roten Kreuz in Bern eingeladen und erhalten nähere Angaben. Dreihundertfünfzig Kinder werden dieser Tage erwartet und sollen zu einer grenzsanitarischen Untersuchung für drei Wochen nach Gurnigelbad gebracht werden. Dort unterstehen sie dem Territorialkommando 3.
Dem Militär? denke ich entsetzt und weiss zu diesem Zeitpunkt noch gar nicht, dass die Gruppe nach dem Grenzübertritt in die Schweiz, in Rheinfelden, kurze Zeit sogar hinter Stacheldraht in einem Camp eingesperrt wird. Die Bewacher vergessen indessen nicht, Schweizerfahnen an den Eckpfosten des Lagers aufzuziehen.
Mit der Durchführung der Aktion ist Herr A. Bohny vom Roten Kreuz beauftragt, das Merkblatt hat der Zentralsekretär i. A., H. Bucher, an Stelle von Herrn Dr. Gautschi unterzeichnet.

*

Es ist ein Tag nach meinem Abschied von Hilfikon.
Waffenruhe... Frieden...
Welch kindliche Vorstellungen von Jubel und Freude haben jahrelang diese Worte hervorgerufen.
Und jetzt? Weitherum Angst, Orientierungslosigkeit, Fragen ohne Antworten, Suchen und Nichtmehrfinden.
Die ersehnte Freiheit? Überall werden Barrieren errichtet, Bewilligungspflicht für alles und jedes, Verordnungen, die sich oft widersprechen. Doch das Schlimmste: die unerbittliche Wahrheit, die sich offenbart.
Den lange gehegten Ängsten stehen auf einmal grausame Tatsachen gegenüber. Nichts vermag die Gefühle von Verlassensein und innerer

Einsamkeit aufzufangen. Verzweifelte Suche nach möglichen Spuren von Überlebenden aus der Familie: Ach, wie oft ergebnislos! Kann man damit fertig werden?

\*

Briefe aus allen Ecken der Schweiz, aus Wartestationen vor der Weiterreise, erreichen mich an der Promenadengasse in Zürich. Henschels hoffen auf baldige Ausreise nach Grenoble, «Negerbaby» (Frau Dr. Blumenthal) nach Belgien, die Pietruszkas nach Palästina.
Paul Lenz, der mit seiner Frau nach Paris zurückkehrt, schliesst seinen Brief vom 5. August 1945: «Ich werde es Ihnen nicht vergessen, dass Sie mich dem Arbeitslager entrissen und mit meiner Frau zusammengebracht haben, und ich freue mich, durch Sie und einige wenige andere erfahren zu haben, dass es in der Schweiz nicht nur Polizisten und Schulmeister gibt.»
Einen Augenblick schauen sie alle noch zurück, lebt noch ein Stückchen Hilfikon oder Bienenberg in ihnen, dann müssen sie weiter und sich dem Leben stellen. Manchmal kreuzen sich unsere Wege, verlaufen eine kleine Strecke nebeneinander, trennen sich aufs neue und treffen in weiter Ferne wieder aufeinander oder verlieren sich im Schweigen und Vergessen.
In der kurzen Ferienzeit nach Hilfikon gehe ich ein paar Tage in die Berge. Ich muss allein sein, muss alles überdenken und frei werden für die neue grosse Aufgabe, die ich in ihrer Immensität und Vielfalt noch gar nicht überschaue.
Und dann warte ich. Noch einmal lese ich den Vertrag vom 18. Juni durch. Ich bin dort als Lehrerin aufgeführt, doch die Art der Tätigkeit, die Pflichten und Kompetenzen werden vom Leiter, Herrn Bohny, festgelegt. Gegen Ende des zweiseitigen Vertrages steht: «Der (die) Angestellte verpflichtet sich, seine Arbeitskraft nach bestem Wissen und Gewissen für das Werk der Kinderhilfe einzusetzen und das Ansehen und die Interessen des Schweizerischen Roten Kreuzes zu wahren.
Das Gelingen dieser Aktion hängt wesentlich vom Geiste der Mitarbeiter ab. Die Helfer sollen den Kindern Verständnis und Liebe entgegenbringen. Der Charakter der Arbeit erfordert von den Mitarbeitern

nicht nur Kraft, Gesundheit und Ausdauer, sondern auch ein grosses Mass von Anpassungsfähigkeit und gutem Willen. Tendenziöse Beeinflussungen der Kinder müssen vermieden werden.»

Die Formulierung im ersten Abschnitt muss wohl bloss eine Floskel sein. Wenn Bohny so denkt, wie es im zweiten Abschnitt dargestellt ist, wird es eine erfreuliche Zusammenarbeit geben. Ich erkundige mich, ob schon Pläne für die pädagogische Arbeit mit den Kindern, für Schule und mögliche Berufsbildung vorliegen. Ich würde mich gerne vorbereiten.

Im Kino in der Wochenschau sehe ich die Buchenwald-Kinder im Gurnigel, dem Militärlager, ankommen. Kinder?

Das waren sie wohl damals, als sie zusammengetrieben und in die Konzentrationslager verschleppt wurden, damals, als sie alles verloren, Eltern, Geschwister, Heimat, Wärme, Schule. Jetzt sind sie Jugendliche, ja, so dünkt mich, einige beinahe schon junge Männer. In einem Telefongespräch nach Bern bestätigt mir Bohny: «Ja, die Kinder sind älter, als wir dachten. Ob Sie nach Gurnigel kommen sollen? Nein, ich glaube, es ist nicht angezeigt. Sobald wir wissen, wo die Buben hinkommen, werden Sie von uns hören.»

Endlich – es ist Donnerstag, der 12. Juli – trifft auch die langerwartete Aufforderung ein, uns unverzüglich auf den Zugerberg zu begeben und das grosse Heim Felsenegg für die Kinder herzurichten, die in zwei oder drei Tagen eintreffen werden. Herr Schlegel vom Roten Kreuz ist zum sogenannten Hausvater bestimmt worden.

\*

Es ist ein heisser Sommertag, und über dem Land flimmert das Licht, als wir, Zosia, Ulla und ich, aus der Zugerberg-Drahtseilbahn steigen und die paar hundert Schritte zu einem riesengrossen, grauen, schmucklosen Gebäude gehen, das als weitherum bekanntes Bubeninternat schon bessere Zeiten gesehen haben muss, im Krieg vom Militär benutzt wurde und sich in einem unglaublich verschmutzten und verwahrlosten Zustand befindet. Zwei weitere Mitarbeiter, von denen ein junger Mann sich als Lehrer vorstellt, sind schon zugegen und natürlich Herr Schlegel, der sich von Anbeginn an sehr wenig um den Zustand des Hauses, dafür eifrigst um seine eigne Einrichtung kümmert. Wir schleppen auf seinen Befehl die besten Betten und Möbel in die komfortable Direktionswohnung, wo er sich installiert.

Putzfrauen sind an diesem Wochenende nicht zu bekommen. Also krempeln wir die Ärmel hoch und beginnen, von oben bis unten Etage um Etage zu reinigen. Schmutz, Zigarettenstummel, Papierfetzen, leere Büchsen, ja Flaschen und anderer, vom Militär zurückgelassener Unrat wandern nach und nach in die Kehrichtkübel. Verschwitzt hasten wir in den endlosen Fluren aneinander vorbei, von Zimmer zu Zimmer. Wie wir uns verpflegen, kümmert Herrn Schlegel nicht. Er sitzt nach seiner Abendmahlzeit auf der Terrasse des kleinen Restaurants der Bergstation, während wir andern uns erst beim Eindunkeln völlig erschöpft zu einer Erfrischung niedersetzen.

Trotz aller Müdigkeit verspüre ich wieder diese grosse Freude, und in Gedanken öffne ich schon weit meine Arme, um die jungen Menschen willkommen zu heissen.

Am Freitag trifft ein weiterer Mitarbeiter auf dem Zugerberg ein: Fritz Feldges, Pfarrer in einem kleinen Berner Bauerndorf am Fusse des Jura, in der Nähe von Solothurn, Vater von mehreren Kindern, der seine Ferien dieser Hilfsaktion widmet. Nach und nach erfahren wir, dass seine Frau die Zwillingsschwester von Frau Dr. Flügge-Oeri ist und ihr Vater Nationalrat Dr. Albert Oeri, der Direktor der «Basler Nachrichten», die sich wiederholt für Menschlichkeit und für die Flüchtlinge eingesetzt haben.

Schlegel ist Fritz Feldges in keiner Weise gewachsen, und nach einiger Zeit wird Fritz den unfähigen Hausvater interimistisch ersetzen. Es entwickeln sich sogleich angeregte Gespräche.

«Fritz Feldges», sage ich – wir duzen uns hier natürlich alle –, «das sind Ulla und Zosia. Sie haben mit mir in Hilfikon in einem Flüchtlingsheim zusammengearbeitet, und da drüben sitzen Rolf und Jörg.» Die Scheu gegenüber dem Pfarrer löst sich nach und nach. Unwillkürlich übernimmt Fritz die Rolle einer Beraterinstanz.

«Glaubt ihr nicht, dass man den Bauern bitten könnte, die Drähte um die nahen Wiesen für einige Zeit zu entfernen?» frage ich. «Die Buchenwalder sollen jetzt doch auf keinen Fall irgendwelche Drähte sehen!»

«Ich glaube nicht, dass er das tun kann», erwidert Fritz Feldges, «dann laufen ihm die Kühe weg.»
«Wo kommst du eigentlich her, Fritz, du sprichst gar keinen richtigen Dialekt?»
«Aufgewachsen bin ich in Berlin, und ich war so ein richtiger Berliner Junge. Freidenkend, bis...»
Ja, dann kam Hitler, und Feldges' musikalisch begabter, jedoch manisch depressiver Bruder wurde von den Nazis als «unwertes» Leben zur Euthanasie bestimmt.
«Und aus Saulus wurde Paulus», meint er mit einem undefinierbaren Lächeln.
Am Freitag kommen der Koch, einige Lebensmittel sowie viele grosse Holzkisten voll Küchenutensilien und Geschirr an. Hastig beginnen wir noch in der Nacht zum Samstag mit dem Auspacken.
«Das ist ja alles angeschlagen und schmutzig!» ruft Zosia empört.
«Und das ganze Besteck ist rostig. Das bringen wir doch nicht sauber bis morgen mittag, und wahrscheinlich überhaupt nie!» meint Ulla.
Denn auf Samstag mittag werden die Jugendlichen erwartet, über hundert, und dazu die Gruppenleiter und -leiterinnen.
Doch als die ersten Jungen aus dem Bähnchen steigen, setzen wir den letzten sauberen Teller auf den Tisch und ziehen unsre Arbeitsschürzen aus. Sogar einige Wiesenblumen schmücken die langen Tafeln.
Wir stehen alle vor dem Haus, unsere Gäste zu begrüssen. Jugendliche? Junge Männer? Oder doch Kinder? frage ich mich. Gesichter von Erwachsenen, ausgeprägte Züge, hinter denen auf einmal das Kind zu erkennen ist. In ihrer Männerkleidung wirken sie älter.
Uns, die sie noch nicht kennen, betrachten sie erst einmal mit vorsichtiger Neugierde. Doch mit Fritz Feldges, der mit ihnen auf dem Gurnigel gewesen ist, gibt es eine laute und frohe Begrüssung.
Mit ihnen kommen Gert Dresdner, ein Emigrant, und Fredi Ledermann, weiter Rudi Schaerer, Margrit Gutzwiller und noch eine Reihe anderer Mitarbeiter und Helferinnen, die mit den Kindern schon gute Kontakte haben. Edi Fischer aus Genf, jung, welsch, trifft einen Tag später ein. Wir fühlen uns sehr bald in der gemeinsamen Aufgabe verbunden.
Auch Herr August Bohny ist mitgekommen, um uns seine Richtlinien

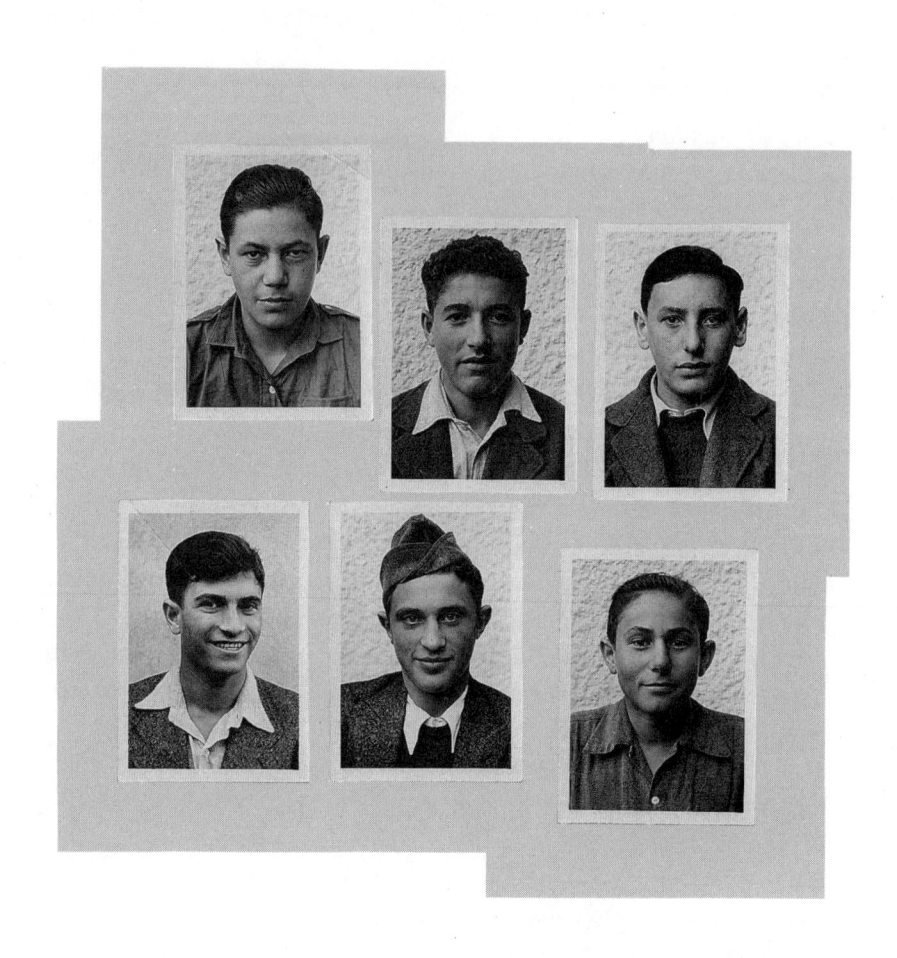

Abb. 29: *Im Sommer 1945 nimmt die Schweiz 350 Jugendliche aus dem deutschen Konzentrationslager Buchenwald auf und übergibt sie dem Roten Kreuz, Kinderhilfe. Die Jungen auf dem Zugerberg sind zwischen 14 und 20 Jahre alt. Sie gehören zu den wenigen Überlebenden der deutschen Todeslager. Wer sind sie? Was erwarten sie?*

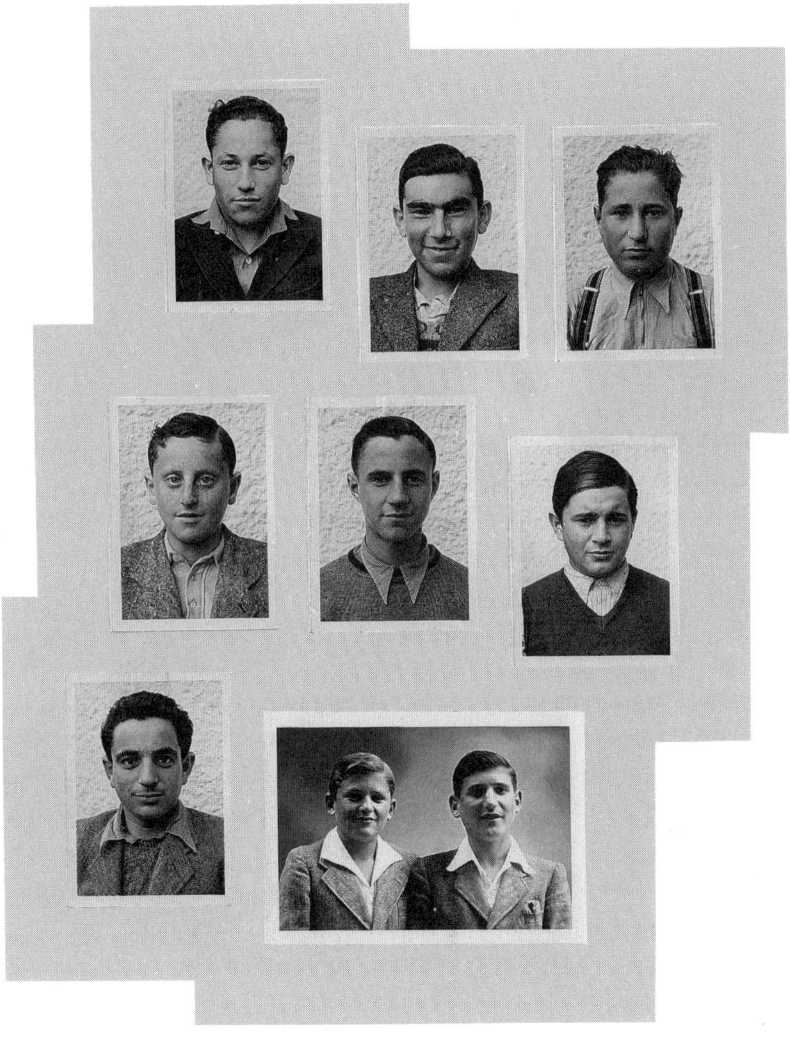

klarzumachen. Er scheint einen militärisch-pfadfinderhaften Stil von Erziehungsmethoden auf dem Zugerberg einführen zu wollen. Dazu anspruchslose Spiele, seichte Unterhaltung, Campieren, Pfadiübungen, Ausflüge, Liedersingen auf Befehl. Letzteres führt er uns gleich beim Abendessen vor: «Jetzt ein polnisches Lied, jetzt ein tschechisches!» Je mehr ich mir die Jungen ansehe, um so unbegreiflicher, ja kindischer kommt mir das vor.

Doch nun sitzen sie alle an den langen Tischen, die «Familien» zusammen mit ihren Gruppeneltern, welche selber schöpfen oder dies auch einem Jungen überlassen. Über die Teller hinweg fliegen die Worte hin und her zwischen den Jungen und den Erziehern, es ist ein lebhaftes Gemurmel im Saal.

Bohny hat sich am sogenannten Lagerleitertisch niedergelassen, auch er in lebhafter Diskussion mit Schlegel und Familie. Ich habe einen solchen Ehrenplatz abgelehnt, was Schlegel mir in der Folge übelzunehmen scheint.

Ich gehe den Tischen entlang, schaue, ob alle versorgt sind.

«Ist hier ein Plätzchen für mich?» frage ich. Sie rücken, ein wenig erstaunt, zusammen, und ich setze mich zwischen die Jungen. Wer sind sie, all diese jungen Menschen?

Es ist kein Vergleich mit Bienenberg oder Hilfikon, denke ich. Auf einmal empfinde ich eine grosse Scheu vor ihnen. Ich spüre, dass sie mir etwas voraus haben, an dem ich nie teilhaben werde. Es ist ihr qualvoller Überlebenskampf, die Hölle, durch die sie gegangen sind und von deren Ausmass ich mir noch gar keine Vorstellung machen kann. Es ist auch die Scheu vor einer fremden Intimität, der Intimität des Leidens, der Trauer, die unteilbar ist. Was stelle ich dem entgegen? Meine Liebe? Mein Vertrauen? Mein Menschlichsein? Wird es mir gelingen, ganz behutsam den Zugang zu diesen verwundeten Seelen zu finden, neben die Traurigkeit, die aus ihren Augen spricht, und neben die Unsicherheit, die ihre Bewegungen kennzeichnet, wieder die Freude zu setzen, die es zum Leben braucht?

Auf einmal weiss ich, wo mein Platz ist. Es strömt etwas aus meinem Herzen zu ihnen, ganz stark und elementar. Es ist weit entfernt von Mitleid oder Barmherzigkeit, es sagt einfach: *du!*

Da ist ein Mensch mit seiner Würde, seinem Anspruch auf Leben, auf

Wärme, auf Vertrauen. Kann ich, können wir alle dieser Jugend gerecht werden?
Aus meinen Gedanken beim Betrachten dieser Gesichter reisst mich Bohnys Stimme heraus, der seine Rede beginnt. Sie handelt von Disziplin, von Ordnung, von Verboten und dem Beachten der Vorschriften, vom Ausgangsrayon, den er beschreibt und der lächerliche fünfzig bis hundert Meter beidseitig des Hauses umfasst; und er vergisst nicht zu erwähnen, wie gut und schön man für sie, die Buchenwalder, sorgen wolle.
Die Jungen sitzen höflich und still da, hören nicht zu. Warum wohl? Um so mehr prallen Ton und Inhalt wie Faustschläge auf mich nieder. Aber Herr Bohny – was reden Sie denn da? Das sind doch keine kleinen Kinder und auch keine Gefangenen, das sind unsere Gäste, die hier bei uns Gesundheit und eine neue Lebensbasis finden sollen! Dann stellt er Schlegel als den Hausvater und mich als die Hausmutter vor. Was soll das schon heissen, denke ich. Wir Betreuer wollen ja alle das gleiche, wenigstens erhoffe ich das, und meine Erwartung wird keineswegs enttäuscht.
Nun spricht Fritz ein paar warme Willkommensworte, ernst, aber auch voll Humor, und schon drehen sich die Köpfe nach ihm um.
Der Nachmittag vergeht mit dem Bezug und Einrichten der Zimmer, die Gruppeneltern besorgen das mit ihren Gruppen. Wir Mitarbeiter machen uns gegenseitig bekannt, und ich lerne schon ein bisschen die Jungen kennen, ihre Gruppennamen, die so schwierig sind, dass ich nur «Nitschewo» und «Kadima» behalten kann.
Während sich Bohny am Abend mit Schlegel in dessen Wohnung zum Kaffee setzt, finden wir andern uns zusammen, nachdem die Jungen schlafen gegangen sind – sie tun das vor zehn Uhr, denn sie haben ein ungeheures Schlafbedürfnis. Wir möchten uns noch besser kennenlernen und vieles besprechen. Wir tauschen unsere Ansichten über die Arbeit aus und stellen unser Ziel auf, das für alle verbindlich im Satz zusammengefasst werden kann: *Wir wollen für die uns anvertrauten Jugendlichen Wege finden, damit sie lernen, mit den höchsten Gütern, die wir ihnen schenken können, nämlich Freiheit und Selbstbestimmung, aufs neue umzugehen.*

II

Die Kinder – ja, oft nennen auch wir sie so! – haben nach Freundschaften und Neigungen Dreier- und Viererzimmer bezogen. Ein paar ältere teilen sich zu zweit in eine Stube. Unter diesen fallen einige auf, ihr kindliches Verhalten wirkt wie aufgesetzt. Sechzehn Jahre war die Altersgrenze für die Aufnahme in der Schweiz.

Max Perkal ist grossgewachsen und sehr schlank. Eine eigenartige Unregelmässigkeit der Augen – als Folge eines Schlages vielleicht? – gibt seinem Blick und Aussehen einen besonderen Charme.

Wie Max kommt auch Janek Krieger aus Polen. Er ist mittelgross, blond, mit hellen Augen. Er hat noch einige Jahre Schulbildung geniessen können, ehe er ins KZ deportiert wurde. Wie alle Jungen ist er sehr lerneifrig. Er hat Glück, denn in Zürich wird er eine liebe Adoptivmutter finden, die ihm eine neue Heimat bedeutet. Viele Jahre später erfahre ich zufällig, dass Janek unter dem Namen Jan Krugier in der Genfer Altstadt einen renommierten Kunsthandel aufgezogen hat. Nach Jahrzehnten suche ich ihn einmal an der Basler Kunstausstellung ART an seinem Stand auf. Ich schaue erst hinein: Ja doch, da sitzt er, eher klein, weisshaarig, mit roten Apfelweibleinbäckchen, zwischen seinen Picassos, Braques, Juan Gris', Miros. Ich muss erst unbemerkt vorbeigehen, so bin ich innerlich berührt. Dann trete ich näher, kurzes Staunen, und dann: «Mutti, Mutti, nach so viel Jahren!» Und: «Wie schön! Wie geht's? Was machst du?» und eine feste Umarmung. Das ist Jan Krugier. Später sehe ich ihn nochmals im Zürcher Kunsthaus, wo er mit fliegendem Mantel hinter Maya Picasso herrennt, für die er die Bilder aus dem Erbe ihres Vaters ausgewählt hat, die dort zu sehen sind.

Doch zurück auf den Zugerberg. Da ist weiter Abraham Ziegler, ruhig und ernst, und in seiner Sprache und seinen Ansichten hat er etwas Zielstrebiges. Dann der kleine Motek Melnik, von dem man meinen könnte, er hätte die ganze schlimme Zeit unbeschadet überstanden, der aber nachts von quälenden Träumen heimgesucht wird. Henrik Krzepicki ist einer der ältesten; Marian, mit seinem Goldkettchen um den Hals, kommt sich mit seinen einundzwanzig Jahren zwischen den

«Kindern» erwachsen vor. Kalman Landau zeichnet, wann immer er kann. Seine Farbstifte sind sein ganzes Glück. Dann sind da Eduard Herskovic und Lutek Hamburger und ihre Ungeduld zum Lernen. Ja, und alle die andern, die Stillen, die Schüchternen, Verschlossenen, Kräftigeren, die Angeber aus lauter innerer Unsicherheit. Sie alle wissen, was sie von uns (ist es ihnen denn nicht versprochen worden?) erhoffen, erwarten: Hilfe für die Gestaltung ihrer Zukunft. Und das bedeutet Schule und die Erlernung eines Berufes, um, wie ein Junge einmal schreibt, «in Palästina in einer jüdischen Gemeinde leben zu können».

*Leben können*, darum geht es, und das heisst für mich, sie ganz sachte zurückzuführen in das sogenannte normale Leben, ihnen die Möglichkeit verschaffen, die traumatischen Erlebnisse *nicht zu verdrängen*, sondern zu verarbeiten. Ich weiss, die meisten meiner Kameraden denken genauso. Daher möchten wir am liebsten sofort mit der Schule beginnen, nach den drei verlorenen Wochen auf dem Gurnigel.

«Ich werde mich mit den Kindern auf polnisch unterhalten», meint Zosia. «Wir müssen von jedem einzelnen genau wissen, was für schulische Grundlagen vorhanden sind und was ihn am meisten interessiert»; und schon sitzt sie mit Notizblock und Feder an einem kleinen Tisch mit Stühlen ringsum.

Die jungen Menschen haben begriffen, und mit einem staunenden Ausdruck von Freude und Erwartung melden sie sich. Am zweiten Tag wissen wir über jeden der zukünftigen Schüler Bescheid. Dieses Vorgehen schafft zugleich eine unerwartet starke Vertrauensbasis. Inzwischen kommen die Mitarbeiter um eine genaue Befragung und Prüfung nicht herum, denn kaum die Hälfte ist pädagogisch ausgebildet. «Was möchtest du unterrichten? Worin fühlst du dich am sichersten? Für welche Stufe glaubst du geeignet zu sein?»

Wir sitzen eine ganze Nacht zusammen und teilen die 107 Schüler in provisorische Klassen ein und stellen entsprechend den Fähigkeiten der Unterrichtenden einen ausgetüftelten Stundenplan zusammen. Am dritten Tag, morgens um acht Uhr, ist er im Speisesaal angeschlagen. Die Lehrer haben hervorragende, anspruchsvolle Schulprogramme aufgestellt, von denen sie in der Folge längst nicht alles

verwirklichen können. Der Unterricht kann, zur Begeisterung unserer jungen Freunde, beginnen.
Doch, wie hält man Schule ohne das minimalste Schulmaterial? Als Schulleiterin habe ich mich darum zu kümmern. Wir kaufen vorerst bei der Sektion Zug des Roten Kreuzes zweihundert Schulhefte.
«Herr Schlegel, bitte bestellen Sie Schulbücher, Aufgabensammlungen, Hefte, Farbstifte, Federn... Es eilt sehr.»
«Ja gut, ich werde es bestellen», und der Gebrauch des Futurums in seiner Antwort ist die beste Charakterisierung für sein Handeln und seine Heimführung. Denn nicht anders ergeht es uns mit den primitivsten hygienischen Artikeln wie Seife, Zahnpasta, von Kleidern oder Schuhen gar nicht zu sprechen. Was wir an Schuhwerk und Wäsche nach Wochen als Ersatz erhalten, sieht traurig aus – eine Beleidigung für die Empfänger! –, und das kleine Stückchen Seife und die Mustertube Zahnpasta für je zehn bis fünfzehn Burschen sind im Nu aufgebraucht und werden lange nicht ersetzt. Von Anfang an Mangel an allem und jedem. Wir helfen, soweit als möglich, mit privaten Mitteln aus.

\*

Gert Dresdner hat sich bereits auf dem Gurnigel Gedanken über seine Arbeit gemacht: «Das Konzentrationslager hat jeder der Jungen auf irgendeine Weise durchgehalten, durch Glück, eine Lüge, Stehlen, keineswegs immer durch eisernen Lebenswillen, denn viele waren schon so weit, dass sie vollkommen resignierten und sich mit dem Tod abfanden.
Die drei Monate im Überfluss unter den Amerikanern nach der Befreiung schien ihnen natürlich *das* Leben zu sein. Trotzdem haben sie sich freiwillig in die Schweiz gemeldet, weil sie irgendwie an die Zukunft dachten. Man sagte ihnen, sie könnten in der Schweiz zur Schule gehen, Berufe erlernen und dass sie wundervoll aufgenommen und alles bekommen würden, Kleider, gutes Essen, Zigaretten. Viele haben daraufhin Haufen von Kleidern, Schuhen, Lebensmittelkonserven, Zigaretten fortgeschmissen und sich die schlechtesten Kleider, meist nur deutsche und amerikanische Uniformen, angezogen,

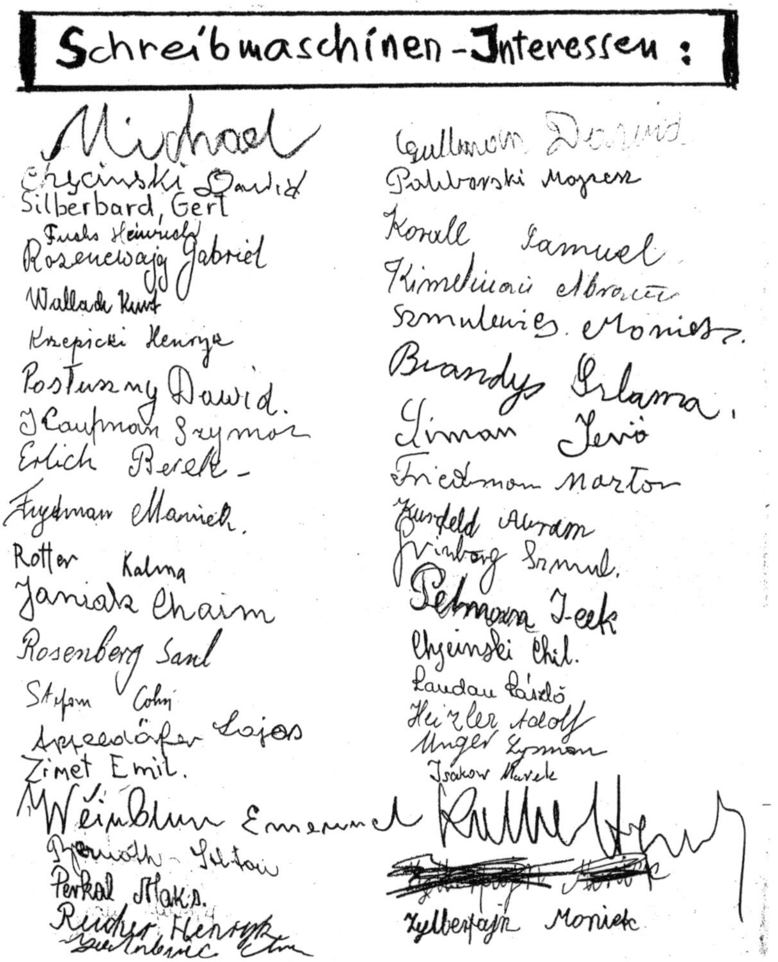
Schreibmaschinen-Interessen:

Michael
Chycinski Dawid
Silberbard, Gert
Fuchs Heinrich
Rozencwajg Gabriel
Wallach Kurt
Krzepicki Henryk
Postuszny Dawid
Kaufman Szymon
Erlich Berek
Frydman Maniek
Rotter Kalma
Janiak Chaim
Rosenberg Saul
Stefan Cohn
[illegible] Lajos
Zimet Emil
Weinblum Emanuel
[illegible] Sándor
Perkal Maks
Rucker Henryk
[illegible]

Guttman Dawid
Pohorski Mojżesz
Korall Samuel
Kimelman Abraham
Szmulewicz Moniek
Brandys Szlama
Simon Jenö
Friedman Marton
Kurfeld Abram
Vinberg Szmul
Petrmann Icek
Chycinski Chil
Landau Sándor
Heizler Adolf
Unger Szymon
Isakow Marek
Zylberfajn Moniek

Abb. 30: *Mit dem Schulunterricht erfüllen wir den grössten Wunsch der Jungen. Viele haben seit Jahren keine Schulbildung mehr genossen. Die lange Liste der Interessenten für den Schreibmaschinenunterricht ist ein Beispiel für ihren Lerneifer.*

weil sie glaubten, in der Schweiz würden sie bessere Kleider erhalten. So kam es, dass fast alle mit alten, zerrissenen Schuhen, unbrauchbarer Wäsche und ohne Anzüge in der Schweiz ankamen. Der erste Schock: Rheinfelden, Stacheldraht, schlechtes Essen. Aber man versprach ihnen, dass sie es dann auf dem Gurnigel viel besser und überhaupt sehr schön haben würden. Kleider, Schule usw. – alles würden sie dort bekommen.»

Und wie war es dort? Eine streng hierarchisch aufgebaute Verwaltung, wo sich ganz unten die anonyme Masse der Buchenwalder befand, von denen nur Disziplin und Ordnung verlangt wurden.

«Von Unterricht keine Rede», erzählt Gert, «dafür viel seltsame Stimmungsmache, Pfadischreie, Appelle und Ausmärsche, die bei den Jungen schlimme Erfahrungen wachgerufen haben. Und dass man auf einem solchen Ausflug zu Jungen, die müde waren, sagte, sie hätten in Buchenwald doch noch ganz andre Gewaltmärsche durchhalten müssen, verdeutlicht die herrschende Einstellung in diesem Militärlager.»

Doch zurück auf den Zugerberg und zu unsern Schwierigkeiten. Der Lerneifer und das Interesse der Jungen an der Schule ist enorm, die Lehrer hingegen sind ob dem Mangel an notwendigem Material verzweifelt. Sie kaufen wohl einiges aus ihrem eignen spärlichen Verdienst (Löhne zwischen achtzig und hundertvierzig Franken im Monat!), doch das reicht jeweils nicht weit. Nun frage ich die Materialverwaltung des Schulamtes in Zürich – ich bin ja schliesslich diplomierte Zürcher Primarlehrerin – und den Materialverwalter der ZL an, bitte Hilfikon, von uns zurückgelassenes Schulmaterial, das uns gehört und dort nicht mehr gebraucht wird, auf den Zugerberg zu schicken. Ich schreibe Herrn Dr. Feldmann in die Gewerbeschule, er möge uns Aufgabensammlungen, vielleicht auch einige nützliche Bücher zustellen. Ich setze mich mit der YMCA und dem Schweizerischen Arbeiterhilfswerk in Verbindung. Eine ganze Menge Bibliotheken ersuche ich um Sendung ihrer Wander-Bücherkisten. Als später wieder einmal die Hefte ausgehen, kaufe ich zweihundertfünfzig aus der eigenen Tasche.

Schlegel betrachtet mein Treiben mit schiefem Blick und Missfallen. Es scheint, als wäre ihm unser Eifer verdächtig und behage ihm keineswegs. Ans Rote Kreuz kann ich mich selbst nicht wenden, denn

jede Bestellung unterliegt einem strengen hierarchischen Dienstweg: von Schlegel zu Bohny in Vaumarcus, dem Rotkreuzheim für die Mädchen, von dort nach Bern und von Bern gelegentlich an die Lieferanten oder Materialverwalter! Damit gehen Wochen verloren.
Meine Aktivitäten tragen mir heftigste Vorwürfe aus Bern ein. «Mit der Verwendung von Rotkreuzpapier für Ihre Bettelbriefe schaden Sie dem Ansehen des Roten Kreuzes!»

*

«Charlotte, schau, sogar Werkzeug für Holzarbeiten ist von der Pro Juventute angekommen!» ruft Zosia. «Wie schade, dass Schifra nicht da ist als Instruktorin.»
Bald darauf kann ich den Mitarbeitern voll Freude verkünden, dass die Schweizer Stiftung PRO AERA bereit ist, uns für zwanzig Segelflugzeuge das Material zu schicken, samt Instruktor für einige Tage.
«Alles gratis!»
Wann sie liefern sollten, fragt PRO AERA in einem Brief an, den mir auszuhändigen Schlegel nicht als wichtig genug erachtet, so dass ich erst kurz vor der Auflösung des Heimes Kenntnis davon erhalte. Es wird also nichts daraus.
Doch in Gedanken sehen wir die Jungen schon eifrig basteln und im Wettbewerb ihre Flugzeuge steigen lassen, die hinausfliegen mit dem Wind. Mit dem Wind, der jetzt aufkommt und über die blühenden Sommerwiesen dahinstreicht, dass die Grashalme, die sich neigen, in der Sonne blitzen. Dass man fühlt, es ist Sommer, in dem vieles geschieht.
Es hat so gut begonnen, denke ich beglückt. Wir sind auf dem richtigen Weg. Die Schule klappt fast reibungslos. Ulla kommt ausgezeichnet mit den Jüngeren zurecht, sie hat ihre Kindergärtnerinnenerfahrungen ganz auf ihre grösseren Schüler umgestellt. Zosia ist in ihrem Element, doch passt sie ihr reiches, vielseitiges Wissen dem Fassungsvermögen ihrer «Beinahe-Gymnasialschüler» an. Jörg, Anny, Gert, Fredy, Rudi, Roger, Edi und andere sehe ich oft zusammen Schulprobleme erörtern. Alle helfen sie sich gegenseitig. Sie haben Unerhörtes zu leisten. Werden sie durchhalten?

Die Schüler selbst spornen mit ihrem grossen Eifer an, doch ermüden sie sehr schnell. Im allgemeinen sind sie viel weniger widerstandskräftig, als sie aussehen.

*

Eines Tages, in einer kleinen Verschnaufpause, gehen Fritz Feldges und ich ein paar Schritte gegen den Wald hin und setzen uns dort nieder.

«Fritz, du wolltest mir doch deinen Rapport vom Gurnigel einmal zeigen.» Fritz hat daran gedacht und ihn mitgebracht. Er sitzt schweigend neben mir, während ich lese:

«Bericht über das Verhältnis Militär und Rotes Kreuz im Quarantänelager auf dem Gurnigel im Juli 1945, z. H. von Herrn Bohny, Rotes Kreuz.

1. Das Verhältnis von Militär und Rotes Kreuz war bestimmt durch die Tatsache, dass jeder Teil seine Verantwortung zu tragen hatte, dies aber tun musste aus völlig verschiedenen geistigen Haltungen heraus und mit völlig verschiedenen Zielsetzungen. Die Kompetenzstreitigkeiten, die sich daraus ergaben, verursachten beidseitig gereizte Stimmungen, die wohl spürbar waren.

2. Im Besonderen möchte der Unterzeichnete als persönliche Erfahrung erwähnen, wie ihm bei seiner Ankunft der Lagerkommandant zumutete, Straffälle ihm zu melden, statt dem zuständigen pädagogischen Fachmann, Herrn Bohny, der doch zugleich auch sein eigentlicher Vorgesetzter war. Auch fiel es uns peinlich auf, dass an den morgendlichen Appellen vom Lagerkommandanten wegen geringfügiger Kindervergehen Strafmassnahmen angedroht wurden, die das Mass weit überschritten, wie z. B. Drohung mit Ausweisung aus der Schweiz.

3. Die persönliche Auseinandersetzung mit Herrn Oberst von Wattenwyl, der den Unterzeichneten ohne weitere Nachprüfung des in Frage stehenden Falles der Lüge bezichtigte und ihn aus dem Lager verwies, wollen wir hier nicht weiter verfolgen, doch war dies uns ein Beweis für die Gereiztheit der Stimmung und die Fragwürdigkeit eines Systems, in dem militärische Bewachung und erzieherische Fürsorge miteinander koordiniert werden sollten.»

«Nach meiner Unterredung mit Oberst von Wattenwyl war ich innerhalb einer Viertelstunde entlassen», fügt Fritz an. Dann lese ich weiter:
«4. Nicht zuletzt möchte ich meiner Empörung Ausdruck geben über die Art und Weise, mit der der Militärarzt die jungen Burschen behandelte. Die Ausdrücke, deren Ohrenzeuge ich wurde, mussten die Kinder an die Zeit der Konzentrationslager erinnern. Wir sind weit davon entfernt, aus Prüderie einen burschikosen Ton zu verurteilen, doch sollte ein Arzt wissen, wie man mit psychisch verwundeten Menschen spricht.»
Ich kann kaum sprechen. Und als ob der Sturm in meiner Seele sich auch draussen abspielte, zieht über dem Luzernerland ein heftiges Gewitter auf.
«Fritz, was sind das für Menschen, die nichts sehen, nichts spüren, nichts wissen wollen. Als wären die Buchenwalder eine Bande von Verbrechern.»
«Wir müssen den Schaden, der ihnen zugefügt wurde, ausgleichen», und Fritz ist in seinen Gedanken wieder mitten in der Arbeit.
Blitz und Donner draussen, Blitz und Donner in mir. Ich kann die Tränen kaum zurückhalten, vor Wut, vor Empörung, vor Entsetzen. Fritz beruhigt mich, und mit den ersten schweren Tropfen gehen wir ins Haus zurück.

## III

Man könnte annehmen, dass die Jungen nach dem jahrelangen Leben in Konzentrationslagern und dem dreimonatigen Herumstrolchen in Deutschland – wobei sie alles, was sich in ihnen aufgestaut hatte, ungehindert ausleben konnten – in einem verwilderten, undisziplinierten und moralisch verwahrlosten Zustand bei uns angekommen wären. Das ist keineswegs so. Was auffällt, ist ihre unglaubliche Anständigkeit. Nicht, dass man mit Löffel, Gabel und Messer anständig essen soll, was sie nicht unbedingt einsehen, ist hier gemeint. Sie spucken wohl mal im Hause aus, der Gebrauch der Toiletten ist ihnen unvertraut, sie entschuldigen sich nicht gleich, wenn sie jemandem auf den Fuss treten. Nicht diese äusserliche Form ist gemeint. Sie sind in ihrer innern Haltung anständig, zuvorkommend und hilfsbereit, besonders Frauen gegenüber, geduldig und beim Essen nie missgünstig, sondern verzichtbereit zu Gunsten eines Kameraden.

Erschreckend wirkt sich jedoch die gedrillte SS-Disziplin aus. Der Stacheldrahtempfang in der Schweiz machte den Jungen deutlich, dass sie die Freiheit, die sie zuletzt in Deutschland hatten, hier nicht antreffen. Sogleich fallen sie in das Sklavenverhalten der vergangenen Jahre zurück. Wie können wir ihnen helfen, sich davon zu befreien?

Wohl sieht es im Sinne der offiziellen Vorschriften nett aus, wenn die Jungen gruppenweise in Zweierreihen zum Essen, Waschen usw. gehen. Selbst als wir sagen, sie brauchten das nicht zu tun, laufen sie nicht etwa voller Freude durcheinander. Die Reihen bleiben bestehen, bis einer der Jungen ruft: «Hört, wir sollen *nicht* in Zweierreihen gehen!» Auch das ist für sie ein Befehl, dem sie instinktiv Folge leisten. Die aufgelöste Ordnung ist vorerst noch nicht Ausdruck der Freiheit im eigenen Verhalten, das sie sich nur zögernd zu eigen machen. Bald jedoch müssen wir den Vorwurf einstecken, dass wir die Jungen nicht genug «in der Hand hätten».

Unser Ziel ist, dass wir als Autoritäten überflüssig werden und nur noch die rein freundschaftliche Beziehung zwischen Mensch und Mensch bleibt.

\*

Abb. 31: *Zusammen mit den Gruppeneltern besorgen die Jugendlichen die Reinigungs- und Hausarbeiten des Heims, und im grossen Speisesaal besetzt jede Gruppe einen der langen Tische.*

Eine interne Affaire in den Gruppen von Gert Dresdner und Rudi Schaerer sorgt für Aufregung: Einem Jungen ist sein SS-Messer (eine Art Stilett) gestohlen worden. Aber von wem?
Gert bittet uns mit Recht, nicht einzugreifen. Er spricht mit den Jungen, versucht ihnen verständlich zu machen, was sie bereits längst wissen und immer geübt haben, nämlich, dass stehlen und organisieren zweierlei ist, dass man Kameraden nicht betrügen darf, und bittet sie, die Sache unter sich auszumachen.
Gert hat die grösste Mühe, Schlegel davon abzuhalten, einen «Skandal» aufzuziehen, ein «Exempel zu statuieren».
Die Motive des Diebstahls kennen wir nicht, Gert fragt nicht danach. Der Handel unter den Jungen der beiden Gruppen dauert zwei Tage. Das Messer wird gefunden und dem rechtmässigen Besitzer zurückgegeben. Nie und nimmer indessen wäre der Täter verraten oder blossgestellt worden. Sie halten zusammen wie Pech und Schwefel: Verrat am Kameraden ist schlimmer als Diebstahl. Auf faire Weise haben sie ihr Problem alleine ausgetragen.
Die ganze Geschichte beeindruckt uns alle ausserordentlich. Sie bestärkt uns in unserer Überzeugung, dass die Selbstverwaltung die richtige, ja die beste Form ist, den Jungen den Weg ins normale Leben zu ebnen.
Die verantwortungsvolle Gemeinschaftsform funktioniert immer besser: Jede der elf Gruppen oder Familien wählt einen Delegierten, die zusammen beraten. Wir sind sehr erfreut über jedes noch so kleine Gelingen, sehen aber und wissen, dass der Weg noch lange sein wird und viel Geduld und Verständnis erfordert.
Das grosse Haus wird von den Jungen gruppen- und turnusweise instand gehalten. Man sieht die Burschen mit Besen und Schaufel hantieren, Abfälle hinaustragen und auch mit einer umgebundenen karierten Küchenschürze die Schüsseln auf die Tische stellen und wieder abräumen.
Die Notwendigkeit der ungeliebten Hausarbeiten sehen die Jungen je länger, desto mehr ein. Ja, viele haben ein ganz elementares Bedürfnis nach Sauberkeit und Ordnung. Der kritische Punkt sind die Toiletten, die manchmal recht schlimm aussehen. Dass der richtige Gebrauch solcher zivilisatorischer Vorrichtungen in den langen Lagerjahren vergessen wurde, kann nicht verwundern.

«He! Chil, Szimon, ihr habt die Toilette vergessen!» ruft der verantwortliche Gruppendelegierte.
«Nu, was denn – später!» antworten die zwei Drückeberger.
Ich habe die Szene beobachtet, hole ganz ruhig Eimer und Lappen und mache das unappetitliche Örtchen sauber. Die Säumigen sehen es, sagen kein Wort, verschwinden.
Als sich das kurz darauf zu wiederholen scheint, rennen die zwei Jungen herbei.
«Nein, nein, Mutti, das ist unsere Arbeit! Sie dürfen das nicht machen!»

\*

An einem Abend, es ist wohl schon zehn Uhr, sehe ich unten noch Licht. Ein Junge putzt den grossen Esssaal und die Abwaschküche, allein. Dies ist ein Teil der Gruppenarbeit «Parterrereinigung», die diese Woche der Gruppe Grünig obliegt. Ich frage nicht. Später klärt mich Jörg Grünig auf: «Wir erledigen unsere Arbeit immer die ganze Gruppe zusammen. Moniek hat sich von den andern entfernt, und so haben diese den ihm zukommenden Teil der Arbeit übriggelassen.»
Die Gruppenväter und -mütter arbeiten mit den Jungen zusammen. Wenn manchmal der eine oder andere sich drückt oder seine Arbeit schlecht ausführt – wie alle Kinder der Welt –, macht der Erzieher die Burschen auf die Konsequenzen, unter denen sie selber zu leiden hätten, aufmerksam. Strafe, Moralpredigt oder Ins-Gewissen-Reden sind nicht der geeignete Weg.
Solche Vorfälle, die in den Augen Schlegels oft schändlich gegen die Hausordnung verstossen, kommen im Laufe der Zeit immer seltener vor. Selbst wenn ein Gruppenvater zwei Tage abwesend ist, wird die Arbeit von seiner Gruppe tadellos ausgeführt.
Kleine Erfolge auf dem Weg der Selbstbestimmung ermuntern uns. Mit der Zeit sind die Jungen bereit, auch uns entgegenzukommen. Gemeinsam vereinbaren wir, dass die von allen beschlossenen Abmachungen eingehalten werden.
So geschieht eines Tages folgendes: Es wird unter vier Gruppen zusammen mit den Erziehern beschlossen, etwas Gemeinsames zu unternehmen, und zwar einen Ausflug. Gerts Gruppe, die lieber Fussball

gespielt hätte, hält sich an die allgemeine Abmachung. Bohnys Methode, dass bei Wanderungen jeweils ein Verantwortlicher vorne und ein anderer hinten gehen müsse, damit kein Junge davonlaufe, liegt natürlich nicht auf unserer Erziehungslinie.

An diesem Nachmittag geht Gert Dresdner absichtlich vorne, vor seiner Gruppe, mit einem der Jungen und unterhält sich mit ihm, ohne sich ein einziges Mal umzusehen, ob die andern folgen. Er weiss zwar, dass sie eigentlich keine Lust hatten, mitzugehen. Was noch nie vorgekommen ist, geschieht: Nach der ersten Wegbiegung sind alle Jungen seiner Gruppe verschwunden. Gert sucht sie nicht. Abends sind sie wieder da.

Nach dem Nachtessen ist der erste bunte Abend der ganzen Abteilung angesetzt, bei dem auch Gerts Gruppe teilnehmen soll. Doch da geschieht etwas, was die Jungen nicht für möglich gehalten hätten: Gert straft. Er sagt, dass sie an dem Abend nicht mitzuwirken brauchen.

Einige Jungen aus seiner und andern Gruppen kommen zu Gert: «Das ist doch eine lächerliche Strafe! Wir sind uns ganz andere Strafen gewohnt!»

Und sie machen diesbezüglich eigne Vorschläge.

«Wir sind hier nicht in einem KZ», antwortet Gert, «wir erteilen keine Vergeltungsstrafen. Ihr habt recht: Meine Massnahme ist gar keine Strafe. Sie ist bloss die Konsequenz eures Handelns. Wenn ihr Euch am Nachmittag von der Gemeinschaft ausgeschlossen habt, so nehmt es mir nicht übel, dass wir euch auch am Abend beim Mitwirken in unserer Gemeinschaft entbehren können.»

Die Diskussion ist geschlossen, aber bald gärt es im ganzen Haus. «Unglaublich!» sagen die Jungen. Sie schicken einige Erzieher zu Gert, um ihn von seinem Vorhaben abzubringen, und manche meinen, die Drohung sei fürs erste doch genug. «Du kannst ja aus Stärke nachgeben.»

«Nein! Die Jungen haben doch noch gar nicht begriffen, dass man aus Stärke nachgeben kann. Und ausserdem», sagt Gert noch, «ist jede Strafandrohung abzulehnen, da die Kinder in Zukunft nicht aus Angst vor Strafen etwas unterlassen sollen, sondern beginnen müssen, aus der Konsequenz ihrer eigenen Handlungsweise zu lernen.»

Der Ausschluss von Gerts Gruppe bewirkt eine Streikandrohung des gesamten Hauses. Sie wollen uns beweisen, wie einer für den andern einsteht.

Abends sitzen wir alle im grossen Saal. Es bleibt still. Alles streikt. Nach langer Zeit erklingt auf einmal aus einer Ecke des Saales in die Stille hinein eine Melodie auf einer Mundharmonika, beharrlich und eindringlich, es ist das Buchenwaldlied, bei dem die Burschen sich nicht zurückhalten können. Der Saal widerhallt von den rauhen, lauten Stimmen. Ein Erzieher hat die Ziehharmonika geholt und spielt, die Spannung löst sich, und der Abend wird voll Humor und Wärme.

Dieser Tag ist für uns alle ein einschneidendes Erlebnis. Von nun an kann die eigentliche Erziehungsarbeit beginnen. Langsam, behutsam gehen wir so weiter. Alle.

\*

«Gert, was ist gestern mit Josek passiert?» frage ich ihn ein paar Tage später, als wir einen Moment alleine sind. Gert erzählt: «Josek hatte ein wenig Geld und kam betrunken nach Hause. Darum waren alle meine Jungen sehr gegen ihn aufgebracht. Sie schämten sich und dachten nun, dass wir von dem einen auf alle schliessen und ihnen kein Geld mehr anvertrauen würden.»

«Was hast du getan?»

«Ich hatte heut morgen die ganze Gruppe beisammen und erklärte ihnen, dass wir nicht verallgemeinern würden. Im übrigen sollten sie nicht meinen, dass Josek nun ein weniger anständiger Mensch sei, weil er einmal besoffen war. Vielleicht könne er sich nur ein wenig schlechter beherrschen, und dann sei so etwas schnell passiert. Sie sollten einander nie beschimpfen, sondern einander helfen. Wenn sie einmal wüssten, dass Josek in eine Wirtschaft gehe, so sollten sie ihn lediglich daran erinnern, auf sich selber aufzupassen.»

Josek war in der ganzen Zugerberger Zeit nie mehr betrunken. Die gegenseitige Freundschaft mit Gert hatte in keiner Weise gelitten. Josek dankte ihm beim Abschied für die Erziehung.

\*

Von der Firma Hug in Zürich mieten wir ein Klavier. Schlegel äussert sich nicht dazu. Fritz und Rudi Schaerer spielen Lieder und sehr oft auch klassische Musik, die vielfach befremdet, von den meisten aber aufmerksam angehört wird. Mit grossen Augen stehen die Jungen um das Klavier. Rudi Schaerer hat am Anschlagbrett ein Blatt Papier angeheftet, auf dem Interessenten sich für Klavierstunden einschreiben können. Im Nu ist es mit gegen sechzig Namen gefüllt, und die jeweiligen Unterrichtszeiten werden im allgemeinen Stundenplan untergebracht. Mehr oder weniger geordnet, mehr oder weniger klangschön geht alles vor sich, das Beste ist die Freude, die daraus entsteht.
Den Mietvertrag für das Instrument habe ich für die Unterschrift nach Bern geschickt, nach längerer Zeit kommt er nichtunterzeichnet zurück. So unterschreibe ich selbst, was bewirkt, dass das Rote Kreuz weder die Miete noch die Kosten für den Rücktransport von Fr. 27.90 bei der endgültigen Räumung von Felsenegg übernehmen will. Die Angelegenheit ergibt einen Briefwechsel von siebzehn Schriftstücken. Wie schon einmal in Hilfikon hilft Pastor Freudenberg vom Comité œcuménique pour les réfugiés in Genf mit einer Spende, die ausserdem für die Miete von Radio und Werkzeugkisten ausreichend ist.

*

Mit der elektrischen Installation stimmt etwas nicht. Ein Elektromechaniker kommt zu uns und hantiert im Untergeschoss.
«Es ist etwas Schreckliches passiert!» höre ich auf einmal schreien, und ich renne hinaus, nachzusehen.
«Im Keller, dort ist er!»
Der Arbeiter hat durch eine Fehlmanipulation einen tödlichen Schlag erhalten. Da liegt er auf der Erde, reglos, doch die Leiche schockiert die Jungen keineswegs so wie uns. Erst sind wir darüber verblüfft. Ach, wie viele Tote haben sie doch schon gesehen, neben ihnen gelegen, zwischen Bergen von Leichen gelebt. Sie bedauern den Mann, dann gehen sie weiter ihren Beschäftigungen nach.
Gefühlskälte? Verrohung?
So wenigstens meint Schlegel die Seelenlage der «Kinder» deuten zu müssen. Eigentlich möchte ich ihn fragen: Wie würden Sie reagieren,

Abb. 32: *Die vielen jiddischen Lieder, welche die Jungen aus ihrer Heimat und den Lagern mitgebracht haben, geben ihnen einen starken Halt. Es wird viel gesungen, zu Hause und im Freien. Auch klassische Musik hören sie gerne.*

wenn Sie jahrelang unter Toten gelebt hätten? Dort, wo ein Menschenleben keine Brotrinde wert war?
Ich selbst habe Mühe mit dem Tod des Arbeiters. Aber die Burschen gleich als gefühlskalt zu disqualifizieren, ist ein verhängnisvoller Fehlschluss.
Er bleibt nicht der einzige. Den verwundeten Kinderseelen trägt man «von oben» zu wenig Rechnung. Denn wenn der Leiter es fertigbringt,

zu sagen: «Die Burschen stinken, wie alle Juden!», weiss er da überhaupt, was er sagt? – Ich lese das heute noch mit Entsetzen in einem Bericht über die Aktion Zugerberg.

\*

Eine andere, für uns alle unbegreifliche Begebenheit kann Zosia bis heute nicht vergessen: Eines Tages, als sämtliche Schüler und Erzieher auf einem Ausflug waren, erschien ein hoher Beamter des Roten Kreuzes – man sprach von einem Obersten – auf Felsenegg und begann, von oben bis unten sämtliche Zimmer zu inspizieren. Er öffnete Schubladen und Schränke der Jungen, riss Kleider heraus und warf bei Zosia Papiere und Hefte durcheinander auf ihren Tisch. Wollte er prüfen, ob auf Zugerberg Kasernenordnung herrschte? Als Bohny – der zu dieser Zeit kurz in Erwägung gezogen hatte, anstelle von Schlegel das «Regiment» auf Zugerberg zu übernehmen – das sah und gewahr wurde, wie aufgebracht die Jungen über die Demütigung waren, zog er sich eiligst nach Vaumarcus zurück.

\*

Was man uns hier auf Zugerberg von höherer Stelle an Erziehungsmethoden zuzumuten versucht, erscheint mir wie ein Rückfall in die pädagogischen Anschauungen aus den Zeiten vor Pestalozzi. Wir lassen uns natürlich nicht von unsern am Anfang aufgestellten Prinzipien abbringen.
Die Schüler selbst erfahren die kleinsten Erfolge als Stärkung ihrer inneren Sicherheit. Langsam kommt die Zeit, wo sie beginnen, ihre traumatischen Erlebnisse zu verarbeiten und auszudrücken. Ihre inneren Bedrängnisse und Nöte offenbaren sie eines Tages in einem von ihnen selbst geschriebenen Theaterstück, in dem sie die Überwindung ihrer Einsamkeit und Hoffnungslosigkeit und den Weg zu einer tatenfrohen Zukunft in einer bessern Welt darstellen. Einer der jungen Schauspieler tritt weit über seine Rolle hinaus und schreit derart herzzerreissend seine Liebe zur Mutter, sein Elend, seine Verlassenheit aus seiner Seele heraus, dass die Jungen zum ersten Mal seit vielen Jahren zu schluchzen und zu weinen anfangen.

Wir alle sind im Innersten ergriffen und wissen, dass wir sie jetzt nicht verlassen dürfen. Nun brauchen sie uns ganz besonders. Sie erzählen brockenweise, sie schreiben, vor allem zeichnen sie viel. Es sind Bilder, die wir in ihrer fürchterlichen Realität fast nicht ertragen. Doch die Jungen erklären sie uns, immer wieder, deuten sie, und mit jedem Mal hoffen wir, dass die Schreckensbilder ein bisschen mehr verblassen.
«Das sind Wunschträume», sagt Fritz, «es wird noch viel Zeit dauern, bis so etwas verarbeitet ist, wenn es überhaupt je möglich sein wird.»

\*

Ein anderes, ganz konkretes Problem beschäftigt die Burschen: Sie haben Hunger! In einem heimlich verfassten Brief beklagen sie sich über die katastrophale Ernährungslage und bitten Herrn Bohny, dem sie den Brief bei seinem nächsten Besuch übergeben, diesen an das Rote Kreuz weiterzuleiten. Es fehlt an Fett, Proteinen, Kohlenhydraten. Früchte haben wir in den ganzen Wochen keine gesehen, ausser denjenigen, die wir Erzieher ihnen von unsern eigenen Einkäufen auf den Zugerberg hinaufbrachten. Immer wieder fragt einer der Jungen, ob man für Fr. 3.80, die für die Verpflegung pro Tag und Person zur Verfügung stehen (woher wissen sie das wohl?), nicht so viel bekommen könne, dass sie nicht noch Hunger hätten.
Es scheint, dass finanzielle und andere noch ungeregelte Schwierigkeiten mit der Kantinenversorgungsstelle in Zug die Ursache für die völlig ungenügende Verpflegung sind, nur macht diese Erkenntnis die Jungen nicht satt. In der Folge verbessert sich die Ernährungslage in bescheidenem Ausmass. Hat man zuwenig bedacht, dass dies für ehemalige Konzentrationslagerhäftlinge eine existentielle Frage ist? Vielleicht hätte die Darstellung im Bericht eines Jungen ihnen die unerhörte Bedeutung vor Augen geführt, die das Essen für hungernde Menschen hat: «Endlich kamen wir nach Buchenwald. Auf der Rampe bemerkte ich, dass einer aus anderem Lager hat bei sich ein Brot und kann aus irgend einem Grunde nicht essen. Sehr wütend lief ich zu ihm um es ihm zu entreissen und wenn er wollte es mir nicht geben schlug ich ihm mit ganzer Kraft ins Gesicht; diese meine Kraft konnte damals keine Fliege

töten, aber er fiel um und hat das Brot aus der Hand fallen lassen, ich floh und auf der Seite fing ich an es zu essen. Aber kaum habe ich ein bisschen gegessen schon liefen die anderen auf mich zu und fingen an sich mit mir um dieses Stückchen Brot zu schlagen. Da sie stärker waren haben sie es mir entrissen und fingen an es selbst zu essen.»

*

Seit bekannt ist, dass die Buchenwalder sich auf dem Zugerberg befinden, erhalten wir von allen möglichen Organisationen Besuche von Leuten, die gerne die Waisen für ihre politischen Überzeugungen gewinnen wollen. Sie erscheinen zu jeder Tageszeit, möchten die Schüler aus den Klassen holen. Wir verweigern ihnen den Zutritt zum Haus. Aber sie lassen nicht locker, sie gehen vor dem Haus auf und ab und suchen die Jungen um sich zu scharen. Warum schirmt das Rote Kreuz, und im besonderen der Hausvater Schlegel, die Jungen nicht ab vor solchen Eingriffen?
Die Besucher machen grosse Versprechungen, sie meinen, nur *ihre* Organisation würde den Kindern, die Auschwitz und Buchenwald überlebt haben, in Palästina Milch und Honig bieten können. Sie bestärken die Burschen so sehr in ihrem ohnehin beträchtlichen «Buchenwalder Gruppenbewusstsein», etwas besonderes zu sein, dass die Jungen bereits den roten Teppich sehen, der eigens für sie in Erez Israel ausgerollt werde. Mit der Zeit sind sie ganz verwirrt.
Ich erinnere mich an Frau Lewinsky, die in Zürich das ORT-Büro leitet, eine jüdische Organisation für berufliche Weiterbildung, und die viele Kontakte zu Palästina hat.
«Welch Zusammentreffen!» meint sie, «eben ist mein Sohn Akiva aus Palästina angekommen, um sich um aufgefundene jüdische Kinder und Jugendliche zu kümmern. Habe ich Ihnen nicht einmal von den Teheran-Kindern erzählt? Nun gut, ich werde Akiva bitten, demnächst zu Ihnen zu kommen, um den Buchenwaldern über die wahre Situation in Palästina und über das, was sie dort erwarten wird, klare Auskunft zu geben.»
Die Geschichte mit den Teheran-Kindern ist folgende: Durch die Kriegsereignisse beim Vormarsch der Deutschen in Polen vertrieben

und allein gelassen, wanderten Gruppen von Kindern, kleine und grössere und Jugendliche, unter der Führung von oft nur Zwölf- oder Dreizehnjährigen wochen-, ja monatelang durch die polnischen und russischen Wälder, entgingen wundersamerweise der SS und andern Häschern, wurden eine Zeitlang in Lagern in Sibirien festgehalten, durchquerten weite Ebenen, zogen über Gebirge und landeten schliesslich, an die achthundert, in Teheran. Dort nahm man sie erst einmal auf. Doch wohin mit ihnen? Als sich herausstellte, dass es Judenkinder waren, beschloss die Jugend-Alijah in Palästina, sie zu holen, was infolge der Einwanderungsbeschränkungen der britischen Mandatsmacht erhebliche Schwierigkeiten mit sich brachte. Henrietta Szold, die Leiterin der Jugend-Alijah in Jerusalem, und Akiva Lewinsky nahmen sie in Atlit in Empfang, als sie nach beschwerlicher Bahnreise in ihrer neuen Heimat aus dem Zug stiegen.

*

Ich hole Akiva an der Station des Zugerberg-Bähnchen ab: einen jungen Mann, dem viel Humor aus den hellen Augen schaut, der ein weiches Deutsch spricht und natürlich fliessend Iwrit.
In einem grossen Raum finden sich alle Jungen ein, Akiva ist da. Wir Erzieher nehmen nicht teil, damit die Burschen ungestört und ungehemmt mit dem Vertreter ihrer zukünftigen Heimat sprechen können. Die Sichah, wie solche Aussprachen im Hebräischen genannt werden, dauert über zwei Stunden. Es scheint lebendig zuzugehen. Wir hoffen auf strahlende Gesichter. Das Gegenteil ist der Fall. Die Kameraden sind still, nachdenklich, nicht eigentlich gedrückt, aber betroffen. Sie wissen nun, dass sie in Palästina erst einmal zwei Jahre in einem Kibbuz arbeiten müssen, dann dort oder woanders einen Beruf erlernen können und dass sie doch sehr auf sich selbst gestellt sein würden. Palästina, die neue Heimat, sei ein Land im Aufbau, das junge Menschen benötige und willkommen heisse. Unsre Buchenwalder brauchen einige Zeit, um das alles zu verdauen. Immer stärker prägt sich der Wunsch aus, noch in der Schweiz einen Beruf zu erlernen.
Nachher sitzen wir mit Akiva eine Weile zusammen. Er selbst scheint stark beeindruckt: «Es ist eine prächtige Jugend, aber in der Seele

stark geschädigt. Was ihr tut, ist bestimmt das Allerbeste, die Chawerim [Kameraden] haben sich sehr positiv geäussert. Sie wollen lernen, lernen.»
«Sie sprechen von Jugend-Alijah. Was bedeutet das?» fragen einige.
«Alijah», erklärt Akiva Lewinsky, «bedeutet auf hebräisch ‹Aufstieg›, und wir Juden meinen damit den Aufstieg nach Jerusalem, das neunhundert Meter über dem Meeresspiegel liegt. Eigentlich bedeutet es Aufstieg zum Rest des zerstörten Tempels der alten Israeliten. Nun hat am Anfang der Naziherrschaft die junge Frau eines freidenkenden Rabbiners in Berlin, Recha Freier, die die Katastrophe kommen sah, 1934 eine Bewegung geschaffen, die junge Juden zwischen fünfzehn und siebzehn Jahren in landwirtschaftlichen Lagern für die kommende Aufbauarbeit in Palästina ausbildete. So ein Lager nennen wir eine ‹Hachscharah›. Im Krieg, nach der Geschichte mit den Teheran-Kindern, sah die Alijah, dass sie Kinder jeden Alters retten müsse.»
«Sollen unsere Jungen in Palästina auch in eine solche Hachsch...»
«Hachscharah. Sie werden zu alt sein, sie werden eher in einen Kibbuz kommen.»
«Und was haben Sie selbst jetzt vor?» interessieren wir uns.
Da er einen Schweizer Pass besitze – seine Mutter ist Schweizer Jüdin, er selbst in Genf geboren –, werde er sich ein Visum nach Bulgarien beschaffen. In der Nähe von Sofia sei eine grosse landwirtschaftliche Ausstellung im Gange, zu der er sich, natürlich nur als Vorwand, angemeldet habe. «Untergrundorganisationen haben uns gemeldet, dass in Bulgarien noch viele jüdische Kinder versteckt seien, die wir nach Palästina holen möchten. Das tut eben die Jugend-Alijah.»
«Gehen Sie dann wirklich an die Ausstellung?» fragt jemand. «Als Vertreter von welchem Land?»
«Von der Schweiz natürlich. Ich werde den Leuten erzählen, dass ich am Genfersee Bananen züchte!»
Wir lachen belustigt über diese ausgefallene Idee, und bald darauf verabschieden wir den Bananenzüchter.

*

Wie wir den Nationalfeiertag verbringen, schildert der Junge Julian Meisels in seinem Bericht, der an unserer Wandzeitung angeschlagen wird:

«Der 1. August 1945

Kann es etwas Schöneres geben als frei in Frieden und Ruhe zu leben? Nein! Das sahen wir wieder einmal mehr am 1. August, den wir nach 6 Jahren Unterdrückung diesmal zusammen mit unseren Schweizer Kameraden feiern durften.

Bald nach dem Mittagessen dieses denkwürdigen Tages machten wir uns auf in den Wald, um Holz für das Feuer, das wir am Abend auf einer Anhöhe in der Nähe unseres Heims errichten wollten, zu sammeln.

Als das Nachtmahl beendet war, goss es draussen in Strömen. Der Himmel hatte seine Schleusen geöffnet, und es regnete, was nur vom Himmel konnte. Doch dessen ungeachtet marschierten wir geschlossen mit Gesang zu der Stelle, die wir für unsere Feier vorgesehen hatten. Dort hatten unsere Kameraden, ungeachtet des schlechten Wetters, schon versucht, das Feuer anzuzünden, was wegen des starken regnerischen Windes erst nach einigen Versuchen gelang. Bald schlugen hohe Flammen gen Himmel empor und beleuchteten die Antlitze der Jungen, denen die Freude mit einem merkwürdigen Glanze aus den Augen strahlte. Hatten wir doch 6 Jahre nicht gewusst, was Freiheit, was Friede bedeutet, und jetzt konnten wir uns wieder richtig unseres Lebens erfreuen. Doch war unsere Freude nicht so grenzenlos, wie sie hätte sein können. Hatten wir doch unserer Väter und Mütter, unserer Brüder und Schwestern zu gedenken, denen es nicht vergönnt war, das Feuer der Freiheit noch einmal leuchten zu sehen. Von allen Himmelsrichtungen schickten solche Feuer ihre Strahlen zu uns herüber, und das erhöhte uns den Eindruck, wie innig verbunden die Schweizer, in welcher Gegend sie auch leben, untereinander sind. […] Dieses Feuer, das Symbol der Freiheit und des Friedens, hat einen tiefen Eindruck in uns hinterlassen.»

IV

Nach etwa zwei Wochen, in denen wir versucht haben, die Arbeit in unserem Sinne zu tun, entgegen allen widrigen Umständen, die uns die mangelnde Organisation des Roten Kreuzes bereitet, rufen wir eine Versammlung von allen Mitarbeitern und dem Leiter ein. So kann es nicht weitergehen! Wir erstellen einen langen Bericht, den wir Ende Juli an Dr. Gautschi in Bern absenden und in dem wir die gegenwärtigen Mängel sowie Wege zu deren Behebung aufzeigen, ferner unsere erzieherischen Zielsetzungen begründen. Diese sind eindeutig. Wir legen Wert darauf zu betonen, dass sich die Arbeit mit den Buchenwaldern von der üblichen Art der Betreuung durch das Rote Kreuz grundsätzlich dadurch unterscheide, dass es sich nicht um eine Ferienerholung auf kurze Dauer, sondern um ein erzieherisches und menschlich anspruchsvolles Werk über längere Zeit handeln müsse. «Eine Gemeinschaft von Mitarbeitern wird versuchen, im Sinne des Prinzips der Selbstverwaltung den Kindern Wegweiser und Berater zu sein für ihre Zukunft.»
Diesen Brief unterschreiben mit unbedeutenden Ausnahmen alle Mitarbeiter. Ein vertraulicher Zusatz betrifft die Heimleitung des Rotkreuzheimes Felsenegg. Wir erwähnen Schlegels Unsicherheit in der Behandlung von Menschen, seine Parteilichkeit, seine durch alle möglichen Beeinflussungen schwankende Führung.
Ein krasser Fall, bei dem er die Mitarbeiter gar nicht unterrichtete: Er liess einen Pressefotografen zu und verlangte, dass die Kinder einer Schulklasse ihr Zimmer «wie ein Lesezimmer» herrichteten und mit rasch herbeigebrachten Zeitungen vor der Kamera posierten. War dies für die Kinder noch eine Lächerlichkeit, so wurde die Inszenierung einer Szene aus Buchenwald, bei der die Jungen Häftlingskleider anziehen mussten, zu einer peinlichen Ungeheuerlichkeit. Wir verurteilten dieses Vorgehen, und schliesslich entschloss sich Schlegel, die Filme verbrennen zu lassen.
Der Ton unseres Schreibens, das wir mit der Frage «Ist das Rote Kreuz fähig, die Kinder aus Buchenwald zu betreuen?» betitelt haben, scheint den Herren in Bern nicht gefallen zu haben. Die fast post-

wendende Antwort vom 2. August aus Bern an mich persönlich: meine Entlassung! «In Anbetracht dessen, dass unsere ganze Aktion geändert und in kürzester Zeit überhaupt abgebrochen wird, sehen wir uns genötigt, schon jetzt Personaleinschränkungen vorzunehmen. Zudem lassen es uns die in den letzten Tagen aufgetauchten Schwierigkeiten wünschenswert erscheinen, die ganze Leitung des Heims Felsenegg zu ändern, weshalb wir uns gezwungen sehen, unsern Vertrag mit Ihnen auf den 8. August 1945 aufzulösen gemäss der vertraglich vorgesehenen Entlassungsfrist im ersten Monat.»
So etwas kann man doch nicht ernst nehmen! ist meine erste Reaktion. Ich denke keine Minute daran, die Jungen und den Zugerberg jetzt zu verlassen. Dann muss ich fürchterlich lachen. Wie stellen sich die Herren in Bern denn das alles vor?
Die Equipe ist entsetzt, ich merke in diesem entscheidenden Augenblick, dass einige wenige zwar um ihre Stelle bangen, doch mit grosser Einigkeit stehen alle hinter mir.
Einen Augenblick, allein in meinem Zimmer, packt mich eine heilige Wut. Warum, warum bloss diese negative, hinderliche und unpsychologische Einstellung unserer Arbeit gegenüber, für die wir uns alle bis zum letzten einsetzen? Schädliche Streitereien um Prinzipien und Methoden, wozu? Warum hat das Rote Kreuz die Kinder übernommen, wenn es nicht auch die materiellen und vor allem die pädagogischen und psychologischen Probleme, die einer solchen Aktion innewohnen, auf sich nehmen will oder kann? Natürlich: Prestige! Es hat schon mit der gross angekündigten Aufnahme von zweitausend Kindern den Mund ein bisschen voll genommen, und nun ist es nicht fähig, die dreihundertfünfzig entsprechend den innern und äussern Bedingungen zu betreuen! Wie steht es eigentlich mit der in Deutschland abgegebenen Zustimmung zu Schulung und Berufsbildung?
Die Jungen haben unsere Schwierigkeiten längst bemerkt. Beim Abendessen schaue ich über die Tische hin zu Max und einigen seiner Kameraden, die fragend, ängstlich, aber auch vertrauensvoll zurückblicken. Der kleine Motek spielt noch ein bisschen mehr als gewöhnlich den Hampelmann. Die Gespräche, die sonst lebhaft und interessiert geführt werden, sehr zum Ärger der Heimleitung, sind heute gedämpft.

Am 4. August erscheint Bohny auf dem Zugerberg. Die Equipe wünscht die Gründe, die zu meiner Entlassung geführt haben, zu erfahren. Bohny verweigert jegliche Auskunft. Die Equipe stellt ihn vor ein Ultimatum: Entweder mache er bis zum 6. August meine Entlassung rückgängig, oder alle Mitarbeiter würden geschlossen den Zugerberg verlassen. Die gespannte Stimmung veranlasst ihn, Schlegel, den Hausvater, durch Fritz Feldges zu ersetzen.

Wenige Tage später kreuzt der Aktionsleiter in Begleitung der Herren Dr. Bucher, Stellvertreter von Dr. Gautschi, und Dr. Brunner, Revisor beim Roten Kreuz in Bern, auf. Sie bitten Fritz Feldges und mich ins Büro. Wir vertreten die Standpunkte der ganzen Equipe, versuchen, ihnen den seelischen Zustand der Jugendlichen, deren Bedürfnisse, Wünsche und Erwartungen zu erklären, bringen noch einmal die krassesten Mängel zur Sprache. Dann frage ich: «Möchten Sie jetzt nicht mit allen unsern Mitarbeitern sprechen?»

«Nein! Wir denken nicht daran, mit solchen jungen Leuten zu reden!» Aber sie haben sie doch engagiert, denke ich verständnislos. Gehört die Fünfzigerin in unserer Equipe auch zu «diesen jungen Leuten»? Und Bohny selbst ist noch keine dreissig.

«Ihre Richtlinien, die betrachten wir als das Produkt eines übernächtigten Geistes», sagen die Herren aus Bern.

«Aber, Herr Dr. Bucher», kann Fritz sich nicht zurückhalten zu antworten, «unser einziges Interesse gilt dem Wohl der Kinder, und bei dieser Aufgabe hat auf jeden Fall das Persönliche hinter der sachlichen Notwendigkeit zurückzutreten.»

«Ach so sehn Sie das! Wir meinen aber, dass Sie in erster Linie die Interessen des Roten Kreuzes zu wahren haben.»

Ich bin ganz erstarrt über so viel Arroganz und höre Fritz entgegnen: «Das geht wohl zusammen, denn wenn man erfährt, dass es den Buchenwaldkindern, von denen man weiterum spricht, gut geht, kann dies doch bloss das Prestige des Roten Kreuzes heben.»

Bravo Fritz, stimme ich ihm innerlich zu.

«Das Prestige des Roten Kreuzes ist bereits so hoch, wir haben es gar nicht nötig, dass es auf diese Weise noch steigt.»

Genug! denke ich. Eine grosse Gegenkraft wächst in mir. Jedes Wort einer sachlichen Argumentation ist sinnlos. Ohne einen einzigen Mitarbeiter, die Belegschaft oder den Heimbetrieb gesehen zu haben, ziehen die drei Herren wieder ab.

«Die Leute sind nicht nur machtbesessen und arrogant, sie sind auch stur und beschränkt und ohne jegliche Vorstellungskraft», meint Fritz zur Beruhigung, aber ich kann mich des Gefühls der verzweifelten Ohnmacht nicht erwehren. Es scheint, als ob darauf die Burschen sich uns nur noch näher anschlössen. Sie wollen mit uns über unsere Schwierigkeiten sprechen. Sie müssen es tun, denn im Grunde geht es ja sie an. Nachdem sie in den Konzentrationslagern ganz allein für sich sorgen und sich wehren mussten, um überhaupt zu überleben, wollen sie nun nicht wie kleine Kinder übergangen werden.

Telefonisch nimmt Bohny meine Entlassung zurück. Schriftlich wird dies nie bestätigt. Damit ist aber Bohnys Kampf gegen unsere Erziehung mit Selbstverwaltung, Schule, Gesprächen, Kameradschaftlichkeit nicht beendet. Kurz darauf ist er wieder da. Er versucht, die schwächeren Mitglieder unserer Equipe umzustimmen, spielt den einen gegen den andern aus. Er hat Herrn Daeniker aus Vaumarcus mitgebracht, der als neuer Hausvater eingesetzt wird. Darauf überreicht er jedem von uns folgendes Schreiben, das ein eigentliches Ultimatum darstellt: «Die Ordnung im Kinderheim lässt ebenfalls zu wünschen übrig, dagegen herrscht bei einzelnen ein negativer Geist der Kritik, der die Zusammenarbeit sehr erschwert. Verschiedene messen sich Kompetenzen zu, die ihnen nicht erteilt wurden.

Um unsere Aufgabe zu einem guten Ende zu führen, sehen wir uns genötigt, jeden Mitarbeiter heute vor die Wahl zu stellen, entweder sich im Interesse und nach Anordnung des Schweizerischen Roten Kreuzes, Kinderhilfe, [...] einzusetzen, oder die Arbeit zu verlassen.

Wir ersuchen um schriftliche Antwort (unterzeichnete Bestätigung) bis Dienstag, den 14. August 1945, 12.00 Uhr.»

Er lässt uns 23 Stunden Frist für die Antwort. Eine Besprechung mit der ganzen Equipe lehnt Bohny ab. Er verweigert jede Auskunft auf die Fragen, was mit dem Geist negativer Kritik gemeint sei oder wer die «einzelnen» und wer die «verschiedenen» seien.

Die Jungen wissen vom Schreiben, nicht von dessen ultimativem Inhalt, und zwingen Bohny mit einem rasch und gut organisierten Protest, ihnen den Brief vorzulesen und ihn danach zu annullieren.

«Dies ist nicht eine Angelegenheit nur der Erwachsenen, Herr Bohny. Das betrifft uns! Ja, das berührt uns ganz nah. Unterschreiben, entlassen, das bedeutet in beiden Fällen, dass wir, wir Buchenwalder, an unserem Schicksal kein Mitspracherecht haben. Sie wollen uns das bisschen persönliche Freiheit wegnehmen!»
Einige Mitglieder unterschreiben, von Entlassungen jedoch keine Rede. Die Selbstverwaltung wird offiziell abgeschafft, doch das gemeinschaftliche Erleben kann nicht unterbunden werden. In den einzelnen Gruppen lebt es unentwegt weiter. Das Wort Selbstverwaltung allerdings gilt bereits als Provokation.
Am 14. August bestätige ich Herrn Bohny, seinen Brief an die Mitarbeiter zur Kenntnis genommen zu haben, anerkenne aber die Vorwürfe nicht, die uns gemacht werden, und halte fest:
*Der Brief vom 13. Aug. an die Mitarbeiter des Heims Felsenegg enthält eine Erpressung, indem wir gezwungen werden, eine Erklärung abzugeben, die unsere ganze bisherige, im wahrsten Interesse der Kinder geleistete Arbeit negiert, oder andernfalls die Arbeit zu verlassen.*
*Es ist mir unmöglich, diese Erklärung zu unterschreiben, da sie sich weder mit meinem rechtlichen Empfinden noch mit meiner Beurteilung der Tatsachen vereinbaren lässt.*
Keine Reaktion.

*

Die Zeit geht dahin, und jeder Tag, an dem wir in Ruhe arbeiten können, ist ein Geschenk. Im Speisesaal versucht sich ein Junge auf dem Klavier, in einem Nebenraum übt ein anderer auf einer Schreibmaschine für die nächste Lektion. Aus einem Schulzimmer ertönen die noch unsicher gesungenen Tonfolgen eines amerikanischen Songs. Eine Klasse macht im Freien Messungen des Sonnenstandes mittels einer Uhr – oder beobachten sie Kleingetier und Pflanzen? Hinter dem Haus stehen sich zwei Gruppen in einem Ballspiel gegenüber.
Und wieder einmal tönen nach dem Nachtessen durch den Saal das beliebte Buchenwaldlied und die vertonten Verse von Mordechai Gebirtig (ermordet 1942 in Auschwitz). Wie im Bienenberg ergreift mich diese Musik, in der Trauer und Wehmut sich so nahe sind. Ein Junge schreibt mir die Verse auf:

Ss'brent! Briderlech, ss'brent!
Oj, undser orem schtetl nebech brent!
Bejse wintn mit irgosn
Rajssn, brechn un zeblosn
Schtarker noch di wilde flamen,
Alz arum schojn brent.
Un ir schtejt un kukt asoj sich –
Mit farlejgte hent
Un ir schtejt un kukt asoj sich –
Undser schtetl brent...

Das Buchenwaldlied haben vermutlich zuerst die Politischen in Buchenwald gesungen und an die andern weitergegeben:

Wenn der Tag erwacht und die Sonne lacht
Die Kolonnen ziehn zu des Tages Mühen
Hinein in den grauenden Morgen.
Und der Wald ist schwarz und der Himmel rot,
und wir tragen im Brotsack ein Stückchen Brot
Und im Herzen, im Herzen die Sorgen.
Oh Buchenwald, ich kann dich nicht vergessen,
Weil du mein Schicksal bist.
Wer dich verlässt, der kann es erst ermessen,
Wie wundervoll die Freiheit ist.
Doch Buchenwald, wir jammern nicht und klagen,
Und was wird unsere Zukunft sein,
Wir wollen trotzdem ja zum Leben sagen,
Weil einmal kommt die Zeit, dann sind wir frei.

Und die Nacht ist kurz und der Tag so lang,
Doch ein Lied erklingt, das die Heimat sang,
Wir lassen uns den Mut nicht rauben.
Halte Schritt, Kamerad, und verlier nicht den Mut,
Denn wir tragen den Willen zum Leben im Blut
Und im Herzen, im Herzen den Glauben.
Oh Buchenwald...

*

An einem Sonntag im August kommt Fritzens achtjähriger Ältester, Mathias, ganz alleine auf den Zugerberg zu Besuch. Einige Jungen begleiten Fritz, als er den Buben abholt. Und dieser, umringt von den fremdländischen jungen Menschen, plaudert munter mit ihnen in seinem berndeutschen Dialekt, den unsre Buchenwalder natürlich nicht verstehen. Doch sie bleiben, reden, nehmen ihn bei der Hand und möchten ihm alles zeigen, als wäre er ein kleiner Bruder.
Verschüttete Gefühle. Vielleicht höre ich nachts wieder leises Weinen in den Gängen. Das Niemals-Wieder, das Verlorensein, die innere Einsamkeit.
Bei «Monsieur Fritz», wie sie ihn nennen und den sie weiterhin als Hausvater betrachten, finden die Jungen eine grosse innere Sicherheit und Ruhe. Kann er dies ausstrahlen, weil sein Glaube so unanfechtbar ist? frage ich mich. Nie jedoch tritt er als Pfarrer auf. Er versucht, sich in seinem Althebräisch mit einigen Jungen zu verständigen, was ihnen viel Spass macht.

*

Stundenlang kann Kalman Landau an seinen Zeichnungen über Auschwitz sitzen, die in ihrer Sinnbildhaftigkeit erschüttern. Sie werden 1946 in der März-Nummer des «Du» mit einem Begleittext von mir veröffentlicht und sind auch in diesem Buch abgebildet.
Eines Tages setze ich mich neben Kalman.
«Das sind wir», weist er auf einer Zeichnung auf die anonyme Masse grauer kleiner Menschen hin, in Reih und Glied aufgestellt neben einem Galgen, an dem drei Häftlinge hängen. Alles gegenüber einer übergrossen Figur in Uniform, einem SS-Mann.
Mir wird ganz kalt. Dann erzählt Kalman plötzlich unaufgefordert: «Ich war zwölf Jahre alt, da wurden in unserem Schtetl die Häuser überfallen, ausgeplündert, die Bewohner erschlagen. Meine ganze Familie...»
Schweigen. Nach einer Weile: «Ich konnte fliehen, doch wohin? Auf dem Feld – ein Pole. Er erkennt mich als Juden, will mich den Deutschen ausliefern.»
Sonst so stolz, fleht der Junge um sein Leben, küsst dem Polen die

Schuhe. Dieser lässt ihn gnädig leben, ausgeraubt und nackt, im Winter 1942! Nach einigen Tagen, halb verhungert und erfroren, stellt sich der Junge und wird ins KZ gebracht.
Das ist eine von Hunderten von Geschichten.
Es entstehen von vielen Burschen erschütternde Bilder und Skizzen. Oft versehen sie diese mit einer Widmung an den Gruppenvater oder die -mutter oder auch an mich.

*

Abb. 33–47: *In Niederschriften und Zeichnungen versuchen die Jungen, ihre schrecklichen Erfahrungen zu verarbeiten.*
*Kalman Landau, 1945 siebzehn Jahre alt, war zwölfjährig, als die deutsche Wehrmacht sein Schtetl in Polen überfiel, die Eltern erschlug und ihn nach Auschwitz deportierte. In seinen Zeichnungen stellt er die Verwandlung vom individuellen Menschen zum anonymen Häftling dar. Es ist der Leidensweg aller unserer Jugendlichen.*

ausziehen

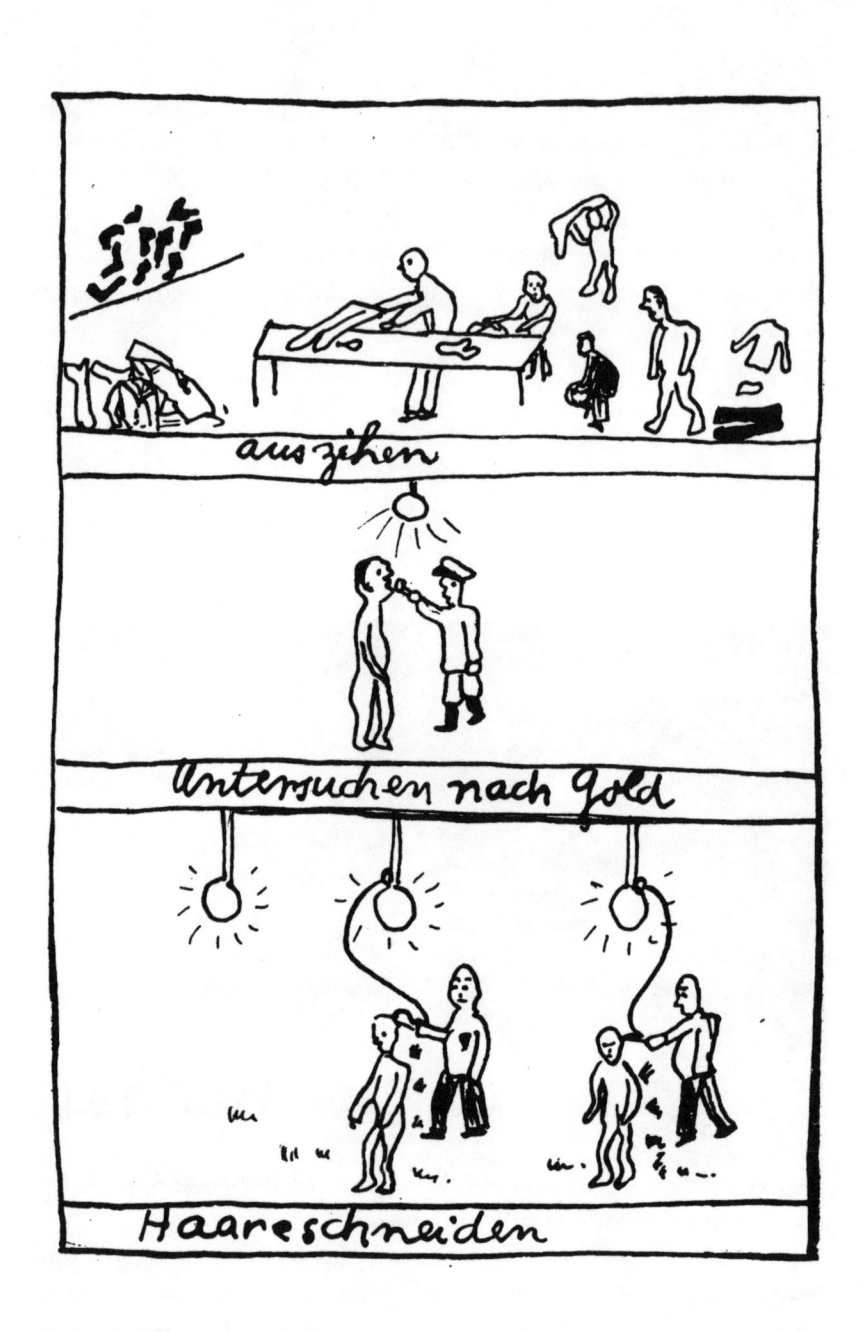

Untersuchen nach Gold

Haareschneiden

BADE RAUM

Duschen

Kleiderfassen

Büro. Regestriren

225

226

227

APPELL BIS SPÄT IN DER NACHT
Es STIMT NICHT

5

3 Heftlinge ferurteilt zum Galgen

6

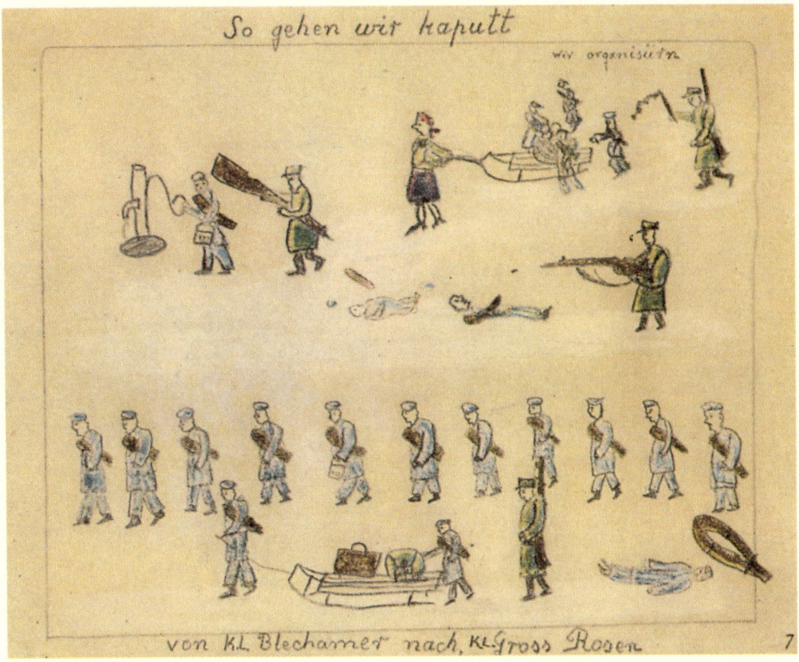
So gehen wir kaputt
wir organisiern
von KL Blechamer nach KL Gross Rosen
7

Gaskammer.
zu Krematorium
8

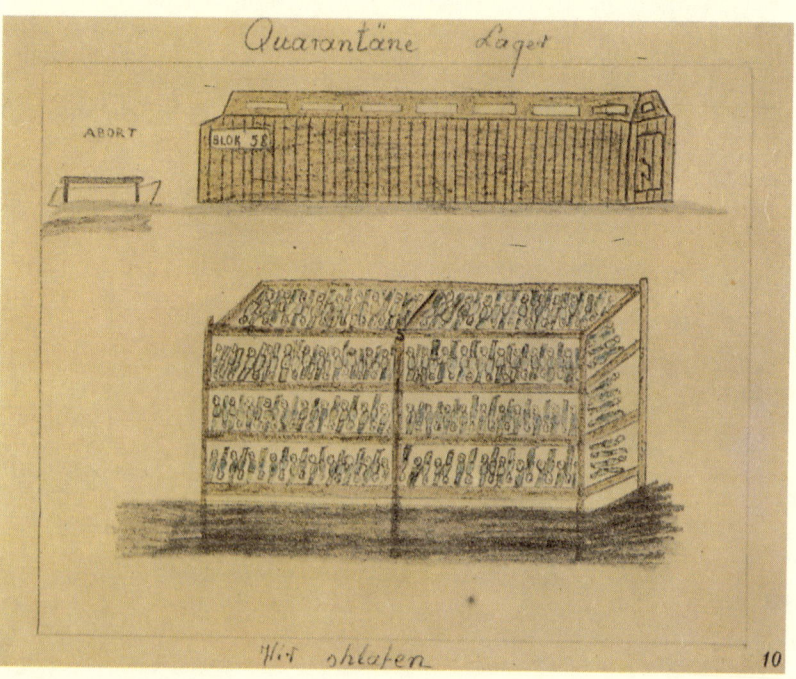

*Transport von K.L. Gross Rosen nach K.L. Buchenwald*

*So liegen die Tote*

*Quarantäne Lager*

ABORT | BLOK 58

*Wir schlafen*

Häftlinge fangen
SS

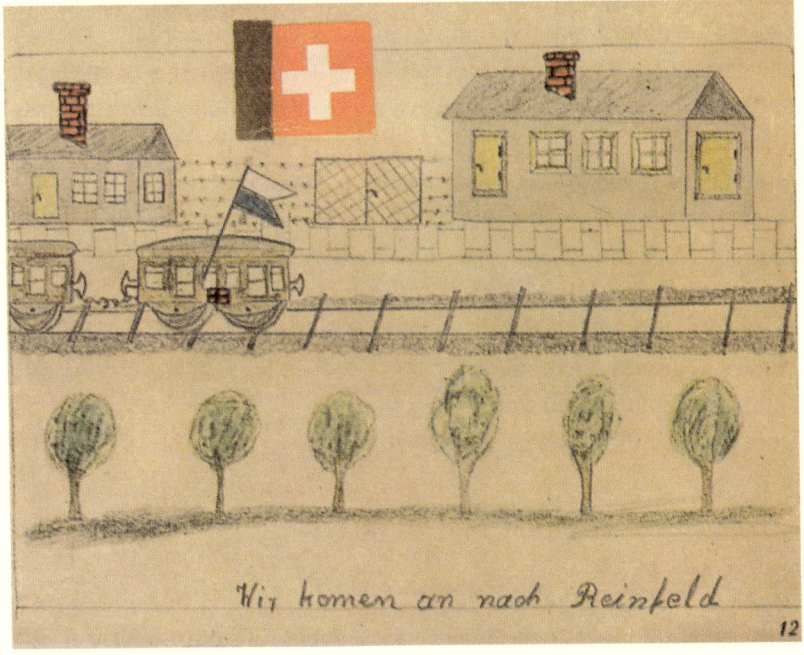

Wir komen an nach Reinfeld

Und da ist Motek, der kleine lustige Hanswurst bei Tage und mit den Alpträumen des Nachts.

Moteks Traum:

Motek liegt auf dem Bett, erwacht, weil seine Schwester hereinkommt. Sie küsst ihn, und Motek ruft: «Oh Schwester, du bist da, das kann doch nicht möglich sein!» Sie verwandelt sich in einen Mann mit einem grossen Messer, will Motek töten. (Er trägt eine weisse Jacke und schwarze Hosen.) Motek erschlägt ihn mit einer Bank, nimmt ihm das Messer aus dem Maul heraus, betrachtet es: Es ist ein grosses Stilett. Wie er es anschaut, verwandelt sich der Tote in ein schönes Mädchen, das im Zimmer herumspringt, auf den Betten hüpft, auf der Lampe schaukelt, nach einer Pistole greift. Motek schmeisst mit dem Stilett nach ihr, trifft sie an der Schläfe. Sie fällt herunter, ist tot, verwandelt sich sofort in ein Kalb. Motek nimmt es, will es nicht totschlagen, bringt es zum Metzger, will es schlachten lassen. Der Schlächter setzt das Kalb in eine elektrische Maschine mit 500 oder 1000 Volt, doch das Kalb stirbt nicht.

Motek läuft hinaus. Es ist Sonntag. Er geht in die Kirche, die ist riesengross. Er geht hinein, will vom Papst erfahren – er hatte vorher auf der Strasse Leute gefragt, die ihm rieten, zum Papst zu gehen –, was das alles bedeutet. Der Papst sagt: «Ich will es dir später sagen, komm nachher, ich will es mir noch überlegen.» Er hat Motek gut zugehört.

Klingel!

Motek erwacht, legt den Kopf gleich wieder hin, plumps, das Kalb ist wieder da!

Motek zum Kalb: «Was willst du von mir?»

Das Kalb: «Eine Kleinigkeit, will immer mit dir gehen.»

Motek ist überrascht, geht zu einem Polizisten. Das Kalb sagt: «Der Polizist soll weggehen!» Er geht...

Da weckt ihn der Gong zum Morgenessen!

Dies erzählt mir Motek sehr verstört.

*

Ich sehe Max Perkal, den grossen stillen Jungen, der drei Schulhefte voll, Seite für Seite eng beschrieben, seine Erinnerungen aus der

Konzentrationslagerzeit notiert, mit einer ungeheuren Präzision und Gedächtnisschärfe, um seine Alpträume loszuwerden und sein Heimweh und seine Sehnsucht zum Schweigen zu bringen. Es wird ihm nicht ganz gelingen, denn über ein Dutzend Jahre später gesteht er mir, als er, ganz unerwartet aus den USA kommend, mich in Zürich besucht, dass er und seine Frau Betty das Leben nicht bestehen könnten ohne die regelmässige Gruppentherapie mit andern Schicksalsgenossen aus den KZ-Lagern.

Betty war eines der Mädchen im Bienenberg. Erst viel später, lange nach dem Krieg, erfahre ich, dass sie, nachdem ich selbst das Heim schon verlassen hatte, nach Frankreich zurückgegangen war, um ihre zwei Schwestern zu holen. Es gelang ihr, über fünfzig Verfolgte über die grüne Grenze in die Schweiz zu retten. Beim letzten Mal wurden sie und ihre Eltern geschnappt. Die acht Monate Auschwitz hat sie überlebt.

*

Nach langer Zeit öffne ich wieder einmal mein Tagebuch. Keine einzige Eintragung, seit ich auf Zugerberg bin. Wenn ich nachts in meine Kammer komme, lausche ich nicht mehr der Bedrängnis oder dem Jubel meiner Seele, sondern lasse sie durch die Gänge wandern. Da höre ich ein Schluchzen, öffne leise die Tür und gehe ans Bett des Jungen, der nun auf einmal ein kleines Kind geworden ist, einsam, verlassen. Ich fahre sacht über sein Haar, suche ein Taschentuch: «Jankele, liebes Kind, weine dich aus», sage ich leise, oft auch schweige ich und bin bloss da. Er fasst meine Hand und legt seine tränennasse Wange darauf. Hält mich fest. Ich schaue noch bei den zwei Kameraden nach, ziehe die Decke etwas höher. Dann gehe ich leise hinaus.

Es gibt Momente, in denen ich fürchte, mit einer solch mütterlichen Geste eine Erinnerung an etwas für immer Verlorenes wachzurufen. Doch die Erinnerungen lassen sich nicht auslöschen, einmal werden sie hervorbrechen, wenn niemand bei dem Jungen ist, und dann wird die Verlassenheit ungeheuer sein.

So gehe ich jeden Abend von Zimmer zu Zimmer, decke einen Schlafenden noch ein wenig besser zu, drücke warme Hände oder gebe ein

Gutenachtküsschen dem, der mich leise darum zu bitten scheint. Es gibt Geplauder, Lachen, ich bekomme Witze zu hören, oft auch ganz traurige Geschichten. Sie nennen mich alle Mutti, spontan und ganz natürlich. Nun habe ich also hundertsieben Kinder!
Dann schlafe ich selber bewegt oder traurig oder glücklich ein.

V

Eines Abends, als ich das Zimmer des Dreigespanns Marian, Lutek und Max betrete, sitzt dieser am Tisch und schreibt. Er ist allein und scheint eingehüllt in Erinnerungen, ergriffen von Bildern, die aus seiner Seele drängend zu Papier gebracht werden wollen. Er hört mich nicht eintreten.
«Max», sage ich leise, «du arbeitest noch?»
«Oh Mutti...», höre ich es wie von ganz ferne.
Ich streiche ihm sacht über sein volles, gewelltes Haar. Er fasst meine Hand und presst sie ganz fest gegen sein Herz. Einen Augenblick nur, schweigend, keiner kann sprechen.
Leise verlasse ich den Jungen, der sehr erregt ist. Einige Tage später, als ich nachts in mein Zimmer komme, liegt auf dem Tisch das erste blaue Schulheft von Max. Ich halte es einige Momente in der Hand, ehe ich fähig bin, es zu öffnen, überwältigt von seinem Vertrauen. Dann lese ich, und eine Stimmung des Grauens und Entsetzens breitet sich in meiner Stube aus. Der Bericht beginnt so:
«Ich fiele grosse schmerzen, in die Momenten wen ich hojb mich on zu dermonen [erinnern] die schrekliche Nacht in welcher ich habe mir gemusst schejden mit meine teierste und liebste was ich habe gehat. Das ist gewen die Nacht von 28 auf 29 Januar 1943. Nach a 3 Togiker fart in fermachte Fiwagonen, senen mir ongekummen zu die Tojern von schreklichen K. L. Auschwitz, welcher is bekant in der Welt mit sein Greul und euch mit dem was er trogt dem Name ‹Ruhe Ort› vo iber 4 Milion Europeische Juden. Der Zug hot ongefangen langsam zu bremsen. Wan er is schon ganz schtehen geblieben, und man hat aufgemacht die Türen, is das erschte was wir haben gekont sehen gewen ein schtark beleuchteter Platz dicht von alle seiten arumgeringelt von S. S. Männer mit grojse S. S. Hunde. Es scheint das, das Gewer is sei gewen zu wenig, weil jeder von sei hat noch ein grojsen dicken Schtok in der Hand gehat. Es is gekomen der Befehl schnell und semtliche Packete iberlosen. Das ales hat gemust wern ausgefirt in Tempo. Wie

Ich fiele grosse schmerzen, in die Momenten wen ich hojb mich on zu dermonen die schrekliche Nacht in welcher ich habe mir gemusdt schejden mit meine teierste und liebste was ich habe gehat. Das is gewen die Nacht von 28 auf 29 Januar 1943. Noch a 3 Togiker fart ir fermachte Tiwagonen, senen mir ongekummen zu die Tojern von schreklichen K. L. Auschwitz, welcher is bekant in der Welt mit sein Greul und euch mit dem was er trogt dem Name: Ruhe Ort vo iber 4 Milion Europeische Juden. Der Zug hot ongefangen langsam zu bremsen. Wan er is schon ganz schteken geblieben, und man hat aufgemacht die Türen, is das erschte was wir haben gekont sehen gewen ein schtark beleuchtener Platz dicht fon alle seiten arumgerinegelt von S.S. Mäner mit grojse S.S. Hunde. Es scheint das, das Gewer is sei gewen zu wenig, weil jeder von sei hot noch ein grojsen dicken Schtok in der Hand gehat. Es is gekomen der Befehl schnell und semtliche Pakete iberlosen. Das ales hot gemust wern ausgefirt in Tempo. Wie meglich schnell bin ich

Abb. 48, 49: *Max Perkal, neunzehn Jahre alt, füllt mit der Niederschrift seiner Erinnerungen aus den Konzentrationslagern drei Schulhefte (Abb. links die erste Seite des ersten Hefts). Gleich nach der Ankunft in Auschwitz im Januar 1943 wurden seine Eltern, der kleine Bruder und die Schwester vergast.*

meglich schnell bin ich mit mein Vater ausgeschtigen von Wagong. Das erste was es is uns gekommen im Gedank is gewen sich trefen mit mein Mutter mit mein Schwester und mit mein 11 Jährigen Bruder, welche seinen leut dem Befehl von die S. S. gefuren in andere Wagen. Und im diesen Fal haben wir Glück gehabt. Bis alle Leute senen von die Wagon eraus, haben wir unser ganze Gesind schon zusammen gewen. Und bildendik eine kleine Gruppe haben wir so marschirt zu den Platz, welcher war am hellsten beleuchten. Das war der Platz wo der so gerufener S. S. Obersturmführer und Welt Merder Schwarz hot mit seinen zeiger Finger über jedem den Urteil erausgebracht. Ein gewise Teil hat er gezeigt die Richtung zum Leben und dem gresten Teil die Richtung zum Tod, durch fergasen. Auf dem Wege zu dem so genenten ‹Selekzie Platz› hot men opgeteilt Männe besunder und Frauen und Kinder besunder. Das obteilen sich hot gemust ganz schnell vorkummen, unter der begleitung von schwere S. S. Schtöcke welche senen sistematisch und mit Ausrechnung arobgelost geworen auf die Köpfe von die unglückliche Nefasches [Geschöpfe], auf die Köpfe von die arme Mentschen wemes lebens Termin hot sich gebraucht zu endiken gleich mit der Ende von der schrecklicher Nacht. Ich mit mein Vater senen gegangen in eine seite, mein Mutter, Schwester und Bruder in die andere Seite. Fil Zeit zum sich verabschiden mit meine teuerste haben wir nich gehat. Das einzige was sie haben uns nicht gekont verbiten is gewen der Blick. Mit dem Blick habe ich begleit mein Mutter und Geschwister so lange, bis ich habe derfilt ein heftigen klap über den Kopf von einem S. S. Stock. Und dan mitgerissen von der ganzen Masse, bin ich zusammen mit mein Vater zugekommen vor dem S. S. Mann Schwarz. ‹Wie alt bistu, und was bistu von Beruf?› hat geklungen schneidendik sein Stime welche is gewen gewendet zu mich. Nich viel überlegendik habe ich schnell geanwortet, – 19 Jahre, von Beruf Maschinen Mechaniker. Ein Zeichen mit der Hand, und mit ein schnellen zeig mit dem Finger hot er mich angewisen die Richtung wohin ich brauch zu gehen, dagegen mein Vater hate er ongewisen die gegenseitige Richtung, welche hat bedeutet zum Tod. Bleibendig alein in der Mite von Platz und nicht habendik viel zeit zum überleigen seinen mir eins noch den zweiten gekomen die Gedanken: Die Mutter hat mann mir wekgenomen, die Schwester und Bruder wekgenomen, und jezt willen die mir auch den Vater weknemen. Nein! Und nicht viel denkendik bin ich mit der Hilf und Kraft von meine Nerwen zugelofen zu mein Vater und mit der ganzer Kinder Liebe von mein zu jener Zeit 17 Jährig Herz habe ich angefangen schnell und wild zu küssen meinen Vater. Er hat mich angefangen etwas zum beruigen, aber das ist alles gewen eine Sache von Momenten. Die S. S. Männer welche waren zugewisen zum aufpassen auf die Ordnung das jeder soll ingehen wo er zugewisen ist, haben es sofort gemerkt. Und mit wilden Krach sind sie zu mich zugelofen und haben mich angefangen Erbarmungslos zum schlagen. Dicht und schnell seinen die Stöcke arapgelost geworen über mein Kopf und über meinen Rücken. Auch mein Vater haben sie nicht geschaunt. Aber nachher haben sie im in Ruhe gelasen und mich haben sie in begleitung von ein S. S. Hund abgefürt in dieser Richtung wo es haben sich schon gefunden ein Paar zendlik junge, kreftige

Männer welche sind durch dem S. S. Oberschturmführer
ausgeweilt geworden. Wen ich habe mich schon ingeschtelt auf
den Platz welcher ist mich angewisen worden, dan haben sich
schon die Schläge etwas geschtilt. In der selber Reihe wo ich
bin geschtanden habe ich getrofen mein Schul-Freund
Janowitsch Wolf. Der hat mir die Mitze von Kopf inunter-
genomen, hat mich den Mantel aufgemacht und hat mich
angefangen mit Schnee das Gesicht zu masaguiren. Nach
einige Minuten bin ich zu sich gekomen. Es ist mich ein
bischen beser geworden, und es ist dazu gekomen, das ich
habe mich schon gekant ein Rechnung abgeben wo ich bin,
und was es hat mit mich pasirt mit einige Minuten zurück. Ich
habe angefangen zu werfen mein Blück auf alle Seiten. Die
folgende Bild habe ich gesehen fir meine Augen: Ganz von
Hinten die grosse Masse Mentschen welche ist noch nicht
vorbeigegangen die ‹Selekzie›. Vor mich von der rechter seite
die Masse Frauen Männer und Kinder welche sind schon
durch, durch der Selekzie, und haben nicht gehat dem Glück
zum weiteren Kampf. Auf der linker seite sind wir geschtanden. Das heist die kreftige Arbeitsfeike, welche sind zugewisen
geworden zum arbeiten, und welche waren gleichzeitig bestimt
zu komen ins Lager. Von nun an auch auf die linke seite sind
geschtanden Junge Frauen, aber ganz wenig, die waren
beschtimt zu komen in Frauen K. L. Auschwitz. (Wie es ist
bekant, hat der K. L. Auschwitz gehabt 2 bis 3 Männer K. L., ein
paar Frauen K. L. und auch einen Familien Lager, in welchen
es haben sich befanden Tschechische Juden aus Teresienstadt.
Dieser Familien K. L. ist an ende 1944 restlos vernichtet geworden. Auch ein Zigeuner K. L. war bei Auschwitz, welcher ist
auch am Ende 1944 likwidirt geworden.)
Zu den Platz auf rechts auf welchen es haben sich gefunden
der greste Teil Menschen, sind eins nach den andern
angekomen Autos gefürt von S. S. Männer welche haben die
unglückliche Leute gefürt zum Krematorium. Unter der
beiserei von die Hunde, unter die schläge von die S. S. Männer,
haben die arme unschuldige Leute gemust auf die Autos

aufschteigen. Der Mensch, der das hat nich beigewohnt, der kann sich das nicht vorschtellen wiso es hat ausgesehen so ein Bild. Und so stehendig und zuschauendig das ganze Bild habe ich derfilt das mein Gesicht fangt an zu nas werden und es fangen sich an zu kulern schwere, bitere Trenen von meine Augen. Trenen welche haben bawojnt meine teuerste und liebste, Trenen welche haben bawojnt dem Schiksal von ganzen Jüdischen Volk. Und dan habe ich angefangen zum denken, mit was hat das Jüdische Volk so gesindet, mit was haben sich das die Juden ferdint auf eine solche Ende. Was senen Schuld die kleinen Kinderchen welche weren so brutal abgerisen von die Brüste von ihre Mutter. Ich habe das nicht gekant verschtehen. Ich verstehe das jezt noch auch nicht, nachdem der Hitlerism, welcher war der Kwal von Antisemitism ist schon vernichtet geworden, jezt in den Moment wan in Europa sind gebliebene gezeilte Juden herscht noch Antisemitism. Aber ich will jezt nicht beriren keine politische fragen, und ich werde mich umkeren zu dem was es hat dan Passirt in der schrecklicher Nacht.

Und so stehendig und schauendig ist mich gekommen der schrecklichste Gedank, der Gedank, welcher hat mich gelechert mein Gehirn, der Gedank hat mir kein Ruhe gegeben auch speter ins Lager. Aber am Anfang war das zum schlimsten. Das war der Gedank, das ich werde mich schon nimals sehen mit meine liebe und teure Eltern, der Weg zwischen mich un die ist geschlossen für immer. Mit nicht eine ganze Stunde zurück waren wir noch zusamen. Und jezt befinde ich mich auf einen Platz dicht erumgeringelt mit S. S. Männer, mit noch ein paar Hundert junge Leute, welche sind ausgewelt worden von 3000 Juden. [...] und unter strenge Bewachung sind wir ins Lager abgeführt worden. [...] Mit jeden Trot und Schrit mit welchen wir haben sich dernentert [genähert] zum Lager ist das geschrei und gewein starker geworden. Viel mal hat man gekant erkenen das der geschrei das is gleichzeitig der letzter Klang welchen der unglücklicher Opfer hate erausgebracht. [...] Langsam sind auch die geschreien ruhig geworden und mit dem ausleschen sich von die letzte Stirne auf den Himmel, sind da hunten in die Gass-Kameren von den Auschwitzer-Krematorium, ausgeloschen geworden die lezte areme Opfer-Leute von unserem Transport.»

Hier lege ich das Heft hin, ich muss einen Augenblick innehalten. Ich sehe die Bilder vor mir, wie in einem Film, ganz plastisch. Ich aber, ich sitze hier und bekomme keine Schläge, keine Hundebisse, und meine Familie lebt. Und du, Max, alle ihr Jungen hier, habt das durchgemacht, habt überlebt. Was gab euch die Kraft?
Weiter schildert Max über viele Seiten, wie die Arbeitstauglichen abgeführt, eiskalt geduscht, Kopf und Körper geschoren werden, wie sie mit einer Jacke, Hose und Hemd, einer Unterhose und einem Paar Holzschuhen eingekleidet werden. Die Kleider sind nicht angepasst, einem ganz Grossen schauen die halben Beine und Arme aus der zu kleinen Jacke und Hose. Die Menschen sind zu etwas Neuem verwandelt worden: zu Häftlingen. Sie werden in einem Büro peinlich genau registriert, eine Nummer wird jedem in den Arm eintätowiert. Von nun an haben sie keine Namen mehr, sind sie nur noch Nummern.

«Nach der so genenter ankleidung hat mann uns in eine hölzerne Baracke gebracht. One Hoffen und one Licht war sie gewen. Und auch da hat man uns nicht lange gelassen zu ruhen. Nach eine halbe Stunde hat es geheisen antreten zum Apel. Zum Apel inausgehen hat jeder gemusst im Laufschrit, und befandendig sich Drausen hat mann schnell gemust in Reihen zu 10 antreten. Die ganze Zeremonie ist auch begleit geworden mit den Stock. [...] Das war ein Stock oder eine Gummi mit welcher mann hat die Häftlinge gelernt, wan einer hat etwas nicht so sehr verstanden, hat man im mit der Hilfe von ‹Dolmetscher› ales erklert. Nach diesem Tag voll mit anweisungen und Lehre waren von unser Block über 30 Tote. Die ale sind ermordet geworen durch dem Blockeltesten und Stubendinste. [...] Fül mall haben wir von unser Blockeltesten gekant heren: ‹Wan ihr werd nicht disziplinirt sein, dan kant ihr erleben das was meine Frau und Tochter haben bei mir erlebt, die beide habe ich mit einem Rasiermesser die Kehle durchgeschniten.› [...]

Auch seer schrecklich hat ausgesehen die erste Nacht.
Zusamengeprest in eine Masse haben wir auf den Boden von
der Holzbaracke in schrecklichen Fiber und Kelte verbracht die
erste Nacht in K. L. Der grester teil ist von uns nicht geschlafen,
drickendig sich einer zum zweiten bemiendig sich zu er-
warmen, hat jeder einer für sich überlegt und überdenkt was
er sol weiter machen. [...] Ich habe getraumt von meine Eltern
und Geschwister, welche haben noch mit 24 Stunden zurück
gelebt, und jezt ist vondie nur geblieben ein bischen Asche.
Und bei disen Gedank hat sich bei mir in Kopf gebildet ein
Gedank: Warum bin ich den beser von meine Eltern, warum
sol ich besser sein von die 3000 Mann welche die S. S. hat die
Vergangene Nacht umgebracht, warum lebe ich und die
andere nicht? Und dan bin ich zum Ausfur [Schluss] gekommen. Nein! Ich bin nicht besser von die und ich brauch auch
nicht Leben. Ich wolte schon aufstehen und zulaufen zu die
Türe und machen ein Ende zu meine fisische und moralische
leiden, eine Ende machen zu die schreckliche Gedanken,
welche haben mich erumgeringelt so wie Geschpenster. [...] In
dem richtigen Moment sind zu mich auch gekommen die gute
Gedanken. Ich habe mich dermont [erinnert] an den
verschprech, was ich habe mich Gestern gegeben. An den
versprech zum kämpfen und sich nicht zu untergeben.»

Ich blicke auf, gehe ans Fenster. Die Sterne sind am Verblassen, ein
noch kaum wahrnehmbarer Streif lässt den fernen Horizont erahnen.
Später bringe ich Max das Heft zurück.
«Max, ich danke dir. Aber ich kann jetzt nicht darüber sprechen. Wir
tun es später einmal, willst du?»
Max spürt meine Erschütterung. In dem Moment ist er stärker als ich.
Er will weiterschreiben und mir die Hefte geben. Ein Lächeln huscht
über sein Gesicht, wir schütteln uns die Hand, als besiegelten wir
einen Bund.

\*

Klärli fragt eines Tages: «Warum heissen sie eigentlich die Buchenwalder? Sie tragen doch alle die Nummern von Auschwitz im Arm eingeritzt. Sie erzählen meist von Auschwitz, Treblinka, Gross Rosen und andern Lagern mit unaussprechbaren Namen.»
«Die letzte Station war Buchenwald bei Leipzig. Man jagte die Häftlinge vor den aus dem Osten heranrückenden Russen vom Januar 1945 an nach Westen. Das war etwas vom Grauenvollsten; man nannte diesen Exodus den Todesmarsch, denn von den Abertausenden kamen nur noch wenige in Buchenwald an. Sie waren so geschwächt und krank, dass viele nicht überlebten. Als die Amerikaner nahten, trieben die Schergen die Häftlinge, man spricht von dreissigtausend, vielleicht auch mehr, in die Wälder und vernichteten sie. Die Amerikaner sollten die vielen Leichen nicht sehen, zum Verbrennen blieb keine Zeit mehr. Etwa tausend Jugendliche, darunter eben unsere Buben, blieben in der Verwirrung dank der Hilfe eines tschechischen Kapo im Lager versteckt.»

*

Später liegt das zweite Heft von Max auf meinem Tisch. Ich lese, dass Max in ein Sonderkommando eingeteilt wird:

«[...] in der begleitung von S. S. haben wir marschirt zu dem Platz durch welchen wir sind mit nicht ganze 2 Monate zurück angekommen. Wen wir haben uns zum Platz genehert haben wir vor uns gesehen ein grosses Last Zug von welchen es sind von die Wagongs ausgeschtigen unglückliche Leute von welche der grester Teil war zum Tod verurteilt. Das war ein Transport griechische Juden aus Saloniki. Der Zug ist bestanden von 30 bis 35 Wagongs, welche waren überfielt von Leute. Der ganze Transport hat gezehlt ca 5000 Menschen. Die arme aussteigende Leute haben so eine Aufname nicht erwartet, so das sie waren ganz verzweifelt. Schrecklich hat das ausgesehen. Viel von die haben sich gelasen laufen. Aber das S. S. Gewer hat sofort ein Ende gemacht zu ihrer Pein. Ein grosser Teil von die ist gefalen in Onmacht, und die haben die S. S. zum Tode erschlagen.

Sehr verwolkend war bei mir das Herz, wan ich habe angefangen zu denken über dem Schiksal von die arme unschuldige Leute. Ich habe vor mir gesehen junge Männer, junge Frauen, kleine Kinder und auch eltere Leute, und der grester Teil von die hat marschiert auf links was hat bedeutet zum vergasen. Und ich laufendik mit Packete oder Koffer in die Hende habe da alles zugeschaut. Schrecklich und unmeglich zum beschreiben ist das. (Wen diese Papier hätte gekant schprechen, dann hätte sie euch bestimt mehr erzählt wie meine Worte.) Und so inaustragendik die Packete von den schon leer gewordene Wagongs habe ich so gedenkt: Wifiel Krefte und wifiel Jahre Arbeit hat das euch gekostet bis ihr seit dazu gekommen. Und jetzt hir raubt man euch alles weg in nur einige Minuten, und das Leben, eur armes Leben, das wichtigste, rauben die auch von euch zu, die hören euch nicht aus, die willen überhaupt nicht denken von den was sie mit euch machen, die schauen nicht zu das Klagen von die Mutters von welche man nimt die Kinder weg. Die schauen auch nicht auf die Kinder von welche man hat die Familien wekgeraubt. [...] Und wer kan euch helfen? Wer hört eur gewein und geschrei? Wer fielt mit die arme Mutters, von weres Hende es weren die Seuglinge erausgezogen und gegen die Wand geschmisen. Nein, das kant ihr nicht glauben, aber ich glaube das weil ich habe das mit meine Augen gesehen.

Und nach dem wie die Tagschicht hat uns abgewekselt, sind wir ins Lager gekommen. Ineinkomendik in Block habe ich mich gleich auf den Bett ingeschmissen. Wir haben noch dan zum Esen bekommen, aber ich war schon sat mit meine Gedanken und mit die schreckliche Bilder was ich habe im Verlauf der ganzen Nacht gesehen. Und so liegendig auf dem Bett, fisisch ausgemartert mit ein zerbrochen Herz habe ich langsam angefangen zu weinen. Ganz Kwale von Tränen, welche waren mit Blut gemischt, sind von meine Augen geflossen, Tränen welche haben bewajnt den Schiksal von den Jüdischen Volk. – Ich habe auch gewajnt über mein Schiksal.»

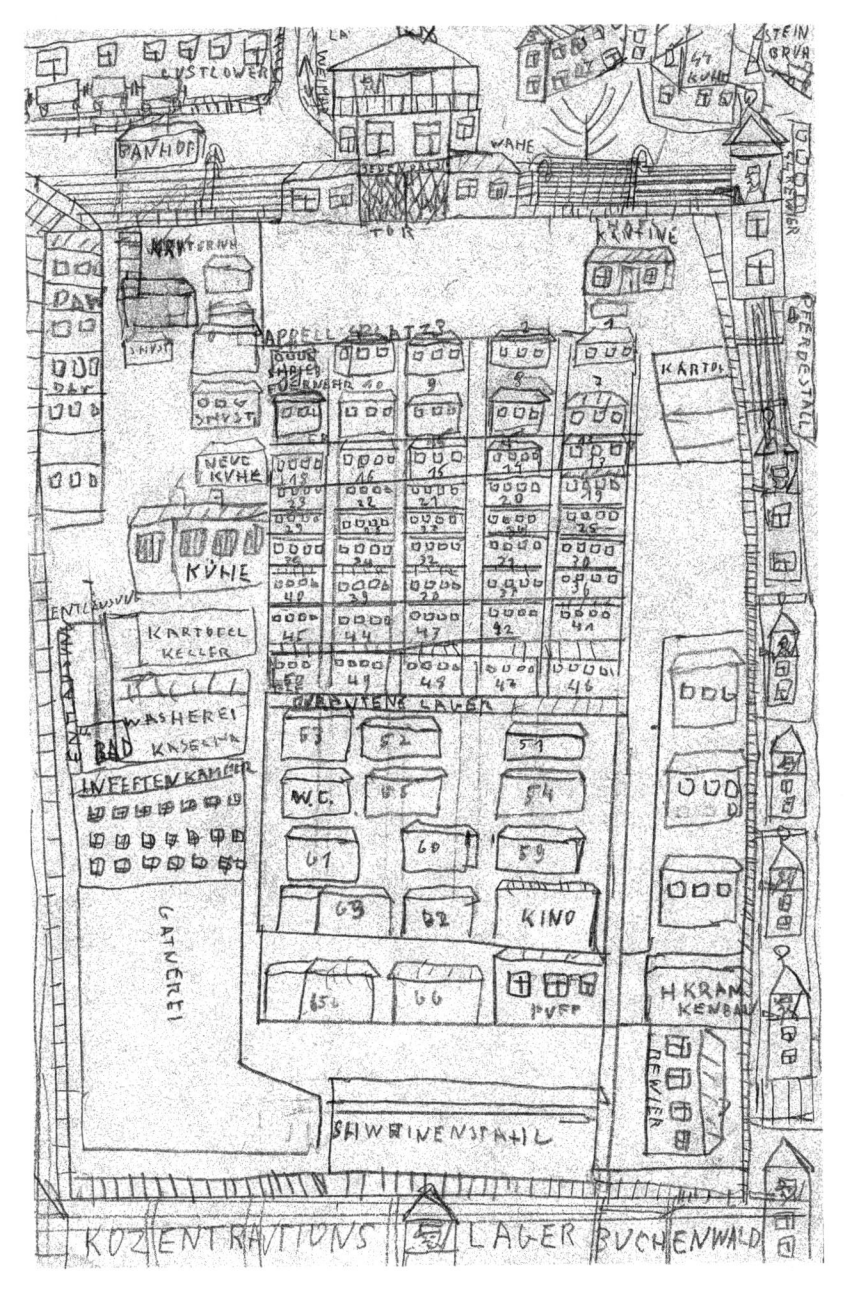

Abb. 50: *Diesen Plan des Konzentrationslagers Buchenwald hat ein Junge mit grossem Erinnerungsvermögen gezeichnet.*

245

Max schildert weiter, wie die nackten Menschen mit Schlägen und Hunden in die Gaskammern getrieben werden und wie Häftlinge die Leichen hinausschaufeln, auf Wagen laden und zum Krematorium karren müssen, wie die Henker Säuglinge und Kleinkinder direkt ins Feuer werfen. Ich erfahre, wie er das verpflegungsmässig etwas besser gestellte Kommando, das die von den Vergasten zurückgelassenen Habseligkeiten fein säuberlich sortieren muss, verlässt, weil die seelische Qual bei der Vorstellung all dieser nun ausgelöschten Leben, die ihm in Fotos, Briefen, Kleinigkeiten entgegentreten, ihn zugrunde richten würde.

Am 18. Januar 1945 beginnt der Todesmarsch. Sie marschieren, kommen in andere Lager, erleiden weitere Selektionen, hungern, dürsten, und die Toten säumen den Weg. Sie marschieren über das Riesengebirge in Böhmen, durchqueren Städte und sehen Menschen in einer anderen, in einer freien Welt. Der Frühling kündet sich an:

«Erum dem 15. II. 45 war ein wunderschöner Tag. Die Sone hat ihre Stralen zu uns erabgeschieckt wolendig derwarmen unsere kranke ausgemagerte Körper, sie wollte uns auch gleichzeitig erwecken die Hoffnung und den Mut nicht zu verlieren. Ein Mensch was hat das nicht mitgemacht kan sich das nicht vorstelen wiso es wirken die schöne warme Stralen auf ein schwachen zum Tod verurteilten Häft. Mit was für ein Gefühl er schaut auf alles erum, wan er denkt das er muss verlassen diese schöne Welt. Wie schrecklich das ist. Und so gehendig ein Müder, ausgehungerter und zerbrochener Häft. habe ich angefangen zu denken. [...]

In dem Moment wo viele Völker sind schon frei geworden von den Nazi Regime, müssen wir umkommen. Nein und nochmal nein, ich will noch Leben. Und eine benkschaft [Sehnsucht] hat verdrückt mein Herz. Ich habe das Gefühl gehabt, das ich fang an zum weinen. Aber in meine Augen waren keine Tränen. Nein, ich kan schon nicht mehr weinen. Ich habe gefilt wie die Trännen fliessen vin mein Herz, ja sie fliessen, aber kein Mensch kan sie nicht sehen. Und schrecklich traurig war mich, ich habe schreckliches Heimweh bekommen. Und mit diese Gedanken habe ich weiter marschiert.»

Am 1. März werden sie auf offene Viehwaggons geladen. Erneut kämpfen sie gegen Kälte, Hunger und Durst:

«Und einer nach den andern sind sie auf dem schwarzen Boden von Wagong umgekommen, mit die Worte Wasser auf die Lippen. Ich habe auch gesehen wiso ein 14 oder 15 Jahriger Junge ist bei uns in Wagong umgekommen. Zuerst ist er mit dem Gesicht auf den Boden gefalen rufendig immer Wasser! Wasser! Dann hat er sich schrecklich angefangen zu schleudern reisendig mit seine kleine schwache Hände den schwarzen Boden von Wagong. Es hat ausgesehen, wie er dort gedenkt hat Wasser zu finden. Und nacher wann er etwas ruhiger geworden ist hat er etwas angefangen zu schprechen. Aber nicht alles habe ich verstanden. Ich habe nur verstanden sein rufen: Mutti, liebe Mutti, hilf mich, und dann ist er ganz ruhig geworden. Er hat keine Kreften mehr gehabt. Und so ist er gestorben.»

Das geht so sieben Tage lang. Bis sie am 7. März in Buchenwald ankommen, sind sechzig Prozent der Menschen in seinem Waggon tot, sie fallen steif gefroren wie Bretter aus dem Wagen auf die Rampe. Von den Überlebenden können nur die wenigsten noch selber gehen. In Buchenwald sind die Häftlinge politisch gut organisiert. Die Gefangenen helfen einander, nehmen sich der Neuankommenden an. Max kommt in den Krankenblock. Er kann nicht schlafen, vor Schmerzen und wegen dem Jammern der leidenden und sterbenden Kameraden. Er hat erfrorene Füsse, eine bis auf den Knochen eiternde Schusswunde am Bein. Er ist dem Tode nah. In seinem fiebrigen Kopf wird die Kindheit lebendig, die Mutter sitzt abends am Bett und erzählt Geschichten, oftmals aus ihrer eignen Vergangenheit während des Ersten Weltkriegs:

«Mit wiviel Interess ich habe mich zugehört zu ihre Worte und wan sie pflegt einmal überreisen [unterbrechen] ihre Erzählung dan pflegte ich sie bitten: ‹Erzehl bitte weiter liebe Mutti, erzehl doch› und dan pflegt sie mir weiter erzählen. Viel mal pflegt sie überreissen ihr erzehlen beschitendig [bedeckend] mein Gesicht mit heise Mutterliche Küsse.»

Sein Freund Israel bringt ihm täglich die politischen Neuigkeiten, doch am fünften Tag wird er, zwei Tage vor der Ankunft der Amerikaner, mit einem Transport fortgeschafft. Max sieht ihn nie mehr wieder.

«Und so ligendig auf die Box ist mir jede Kleinickkeit an was ich nur gedenkt habe, so lieb und teuer geworden. Und so habe ich erfilt das ich fange an zum absterben. Ein gewiser Teil von meinem Körper war schon auch Tot. Es war fir mich eine grosse Frage dan, ob ich diese Nacht überleben werde. Eine sehr schwere und peinlich Nacht war das. Und das war auch mein Kriesis Nacht und habe von den grossen Fieber was ich dan gehabt habe angefangen sich werfen und schleudern. Ich habe auch um Hilfe gebeten, aber von wem ich das gebeten habe, weis ich nicht. Ich habe auch im Traum meine Mutter gesehen. Sie hat zu mir so viel geschprochen, aber ich konnte mich nicht erinern was. Und wieder habe ich nach Hilfe gerufen. Nein! Und nochmal nein, ich wil nicht sterben, ich wil nicht umkommen jetzt in dem letzten Moment, jetzt wan die Amerikaner befanden sich nahe von uns. Wiviel Jahre habe ich gewartet auf den Moment, wieviel Jahre habe ich gehungert und schwer gearbeitet gebendig sich Mühe zum erleben diesen Moment. Und jetzt wann die Freiheit ist so nahe, wenn die ganze Nacht hört man das geknale der Artilerie, darf ich jetzt umkommen? Jetzt wenn der Hitlerism zu Grunde sinkt, soll ich jetzt sterben? Vielleicht wär das nicht so schlecht wenn ich gewusst hätte, dass es bleibt jemand nach meinem Tod, wenn er wird mich dermonen [sich meiner erinnern] ist das schon nicht so schlecht. Aber in dieser Situation in welcher ich befande mich, wo ich schon keinem habe, wird schon keiner wissen, wo, wann und wiso ich umgekommen bin. Meine einzigen Verwandte welche befanden sich in Irland und Amerika die werden nicht wissen, wann und wiso unser ganze Gesind ums Leben gekommen ist. Und ein grosser und starker Willen zum Leben hat sich in mir geschafen. Was habe ich den von meinem Leben genossen mit meinen jungen alter wenn der Krieg hat sich angefangen. Und jetzt die 6 Jahre von Krieg,

in welche ich nur schlimmes erlebt habe; erniedrungen und beleidigungen. Und ich wolte Leben! [...]
Mit grosse Mühe bin ich von der Box inunter und zum Fenster zugekletert. Schön war Drausen. Schnell habe ich geatmet mit die frische Frühlings Luft, welche an Ort auch hier ereingedrungen in die Finstere Strassen von K. L. Buchenwald. [...] Und so schauenfig erum habe ich mir erinert an meine Kinder Jahre. [...] Ich habe gesehen vor mir die grosse breite Felder welche waren voll bedeckt mit verschiedene Getreide. Ich habe mich erinert an den villmal geherter Klang von ein Dorfischen Instrument (Fujarka). Ich habe gesehen vor mich die schöne kleine Frilings Fögelchen, welche haben so wunderschön gesungen. [...] Und jetzt, jetzt stehe ich da in Fenster und denke das, das ist mein letzter Abend der letzter mal was ich sehe den Himmel und die Sterne. [...] Warum muss ich mir scheiden mit dieser schönen Frühlings Welt. Und dem bin ich noch so lange gestanden inaufschauendig zum Himmel zu die Sterne und habe bewundert die schöne von der Nacht. Und jetzt genau so wie immer wann ich war nehe zum Tod, hat mir ein schrecklicher Lebenslust beherrscht. Nein ich wil nicht sterben. Ich muss leben ich muss. Und dass hat mir viel geholfen nur mit solchem Lust zum Leben, hat man das alles durchhalten gekant.»

*

Max hat mir die drei Schulhefte anvertraut mit der Widmung:
«Mit Liebe von ein Mensch zum zweiten.
Max Perkal
Häftling No. Auschwitz 98069
Häftling No. Bu 133881»

249

## VI

Es ist August 1945. Ein warmer Sommer liegt über dem Land. Dieses Jahr, kommt mir ganz unvermittelt in den Sinn, kein «Happy birthday to you», sondern: die Kündigung!
Doch das ist nichts, nichts gegen das, was heute im Fernen Osten geschehen ist: die Atombombe auf Hiroshima! Das Radio sagt es. Hören wir richtig?
Ein unheimlicher Gedanke bohrt sich in mein Hirn: Nun haben die menschliche Hybris, der Fortschrittswahn es fertiggebracht: die irreversible Machbarkeit der totalen Vernichtung der ganzen Welt. Das ist der Beginn einer neuen Zeit voll Angst und Schrecken. Ist es mit dem unfassbarsten Kriegsverbrechen aller Zeiten, der gezielten Vernichtung von Millionen unschuldiger Menschen, noch nicht genug?
Die Erschütterung geht durch das ganze Haus.
Wir sind noch weit entfernt vom Frieden. Ob wir ihn überhaupt je finden?
Und die Sonne scheint strahlend herab vom wolkenlosen Himmel. «Auf alle...», würde Fritz sagen.
Wenn man von hier oben das Land überblickt, weit über den zartblauen See hin bis zur Rigi und zum Pilatus, wünschte man, alles sei so friedlich, harmonisch und besonnt wie dieser Flecken Erde.

\*

Es ist Feierabend, und vor dem Haus spielen einige Jungen Fussball. Andere stehen oder sitzen in Grüppchen herum. Seit einiger Zeit ist die Ruhe, die diese jungen Menschen so dringend suchen, von ihnen gewichen.
Nach der Versammlung mit Akiva Lewinsky sind plötzlich reale, schwere Probleme an sie herangetreten. Sie beginnen zu verstehen, dass sie sich zu einer neuen Lebenshaltung durchringen müssen. Für uns Erwachsene steht ausser Frage, dass wir die Jungen in einer solchen Phase ihrer Entwicklung nicht allein lassen dürfen. Oft finden wir uns zu Gesprächen zusammen.

«Die Jungen haben Angst!» sagt Gert. «Ihr werdet es nicht glauben, die Grossen von siebzehn und achtzehn Jahren haben geweint, als sie von den Unruhen mit den Arabern in Palästina hörten, sie haben Angst vor neuerlichem Totschlag.»

«Das ist auch in meiner Gruppe so», stimmen andere zu.

Die Zukunft, die sich kurze Zeit aufzuhellen begonnen hat, sieht aufs neue düster und hoffnungslos aus.

«Die Chawerim sind niedergeschlagen», meint Anny traurig.

«Ich begreife nicht, dass man ihre ganz primären Wünsche, zu lernen und eine Berufsausbildung zu bekommen, nicht ernst nehmen und erfüllen will. Es gibt doch bestimmt Möglichkeiten», sinniert Rudi Schaerer.

«Natürlich, die ORT», sage ich.

«Was ist denn die ORT?» fragen mich einige gleichzeitig.

«Das ist die Abkürzung für Organisation Reconstruction Travail, welche für den unmöglich langen Namen Association Suisse pour le Développement du Travail Artisanal, Industriel et Agricole parmi les Juifs steht. Es ist eine jüdische Organisation, die bereits Ende des letzten Jahrhunderts in St. Petersburg ins Leben gerufen wurde. 1943 gründete Dr. Syngalowski in Genf die ORT Suisse, welche für Jugendliche alle möglichen praktischen Kurse anbietet, die übrigens ausgezeichnet sein sollen. Dr. Syngalowski ist ein *Mensch*.» Diesem letzten Wort gebe ich unwillkürlich eine ganz besondere Betonung.

OSE (Organisation Sanitaire Enfants), füge ich noch an, sei die Abkürzung der jüdischen Organisation für die medizinische Betreuung der Kinder und Jugendlichen, auch sie jahrzehntelang in Osteuropa und seit 1940 in Genf und Paris tätig.

Die Unsicherheit über die Weiterexistenz unserer Heimgemeinschaft lässt mich kaum mehr schlafen. Warum fragt man *uns* nicht, die wir die Lage aus der Nähe kennen? Unsre Lösung wäre, die Schule auf dem Zugerberg noch eine längere Zeit weiterzuführen, unter Beizug hebräischer Lehrer und mit der Einrichtung verschiedener Werkstätten. Ich weiss, dass die ORT dazu Hand bieten würde.

*

Mir kommt oft vor, als betrachte man die Buchenwalder wie Figuren auf einem Schachbrett, die man hin und her schiebt. Hat das Rote Kreuz diese ganz besondere Jugend tatsächlich nur für eine kurze Erholung in die Schweiz gebracht? Hat es die Realität dieser Buben, die aus ihren Lebensläufen spricht, nicht erkannt?

Eine einmalige, eine menschliche Chance ist vertan. Glaubten die Herren wirklich, dass mit ein paar Kartoffeln und ein bisschen frischer Luft, Pfadispielchen und pausenloser seichter Unterhaltung («Stimmungsmache») auf dem Zugerberg die Sache getan sei? Von den zweitausend Kindern aus den deutschen Konzentrationslagern kamen dreihundertfünfzig. Und wie sorgt das Rote Kreuz für sie?

«Wir haben Auschwitz überlebt, wir werden auch noch die Schweiz überleben», sagen die Burschen bitter. Enttäuschte Erwartungen, verlorene Hoffnungen, nicht gehaltene Versprechen, Herausgerissenwerden aus der kaum gefundenen kleinen Heimat.

Heisst denn die Devise des Roten Kreuzes nicht, es sei, so wie der biblische Samariter, Hilfsbereitschaft zu üben am Fremdling? Proklamiert es nicht in seinen Schriften, dass echte, selbstlose Menschlichkeit die Kraft sein müsse, die seine Mitarbeiter – und nicht das Personal, wie wir gemeinhin betitelt werden! – erfüllt, wie gross und weitverzweigt, wie sachlich und manchmal schwerfällig die Organisation auch sein möge? Dass nur *das* Hoffnung und Heil spenden könne?

Über unsere und der Jungen Köpfe hinweg wird das weitere Schicksal der Buchenwalder entschieden. Ohne auch nur eine Ahnung von den wirklichen Verhältnissen zu haben, schiebt das Rote Kreuz die Kinder ab und übergibt die ganze Aktion den zionistischen Organisationen. Diese handeln entsprechend ihrer Politik, welche die Eingliederung der Jugendlichen in ihre neue jüdische Heimat Erez Israel zum Ziele hat.

Nun ereignet sich alles in grosser Eile und überstürzt. Zionistische Vertreter kommen auf den Zugerberg. Noch einmal fühlen sich die Jungen ganz besonders geeint und stark. Eine Besprechung der ganzen Belegschaft mit den zionistischen Delegierten findet statt. Einer ihrer Vertreter erklärt: «Wir haben befristete Zertifikate [Einreisedokumente] für Palästina zugesagt bekommen. Diese müssen wir ausnützen. Für diejenigen, die lieber eine Lehre noch in der Schweiz machen möchten, ist es fraglich, ob die Schweizer Behörden die Aufenthaltsbewilligungen, die ja nur auf sechs Monate lauten, verlängern. Um ein Palästina-Zertifikat zu bekommen, müsst ihr einige Zeit in einem Alijah-Heim zubringen, um auf ein Leben in Palästina vorbereitet und zionistisch geschult zu werden. Es gibt drei solche Alijah-Heime in der Schweiz...»

Tumult.

«Wir wollen nicht getrennt werden! Wir wollen schon Iwrit lernen, mit jüdischen Lehrern, aber hier auf dem Zugerberg, und alle zusammen!»

Diesmal sind wir Erzieher dabei. Mit Befremden hören wir weiter: «Jedes dieser Alijah-Heime wird entsprechend einer religiösen und politischen Richtung geführt, eines von den sozialistischen Zionisten, in Bex, und die beiden andern von den frommen, in Krattigen und Engelberg. Diese Heime werden euren Bedürfnissen angepasst.»

Die Antwort der Jungen steht den obigen Auffassungen prinzipiell entgegen. Einer der älteren Jungen ist der Wortführer der Buchenwalder: «Wir Buchenwalder haben gelernt, Kameraden zu sein trotz religiöser, ja selbst nationaler Unterschiede. Wir sind tolerant und treten für das gemeinsame Ziel ein. Auch die Religiösen unter uns wünschen keine einseitige Vorbereitung, sondern wollen mit den andern zusammen eine neutrale Erziehung, die jedem seine religiöse Überzeugung lässt. Wir werden auch in Palästina diese neue Idee unter den Juden vertreten. Für uns ist Palästina nicht eine Frage des Zionismus, sondern eine Angelegenheit der Judenheit.»

Zwischenrufe von Kameraden bestätigen ihre Einigkeit. Welch echte Menschlichkeit, welch politische Reife spricht aus diesen jungen Menschen! Ich bin ganz erschüttert. Und ich bin auch stolz. Sind es nicht gerade solche Menschen, die ein Land aufbauen können? Am liebsten wäre ich aufgestanden und hätte gerufen: «Bravo, meine Jungen! So soll es denn auch sein. Wir bleiben alle hier und bereiten uns auf ein Palästina voll Toleranz und Freiheit vor!»

Die Vertreter der Alijah versuchen zu erklären, dass diese Ideen sehr schön seien, dass aber die gegenwärtige Wirklichkeit in Palästina anders aussehe. Da bestünden Gegensätze, die aufeinanderprallten. Es sei kaum möglich, ein jüdisches Heim mit neutralen Erziehern zu führen.

«Warum denn das?» fragen die Jungen. Wir sind alle Buchenwalder

mit dem Wunsch nach Kameradschaft, die alle Gegensätze unter den Menschen zu überbrücken vermag. Wir haben das in jahrelangem Leiden gelernt, und das müsst *ihr* uns glauben!»
Die zionistischen Vertreter versichern, die Wünsche und Forderungen den kompetenten jüdischen Organisationen zu unterbreiten und nach einigen Tagen mit den Beschlüssen wiederzukommen.

\*

Wir Erzieher streiten auf verlorenem Posten um die Erhaltung von Felsenegg. Wir machen einen letzten Versuch. Wir laden Dr. Gautschi vom Roten Kreuz und Frau Dr. Flügge von der Schweizerspende ein. Sie erscheinen am 22. August auf dem Zugerberg.
«Es geht uns nur um das Anliegen der Kinder, keineswegs um unsre Stellen. Wir waren ja schon einmal bereit, diese aufzugeben!» spricht Gert für uns alle.
«Es sind sachliche Überlegungen, die uns fordern lassen, die Erziehungsarbeit nicht im jetzigen Stadium zu unterbrechen. Noch mindestens drei weitere Monate könnten die Jungen so festigen, dass sie neuen Situationen besser gewachsen wären und mehr Selbstvertrauen bekämen», erkläre ich so ruhig und bestimmt als möglich.
Doch was immer wir vorbringen, so spüre ich, so spüren wir es alle: Wir reden gegen den Wind. Wir stossen auf Granit. Wir fühlen ohnmächtige Erbitterung und Hilflosigkeit.
In Bern scheint inzwischen das Rote Kreuz die Zukunft der Buchenwalder mit der Alijah endgültig ausgehandelt zu haben.
So suche ich die Hunderte von Briefen und Kopien meiner eigenen Korrespondenz zusammen, die ich im Laufe der vergangenen Wochen bei meinen Nachforschungen nach Berufsausbildung, Kursen, Lehrstellen, Freiplätzen für die Buben geführt habe. In jedem Dossier zu den einzelnen Jungen sind die genauen Daten, mögliche überlebende Verwandte, seine Besonderheiten wie Sensibilität, Verletzlichkeit, Begabung, Ausdauer, ferner Schulkenntnisse, Lagerarbeit und Berufswünsche zu finden. Damit werde ich versuchen, weiterzuhelfen.

\*

Der Tag, der unsere so schöne und in ihrer Zielsetzung geeinte Gemeinschaft auflösen wird, kommt mit harter Unerbittlichkeit heran.
Es ist der 4. September 1945.
Die Jungen, die sich für Engelberg entschieden haben, sind die ersten, die gehen. Es sind viele, und sie sind traurig und trostlos wie wir alle.
Einige haben sich für eine Hachscharah in Krattigen gemeldet.
Dann sind die Jungen für das Alijah-Heim der Arbeiterpartei in Bex dran. Darunter sind Max, Marian und Lutek, Marek, Salomon, Abram und Artek. Gert fährt mit ihnen.
Die letzte Gruppe ist diejenige nach Vaumarcus.
Was sich in den jungen Menschen abspielt bei der Trennung von den Kameraden und von uns, den Freunden und Erziehern, greift uns, die wir ohnmächtig und verzweifelt dabeistehen, schmerzhaft ans Herz. Die Burschen schluchzen und werden von Heulkrämpfen geschüttelt. Trostlosigkeit fällt wie eisiger Regen auf diese jungen Menschen. In unbeschreiblich trauriger Stimmung haben sie ihre Bündel gepackt und gehen... Gehen wohin?
Die Gruppenväter und -mütter sind umringt von ihren «Kindern»:
«Kommt ihr uns besuchen? Bitte, bitte, schreibt!»
«Und habt Dank, vielen Dank für alles!»
Händedruck, eine kurze Umarmung, ein mühsam hervorgebrachtes Lächeln mit feuchten Augen.
«Mutti, leb wohl! Komm uns bald besuchen!»
«Ich werde kommen. Und schreibt mir, wie es euch geht.»
Das letzte Bähnchen fährt hinab. Ich renne ins Haus zurück in meine Kammer.
Es steckt ein unguter Geist in der Wohltätigkeit unseres Landes, höre ich mich laut sagen. Eine Wohltätigkeit, die weh tut! Wen kümmert's? Die grosse Stille im Haus kommt mir schauerlich vor. Später verabschieden wir Mitarbeiter uns voneinander, erschüttert und fast wortlos. Jeder trägt seinen eigenen Kummer mit sich fort.

# VII

Noch bevor ich den Zugerberg verlasse, erreicht mich ein Brief von Dr. Gautschi mit der Aufforderung, ihm alle Unterlagen der Buchenwaldkinder zu senden und mich mit dieser Angelegenheit nicht mehr zu befassen.
Haben Sie sich nicht geirrt, Herr Dr. Gautschi? Wollten Sie nicht schreiben: «Wir bitten Sie, sich nun ausschliesslich mit den Angelegenheiten der Buchenwalder zu befassen?» denke ich mit spöttischer Ironie und spüre gleichzeitig einen bitteren Zorn in mir aufsteigen. So, als wäre unsere Arbeit auf dem Zugerberg nur grade eben ein Sommerzeitvertreib gewesen!
Sie wollen das «Bestmögliche» tun, sagen Sie.
Was aber sagen all die ungezählten Briefe aus Engelberg, Vaumarcus, Krattigen, Bex, die mich in den folgenden Tagen und Wochen erreichen?
Die Jungen berichten von überallher gleich nach ihrer Ankunft. Max aus Bex am 4. September: «Liebe, liebe Mutti! Es ist jetzt 10.30, ungefähr mit 2 Stunden zurück sind wir nach Bex angekommen.» Der Brief schliesst: «Liebe Mutti, wie schön es soll hier nicht sein, doch bleibe ich bei meins. Ich muss mich lernen!»
Artur Szainbajn und Abram Kimelman, zwei Kameraden, die wie Brüder aneinander hängen, berichten am 5. September aus Bex: «Wier übermitteln unsere härzliche Grüsse und Danken für dem allem was die Mutti für uns getan hat. Leider hat uns der Schicksahl auseinander gerissen.
Wier haben keine Wörter, auszuprechen das Gefühl was wier gegen Ihr haben. So wie eine richtige Mutti waren Sie für uns, und das wellen wier nie im Leben vergessen.
Wier möchten nur wissen, wie es mit die Fachkurse aussieht. Und wegen den sohl uns die Mutti genau schreiben. Wier bitten es sehr. So wie immer kommen wier auch jezt zu die Mutti nach eine Rat. Wier ferlasen sich drauf. Wier grüssen die Mutti härzlich von tiefsten Härzen, die tief ergebene Kinder und Kameraden, Artur und Abram. Härzliche Grüsse fon alle Jungs.»

Weiter aus Bex schreibt der kluge, ernste Junge Salomon Brandys: «Liebe Teure Muti!!! Deim Brief von die liebe Muti habe ich erhalten und er hat mier fiel Frehide [Freude] verschafen. Das haus ist noch ganz schmuzig, es braucht nur ein führung und das fehlt uns, aber jetz nemen wier ales in unsere hende und wier werden die arbeit ferteilen und zahigen [zeigen] was wier haben gelernt auf den Zugerberg. Aber es ist noch lange nisch so wie auf den Zugerberg, men kan nischt fiel lehrnen. [...]
Es ist mier sehr bahng, ich kan mier kein ort funden, so wie die Muti ist von uns weg, habe ich den ganzen tag gewaint und bis noch hoit giengen wier rum miet ausgewainte gesichte.»

Aus Vaumarcus fragt Kurt Wallach besorgt am 9. September, wie es mit ihrer Aufenthaltsgenehmigung stehe. «Kann man uns wirklich nach Ablauf der drei Monate fortschicken?» Ob sie jetzt schon einen Antrag auf Verlängerung in der Schweiz stellen könnten?

Am 16. September schreibt Eduard Herszkovic alarmiert: «Ich war sehr überrascht als ich das hörte, dass Sie werden sich nicht können weiter mit unser sach befassen, sondern dass das wird schon ‹Bern erledigen›. Ich hab immer davon angst gehabt dass die sach wird sich so endigen wie in Zugerberg, nämlich wie bald dass man es seht dass Sie etwas in unseren interes machen, probiert man Sie daran hindern. Ich weiss es, der Rote Kreiz habt kein interesse dafür, dass wir hier in der Schweiz bleiben sollen, gegenteil, wie zum schnellsten heraus, und darum von Bern wird das darfen erledigen und dan sind wir erledigt!

Liebe Mutti, schreiben Sie mir aufrichtig wie die sach steht, ich bin ein bischen besorgt darüber. Wer wird sich denn uns annehmen, wan Sie uns verlassen?»

Ich beantworte die ungezählten Briefe genauestens und aus dem Herzen einer Freundin, einer Kameradin, einer Mutter. Den einen oder andern Jungen sehe ich kurz in Zürich, ich gehe ins Spital und gebe den hospitalisierten Fussleidenden Unterricht, ich begleite die Kursanwärter zu den Lehrmeistern oder in die Werkstätten, schreibe noch immer für sie an die mir wohlgesinnten Kontaktpersonen.

Wieder einmal erreicht mich ein Brief. Er stammt von «Ihress Knabe Emanuel»: «Liebe Mutti im namen von alle kameraden verbetten wir,

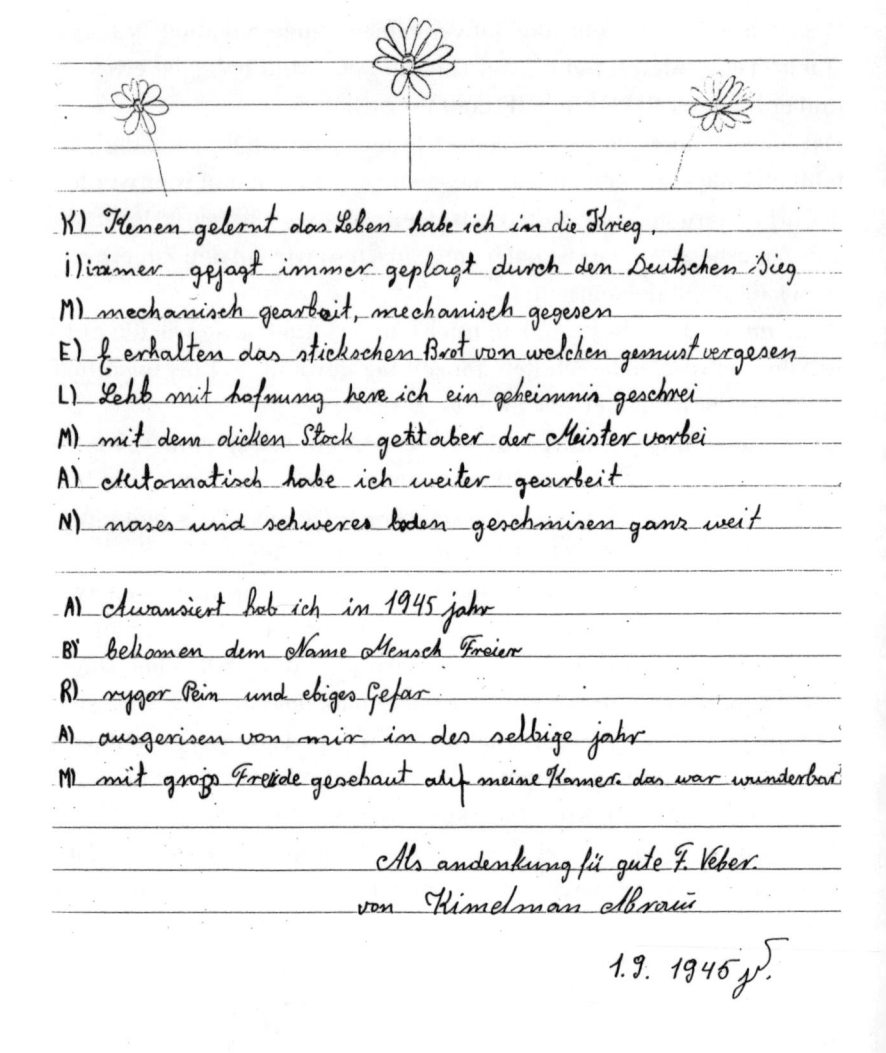

K) Kenen gelernt das Leben habe ich in die Krieg,
I) immer gejagt immer geplagt durch den Deutschen Sieg
M) mechanisch gearbeit, mechanisch gegesen
E) f erhalten das stückschen Brot von welchen gemust vergesen
L) Lebb mit hofnung here ich ein geheimnis geschrei
M) mit dem dicken Stock gett aber der Meister vorbei
A) Automatisch habe ich weiter gearbeit
N) nases und schweres boden geschmisen ganz weit

A) Awansiert hob ich in 1945 jahr
B) bekomen dem Name Mensch Freier
R) rygor Pein und ebiges Gefar
A) ausgerisen von mir in des selbige jahr
M) mit große Freude geschaut auf meine Kamer. das war wunderbar

    Als andenkung fü gute F. Veber.
    von Kimelman Abram
      1.9. 1946 j.

Abb. 51: *Das Bedürfnis der Jungen, sich auszudrücken, in Niederschriften, in Briefen oder Zeichnungen, wird immer stärker und offenbart ihre seelische Not. Hier verwendet Abram Kimelman die Buchstaben seines Namens fortlaufend am Beginn seiner Verszeilen. Diese Art des Verseschmiedens ist sehr beliebt.*

Abb. 52: *Nach der Schliessung des Lagers auf dem Zugerberg besuche ich die Jugend-Alijah-Heime, in welche die Jungen versetzt worden sind. Hier ein Gruppenbild aus Bex (vor mir sitzend Zosia).*

das die Mutti sol uns besuchen. Schreiben Sie uns wan wir sollen die Mutti abwartten, weil wir haben Bänge.» Und dann besuche ich reihum die Heime, und die Jungen heissen mich in freudigster Herzlichkeit willkommen.

Anny Mächler, die nach Schaffhausen heimgekehrt ist, schreibt in ihrem Brief vom 14. September: «Hat man Dir überhaupt jede Möglichkeit genommen, noch etwas für die Jungens zu unternehmen? Dann jedenfalls würde ich schwarz sehen, denn ich habe nicht das Gefühl, dass von andrer Seite aus viel für sie gemacht wird. Ich habe noch mit Bohny darüber gesprochen, er fuhr letzten Samstag im gleichen Zug wie ich nach Zürich. Von ihm bekam ich aber, wie eigentlich ja immer, keine richtige Antwort, nur ein Achselzucken, das mich jedesmal in eine ungeheure Wut brachte.»

\*

Ich bin nun zwar verdienstlos, aber an Beschäftigung fehlt es mir keineswegs. Neben den Bemühungen für meine Jungen sind es vor allem Artikel, die ich über die vergangene Arbeit schreibe und die in Erziehungszeitschriften, Tageszeitungen und jüdischen Blättern erscheinen. In einem Aufsatz, den ich am 11. Oktober 1945 an das «Israelitische Wochenblatt» schicke, versuche ich das falsche Image der Buchenwald-Jugendlichen, die noch manchmal als ungezügelte Bande eingestuft werden, zu korrigieren:

*Die «Buchenwalder» sind weder verwahrlost noch gefährlich*

*Bei oberflächlicher Betrachtung unterscheiden sie sich vielfach kaum mehr von den in der Normalität aufgewachsenen schweizerischen Jugendlichen im Lehrlingsalter. Sie sind eingekleidet, wieder richtig ernährt und erscheinen somit gesund und durchaus normal. Bei näherer Betrachtung hingegen sieht der Tieferblickende das vom Normalen Abweichende und das für so viele in der Ruhe lebende Menschen Befremdende. Doch ist das nicht Verwahrlosung; unsere Buchenwalder-Jungen sind nicht gefährlich, aber sie haben Probleme:*

*Ihre Anpassung und Wiedereinordnung ins gewöhnliche Leben erfolgt langsam und schwer. Die innere Unsicherheit und Labilität äussert sich darin, dass sie sich mit jeder Entscheidung an die Erwachsenen klammern, die ihnen als Freunde entgegengetreten sind und die ihr Vertrauen besitzen. Unwillkürlich fühlen sie sich dauernd noch heute in ihrer äussern Existenz bedroht, und nur sehr langsam verschwindet die typische Geste des Sichumwendens, um sicher zu sein, nicht verfolgt zu werden, des Hebens des Armes, um Schläge abzuwehren, sowie die ganz unbegründete Angst vor Angriff durch irgendwelche fremden Menschen auf der Strasse. Das sind nur die äusserlich sichtbaren Zeichen der sie bedrängenden Lebensangst. Schrecklicher quält die Furcht vor der Einsamkeit, die ihnen erst jetzt nach der körperlichen Kräftigung in ihrer ganzen grausamen und unermesslichen Bedeutung bewusst wird und affektiv verarbeitet werden muss. Der Verlust der Nächsten, das Erlebnis der menschlichen Bestialität nicht nur auf seiten des Feindes, sondern auch bei ungezählten Mithäftlingen, das erniedrigende Erleiden von Hunger und Kälte, von Entwürdigung und Geringschätzung menschlichen Lebens, ferner die Tatsache, ständig zwischen Toten zu leben und jeden Kleiderfetzen, jede Brotrinde zu überbewerten, das alles bringt eine*

*Werteverschiebung mit sich, die nur allmählich ausgeglichen und wieder normalisiert werden kann.*
*Aus alledem erklärt sich die Haltung des Misstrauens einerseits und des haltlosen Vertrauens andrerseits, der Gefühlsverwirrungen bis zur Gefühllosigkeit (um nicht Brutalität zu sagen) und dem gleichzeitigen unendlichen Bedürfnis nach Wärme und Zuneigung.*
*Wir brauchen Menschen, sehr viele mit Klugheit, Taktgefühl, Wärme und natürlicher Mütterlichkeit begabte Menschen, nicht zum Bemitleiden oder Verwöhnen, nicht nur für ein paar Urlaubstage oder kurze Begegnungen, sondern zum stillen und langen und geduldigen Vorhandensein, Aufnehmen und Umsorgen.*
*Menschen mit Verständnis und jener anspruchslosen und einfachen Liebe zum Mitmenschen, die allein es fertig bringt, Wunden zu heilen und die schwankenden, noch desorientierten seelischen Kräfte zu stärken und zu festigen. Es braucht Erwachsene, die bereit sind, diese jungen Menschen voll anzuerkennen in ihrer Nichtalltäglichkeit und die, ohne daraus Wesens zu machen, es den Jungen ermöglichen, natürliches Selbstbewusstsein zurückzugewinnen. Wir möchten wiederholen: das kann nicht geschehen durch blinde Verwöhnung, Überschwang und gefährliches Mitleid, sondern nur durch verständnisvolles Anhören, durch Festigkeit, Takt und Wärme.*
*Sollte es diese Menschen nicht geben? Und könnte es für sie nicht eine schöne Aufgabe sein, jungen Freunden im wahren und guten Sinne zu helfen?*
*Die zweite Hilfe, die den Jugendlichen aus Buchenwald nicht verwehrt werden darf, ist die Befriedigung ihres grossen Bedürfnisses zu lernen, sich durch die Aneignung eines Berufes zu sichern. Denn Berufskenntnis bedeutet diesen seit Jahren aus der Bahn geworfenen und in Zwangsverhältnisse gepressten Jugendlichen Sicherung, die angetan ist, ihre Lebensunsicherheit zu beheben. Bedenken wir nur einen Augenblick, was in Europa geschehen würde, falls wir verantwortlichen Erwachsenen diesem Wunsche nach Ausbildung, nach einer zielgerichteten individuellen Ausgestaltung des Lebens nicht Rechnung tragen würden: ein neuer Rattenfänger brauchte aufzutauchen und die jungen, unkritischen, umgetriebenen Menschen gingen hinter ihm her. Und – so fragen wir uns endlich – haben wir das Recht, passiv zu bleiben, haben wir nicht die Pflicht, alles zu erwirken, was in dieser Richtung zu leisten möglich ist?*

\*

Auch Gert Dresdner ist in Zürich. Er hat seinen kritischen Bericht über unsere Arbeit und die Jugendlichen vom Zugerberg, den er im Auftrag der «Auskunfts- und Vorbereitungsstelle für soziale Nachkriegsarbeit» verfasst hat, fertig geschrieben. Er kommt zu mir, und ich tippe für ihn die sechsunddreissig Seiten auf Matrizen ab, damit sie vervielfältigt werden können.

Ich zitiere aus dem Gedicht, das einer der Buchenwalder ihm gewidmet hat und das niederzuschreiben diesem Jungen erst nach den Monaten, in denen ihm Liebe und Vertrauen geschenkt wurden, möglich war.

>Oh Treblinka, Maidanek, Auschwitz, Buchenwald,
>was ihr gemacht mein Herz sowie eiskalt
>auf Kindergewein,
>menschlichen Pein,
>Vergastens Geschrei,
>Morden und Tyrannei.
>Und wenn es fliessen sollen Teiche von Tränen,
>nein, ich kann nicht weinen.
>Das Einzige, was ich kann Euch geben,
>das ist ein Sifts von tiefem Herzen,
>und das soll Euch zeigen, wie gross sind meine
>Schmerzen.
>Mein Herz, wenn du bist so eiskalt,
>so eisenhart geschmied,
>warum wirst Du so mild und git,
>wenn Du bist von Schönheit und Liebe überfühlt,
>da sprachst Du zu mir so leise,
>komm, sei nicht böse,
>vergiss Deinen Schmerz,
>verlasse Dein eiskaltes Herz,
>und komm, wir werden gehn,
>schaffen neue Sachen.
>...

Und so nach die schwere Erfahrungen
habe ich mein Ziel errungen,
mein Herz bezwungen,
und erträumt das Schönste, was es ist in
Träume,
es steht hier wieder Jugend
sowie schöne Bäume
und sie strömt wieder in breiten Sand,
nicht in die Gaskammern, sondern in das
befreite Land.

Seine Widmung:

Viel erfahren, viel gelitten,
jedoch alles überschritten,
und jetzt auf dem neuen Weg
schenke ich dies Gedicht mein Lehrer
von vollen Herz und viel Ehre.

Gerts Bericht darf vorläufig in der Schweiz nicht veröffentlicht werden. Er würde zu sehr gegen die Gesinnung, wie Gert sie auf dem Gurnigel erfahren hat, verstossen.
«Dort, wo auch wir wie hinter einem unsichtbaren Stacheldraht mit den Jungen eingesperrt waren», erklärt Gert, «durften wir kein einziges Wort nach aussen tragen, und dies, um zu verhindern, dass die Partei der Arbeit wilde Lügengeschichten verbreitet, wie Oblt. Welti mir persönlich sagte.» Etwas später fügt er an: «Hast du gewusst, dass unsere Equipenarbeit auf dem Zugerberg als ‹Sowjet-Union› abgetan wird? Dass wir beim Roten Kreuz lächerlich gemacht werden? Charlotte, du glaubst es nicht, es gibt sogar einzelne jüdische Kreise, die uns der Unfähigkeit bezichtigten.» Nun lache ich laut heraus. Gert stimmt ein, auf einmal sind wir sehr erheitert.
Gert schreibt in seinem Rapport abschliessend: «Die Schweiz hat sich bereit erklärt, im Rahmen ihrer Möglichkeit zu helfen. Nun, hier hätte sich die Gelegenheit geboten, um einem ganz geringen Teil dieser Jugend Europas zu helfen, und zwar so zu helfen, dass man alles

Erdenkliche getan hätte, um wenigstens die seelischen und praktischen Voraussetzungen für eine bessere Zukunft zu erfüllen. Diese Möglichkeit war einzigartig, aber die Schweiz, oder deutlicher, diese Menschen in der Schweiz haben versagt, die die Mittel und Wege zur Verfügung hatten, um zu helfen.»

\*

In diesen etwas grauen Spätherbsttagen schickt mir Fredi Ledermann, ein Mitarbeiter vom Zugerberg, den langen Lebensbericht, den er von einem Jungen seiner Gruppe, dem stillen, klugen Szlama Warszawski, bekommen hat. Darin schildert dieser unter anderem, wie er und seine Leidensgenossen die Aufnahme in der Schweiz erlebt haben: «2 Monate war ich noch in Buchenwald ein Wildfreies Leben gelebt. Getan was wir haben gewollt. [...] Eigentlich ist die U.N.R.R.A. [United Nations Rescue and Relief Organisation] gekommen und uns die Schweiz übergeben. Das wir sollen sich erholen und zurück zum normalen Leben kommen. Wir haben gehert – ‹Schweiz› haben sich alle gerissen zu fahren, weil wir haben gewusst das das ist ein Land was war überhaupt von die Krieg verschont. Aber wie gross war unser erstaunen wen wir nach Rheinfelden, in ein Lager rumgezaunt mit Stacheldraht und Wachtposten gekommen. Wir haben nicht gewusst was es das ist. Noch weinig Gefangenschaft? Und es sind verschieden streiten mit die Kommandanten vorgekommen. Es war sehr schlimm weil wir beide haben recht gehabt. Wir haben gesagt das nach sechs Jahren Gefangenschaft, wollen wir Freiheit haben. Nicht wieder: men darf nicht rausgehen und die ganzen Vorschriften was waren am Gurnigel auf die Tür geschlagen. [...] Und erinnern Sie sich, wen am ersten Sonntag Abend Herr Bohni so schlimm ausgedrückt, fileicht sechs mal gesagt ‹Zum arbeiten oder zu eine Wünsch was wir wünschen seit ihr nicht da aber zum Essen sind alle alle da. Und er hat gesagt es gibt noch ein Ausdruck ist da ‹fressen›. Weil eine Gruppe nicht wollte spazierengehen noch vorbereiten für Sonntag Abend. Mich persönlich hat das sehr stark gedrückt. Ich konnte die ganze Nacht nicht schlafen vor Krängung. Darum müssen Sie uns entschuldigen was manche manche von uns haben gesagt ‹Schweizer S. S.›.

Darum sind wir alle sehr ein schlechte Meinung gehabt von die Schweizer und wir wollten gleich wieder zurückfahren. Aber wen wir sind nach Zugerberg gekommen hat es sich ganz anders ausgewiesen. Anfang war es noch auf Gurnigelsystem. Herr Bohni zeigte uns bis hier und bis hier dürft ihr noch gehen und weiter nicht, haben wir ihm ausgelacht. Jetzt muss ich ihnen sagen, dass Zugerberg hat uns einen kleinen Berg kleinen Schritt in unserem weitern Leben gegeben. Am Zugerberg haben uns die ersten Menschen verstanden. Und sie haben gesehn das wir sind nicht alle so wie man hat uns vorgestellt. Die Mitarbeiter haben sich zu uns übergeben wie richtige Eltern. Sie haben uns eingeordnet wie etwas grössere Familien. [...] Jetzt muss ich ihn sagen so wie ihr wart uns mit ganzem Herzen übergeben muss man weit suchen. [...] Mir sind weggefahren von Zugerberg aber sie wissen das war gegen unser Willen.»

Zwei Jahre später beendet Szlama seinen Elektrotechnikerkurs in Les Avants, arbeitet in Basel und besucht verschiedene Abendkurse, liest viel, Deutsch, Jiddisch, holt sich Bücher aus der Bibliothek.

Eine ehemalige Mitarbeiterin schreibt mir einmal aus Basel, was Szlama ihr erzählt hat: «Manchmal, wenn ich am Sabbat aus der Synagoge komme und sehe, wie alle nach Hause gehen zu ihrer Familie, wie alle einen Ort haben, wo sie hingehören, wo man sie erwartet – dann bleibe ich plötzlich mitten auf der Strasse stehen, um mir zu überlegen, was ich eigentlich will, ich, Szlama, der ich hier in Basel auf der Strasse stehe, in einer Stunde in die Flüchtlingsküche zum Essen gehe und nachher zurückschlendere in mein Zimmer, um dort zu lesen und zu vergessen.»

*

Ungezählte Briefe fliegen zwischen Bex und der Promenadengasse hin und her. Meine «Söhne» Abram und Artur, Marek, Marian und Lutek, natürlich Max und so viele andere teilen sich mir mit, und aus der Ferne kann ich ihnen helfen, sie beraten, beruhigen, aufmuntern. Es gelingt mir eine kleine Gruppe bei der ORT in Genf unterzubringen, wo sie nun im Heim La Forêt wohnen können.

Max habe ich für den Radiotechnikerkurs der ZL in Zürich angemeldet.

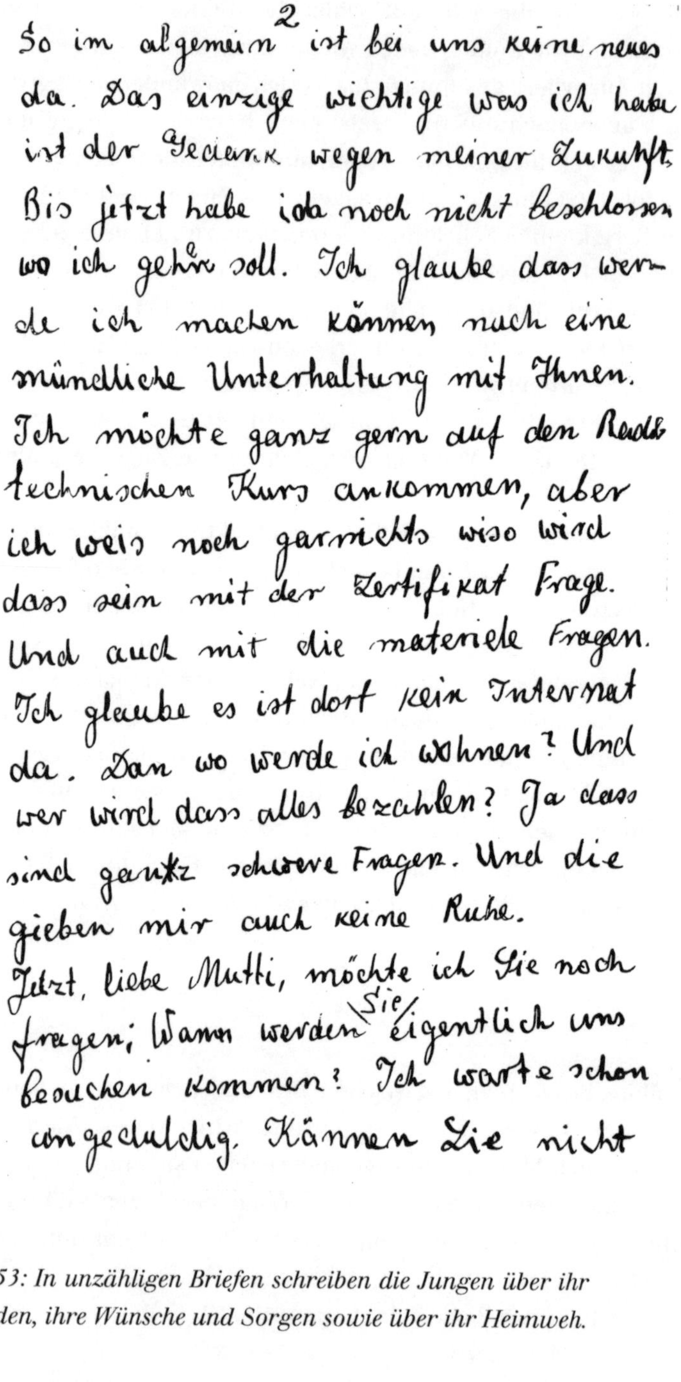

So im algemein² ist bei uns keine neues da. Das einzige wichtige was ich habe ist der Gedenk wegen meiner Zukunft. Bis jetzt habe ich noch nicht beschlossen wo ich gehen soll. Ich glaube dass werde ich machen können nach eine mündliche Unterhaltung mit Ihnen. Ich möchte ganz gern auf den Radio technischen Kurs ankommen, aber ich weis noch garnichts wiso wird dass sein mit der Zertifikat Frage. Und auch mit die materiele Fragen. Ich glaube es ist dort kein Internat da. Dan wo werde ich wohnen? Und wer wird dass alles bezahlen? Ja dass sind gantz schwere Fragen. Und die gieben mir auch keine Ruhe.
Jetzt, liebe Mutti, möchte ich Sie noch fragen; Wann werden Sie eigentlich uns besuchen kommen? Ich warte schon angeduldig. Können Sie nicht

Abb. 53: *In unzähligen Briefen schreiben die Jungen über ihr Befinden, ihre Wünsche und Sorgen sowie über ihr Heimweh.*

vielleicht den Zeit/Distans bisslen kleiner machen? Geht das nicht, Mutti? Wenn ja, hätten wir sich alle Jungs sehr gefreut.
Und jetzt noch ein paar Worte wegen den Russisch.
Liebe Mutti! Ich möchte so gerne, aber ich kann nicht so viel dass ich durch Briefe Sie lehrnen känte. Ich möchte das gern machen aber.... aber.... in ~~Zürich bei einen Tisch, ohne die Hülfe~~ von der Post. Einverstanden?
Ja Mutti, vielleicht ist das bischen zuviel von mir gesagt?! Aber doch, es besteht die Möglichkeit. Vielleicht???
Was wollte ich noch sagen ja HOЧЬ was heist Nacht wird so geschrieben, aber nicht HOC weil nos bedeutet etwas anderes und zwar Nase.
Und jetzt glaube ich das für diesen mal wird genug sein.

*Auszug aus einem Brief von Max Perkal aus Bex, der mir Russischunterricht erteilen will.*

Am 11. November mittags trifft er in Zürich ein. Er umarmt mich gleich am Bahnhof, dieser grosse Junge, der sich ein bisschen zu mir herunterneigen muss. Trotz seiner Verhaltenheit spüre ich seine Freude am Wiedersehen und seine Befriedigung, dass er nun endlich seinem Berufsziel näher gekommen ist.

# VIII

Was die Jungen durchgemacht hatten, ehe sie zu uns kamen, zeigen ein paar lakonisch erzählte Lebensläufe, die sie uns diktierten.

Salamon Ajdelstain, geb. 5. 5. 1929 in Polochna, Polen
«Ich hatte fünf Brüder und eine Schwester. 1939 bin ich zehn Jahre alt geworden, und als die Deutschen kamen, haben sie uns gleich unter die strengsten Bedingungen gesetzt, sie wollten alle Juden ausrotten. Die SS haben angefangen, sie auszusiedeln und in die Lager zu nehmen. Ich als so junger Jude habe alles schon mitmachen müssen: sie haben mich von meinen lieben Eltern weggenommen und ins KZ Bedzin geschickt, noch in Polen. Als der Krieg zwischen Deutschland und Russland anfing, haben sie mich nach Gross-Rosen geschickt. Dort war es sehr schlimm: Tausende und Abertausende haben die SS dort gemordet und im Krematorium verbrannt. Das Krematorium hat Tag und Nacht gebrannt. Das ist nicht zu beschreiben. Nach einer langen Zeit von Hunger und Not haben sie mich evakuiert nach Buchenwald, und nach einer neuen langen Zeit von Leiden und Not sahen wir den glücklichen Tag, den Gott uns gegeben hat: die Befreiung am 11. 4. 1945.
Da, wie ich befreit worden war durch die Amerikaner, hat die Sonne wieder angefangen auf mich zu strahlen nach den langen schweren Zeiten, die ich durchgemacht und die ich nicht vergessen kann. Jetzt warte ich auf die Ausreise nach Palästina.»

Chaim Feder, geb. 1. 9. 1928 in Pilice, Polen
«Nach Kriegsausbruch war ich zu Hause mit meiner Familie bis 1941, dann kam ich ins Zwangsarbeitslager Brande. Dort blieb ich unter schwersten Bedingungen ein Jahr lang. Darauf kam ich nach Blechhammer. Nicht genug, dass wir unter schwersten Bedingungen lebten, hatten wir zusätzlich die schweren Bombardierungen auszuhalten, durch die täglich eine grosse Anzahl von uns Häftlingen fiel. In Blechhammer war ich zwei Jahre, bis zum russischen Vorstoss, wann wir nach Gross-Rosen evakuiert wurden in dreiwöchigem Marsch, bei

dem die Mehrzahl von uns umkam. In Gross-Rosen waren wir zum Glück nur eine Woche und wurden dann nach Buchenwald transportiert. Dort kamen wir unter den Schutz der Lagerleitung [das war ein tschechischer ‹Kapo›, ein Häftling, dem die Blocks der Jugendlichen unterstanden und der diese vor der letzten Evakuierung und der Erschiessung von 30'000 Häftlingen versteckte], von der wir etwas besser behandelt wurden, doch zu bedauern waren diejenigen, die ins Blickfeld der SS kamen. Doch Gott sei Dank kam endlich die Befreiung, dann lebten wir erst auf unter dem Schutz der Amerikaner. Nach drei Monaten traf ich in der Schweiz ein.»

Samuel Korall, geb. 23. 3. 1930 in Krakau, Polen
«Ich hatte noch einen ältern Bruder. Wir waren alle zusammen zu Hause bis 1941. 1941 kam ich mit meinem Bruder zusammen ins Lager Plaszow, und die Eltern wurden deportiert. Nach sechs Wochen erschoss der SS-Kommandant den Bruder, und ich blieb allein. Zwei Wochen später wollte mich der SS-Kommandant erschiessen, weil ich zu klein war. Drei Tage vor der Urteilsvollstreckung habe ich es erfahren und bin in ein zweites Lager entlaufen und von dort nach Auschwitz evakuiert worden. In Auschwitz gleich auf dem Bahnhof hat man mich wieder zum ‹Tode im Krematorium› verurteilt, doch sobald ich nur bei dem SS-Mann vorbei war, bin ich schnell in die andere Gruppe hinübergelaufen und bin so durchgekommen bis zum 18. Januar 1945. An diesem Tag hat man einen Transport von 5793 Häftlingen nach Buchenwald evakuiert; angekommen sind 2813. Endlich am 11. April sind wir durch die Amerikaner befreit worden. Am 23. 6. 45 wurden wir in die Schweiz gebracht.»

Moses Kravec, geb. 21. 5. 1931 in Kowno, Litauen
«Bis zu Kriegsanbruch lebte ich in Kowno. 1940 wurde Litauen von den Russen besetzt. Als ich zum ‹Pionier› eingezogen wurde, war ich 9 Jahre alt. Ein Jahr waren die Russen bei uns, doch schon am 21. Juli 1941 wurden sie von den Deutschen überfallen und traten zurück. Nun fing mein unruhiges Leben an. Wir flohen mit den Russen, es gelang uns aber nicht. Wir mussten zurückkehren. In Kowno war unsere Wohnung besetzt, die S. D. [Sicherheitsdienst] machte dort das Hauptquartier.

Zwei Wochen wohnten wir bei Freunden. Schliesslich wurde ein Ghetto gemacht und alle Juden wurden dort untergebracht. Am 15. Aug. 1941 wurde das Ghetto abgesperrt. Jede Woche gab es sog. ‹Aktionen›: Die Deutschen kamen ins Ghetto und kämmten die Ghettobevölkerung aus. Am 28. Oktober wurde eine ‹grosse Aktion› durchgeführt. 10'000 Juden fanden am selben Tag den Tod. So verflossen zweieinhalb Jahre. Am Ende 1943 wurde unser Ghetto als KZ Kowno erklärt mit dem Obersturmführer Göke als Kommandant. Er führte die ‹Kinderaktion› durch, bei welcher 3000 Kinder und Alte umkamen. Er schickte auch 3500 Juden nach Estland ‹zu der Arbeit›. Als Juli 44 die Russen vordrangen, wurden wir evakuiert. Mein Bruder Kravec Salman (geb. 28. 10. 1927 in Kowno) versteckte sich im Ghetto. Nach dreitägiger Reise hat man mir die Mutter weggerissen, in Tiegen-Hof bei Danzig. Sie kam nach KZ Stuthof. Dort hinterblieben nur Männer. Nach zweitägiger Reise kamen wir ins KZ Landsberg, wo ich mit meinem Vater eine Woche blieb und dann mit 131 Jugendlichen bis zu 16 Jahren nach Dachau geschickt wurde (5 Tage im Quarantäne-Block No. 17). Dann ins Vernichtungslager Birkenau. Es war schrecklich, aber auch glücklich, weil wir dort alle zusammenblieben bis zum Jüdischen Neujahr. Am 2. Feiertag war eine ‹Selektion›, bei der über 70 Jungens weggingen. Ich stand Aug ins Auge mit dem Tod, und wieso ich damals nicht auch wegging, weiss ich nicht. Nach vier Monaten Birkenau kam ich auf Kommando nach ‹Budi› [kleiner Landwirtschaftshof]. Von dort nach Buchenwald, wo wir ankamen am 24. Januar 45. Befreiung durch die Amerikaner am 11. 4. 45.»

Wolf Lipski, geb. 4. 4. 1928 in Konskie, Polen
«Zu Hause waren wir sieben Kinder und die Eltern. Wir haben nicht lange in Konskie gewohnt. Als ich zwei Jahre alt war, sind wir nach Lodz übersiedelt. Dort hatten wir eine Fabrik von Metall und eine Nickelgiesserei. Als 1939 nach Kriegsanfang die Deutschen kamen, haben sie uns umgesiedelt nach Krakau. Das war im Winter, und wir sind drei Tage und drei Nächte in verschlossenen Waggonen gefahren. Von Konskie (b. Krakau) haben mich die Deutschen ins Lager Skarzisko geschickt, wo ich zwei Jahre war. Darauf kam ich ins Lager Czestochow. Dort war ich 7 Monate, wurde dann nach Deutschland ins Lager Buchenwald geschickt, von da in das Lager Dara Nordhausen, wo ich bis

1945 gearbeitet habe, von da haben sie mich mit einem Transport weggeschickt. Doch da ich sah, der Krieg ist bald zu Ende, bin ich ausgerissen und habe mich versteckt, bis die Amerikaner kamen. Hernach bin ich nach der Schweiz gekommen. Von den Geschwistern weiss ich bis heute noch gar nichts.»

David Posluszny, geb. 16. 6. 1929 in Jendrzejow, Polen
«Im Jahre 1942 wurde ich von zu Hause fortgeschleppt und kam ins Lager Rozwadow, mein erstes Lager, wo es sehr schlecht war. Täglich wurden mindestens zwanzig Leute erschossen. Nach zwei Monaten wurden wir ins Lager Stalowa Wola umgesetzt, wo es schon viel besser war. Dort war ich zwei Jahre. Später wurden wir weitergeschleppt, weil die Russen näher kamen. Wir kamen über das KZ Plassow (8 Tage), KZ Gross-Rosen (4 Tage), KZ Bolkenhain (7 Monate), KZ Hirschberg (3 Wochen), KZ Reichenau (1 Tag). In Reichenau wurden wir *ohne Verpflegung* auf offene Waggons verladen. Die Reise ging nach Buchenwald. Niemand wusste, wie das enden sollte und was seiner noch wartete. Wir fuhren so acht Tage. Pro Waggon waren mindestens 20–25 Leute am Hungertod gestorben. In Buchenwald wurden wir gebadet und entlaust. Nach fünf Monaten wurde ich mit allen andern durch die Amerikaner befreit und kam später in die Schweiz zur Erholung.»

Jsek Szapiro, geb. 5. 8. 1928 in Namenzyn (Kreis Wilno), Polen
«1939 hat der Krieg mit Deutschland angefangen, und in dieser Zeit kamen die Russen zu uns. Sie blieben bei uns bis 1941, dann begann der Krieg mit Deutschland. 1941 sind die Deutschen in die Stadt gekommen. Sie sind in einem Monat so vorgegangen: Ganz früh hat man die ganze Stadt vorgenommen, man hat uns weggeführt in einen Wald und man hat uns alle vernichtet. Meine Eltern hat man auch vernichtet. Ich allein bin vor der Vernichtung geflüchtet und habe mich im Wald versteckt. Da bin ich einige Tage geblieben, dann bin ich nach Weissrussland geflüchtet und dort ein halbes Jahr versteckt gewesen. Danach haben mich die Deutschen gefunden und weggeschickt nach Estland in ein sehr schlimmes Lager; ich bekam dort 150 gr Brot und einen Liter Wassersuppe von Rüben. Zwölf Stunden gearbeitet und Schläge bekommen. Dort war ich bis 1942. Dann haben sie mich

weggeführt ins Lager Stuthof. Das war ein Vernichtungslager. Dort hatte ich es sehr schlimm. Ich war dort bis 1943, dann wurde ich nach Buchenwald weggeführt, wo ich bis 1945 blieb. Am 11. 4. 45 haben uns die Amerikaner befreit. Und ich bin allein geblieben auf der Welt, als Einziger, ohne Eltern.»

Josef Weinstock, geb. 21. 11. 1928 in Wiewiorka, Polen
«1942 wurde ich getrennt von meinen Eltern und ins Lager gebracht. Von den Eltern weiss ich seither nichts mehr. Ich war in folgenden Lagern: Pustinia, Pustkow, Reishow, Hutakomorowska, Auschwitz. Von Auschwitz hat man mich nach Deutschland transportiert, nach Gleiwitz, wo ich unter ständigen Bomben in einer Fabrik in der Schweisserei für die Deutschen gearbeitet habe. Als die Russen vordrangen, hat man mich bei Nacht überführt – ich wusste nicht wohin. Ich bin von Gleiwitz drei Tage gegangen nach Blechhammer, von dort 24 Tage marschiert nach Gross-Rosen, zu Fuss, ohne Essen, in Scheunen geschlafen im grössten Frost. In Gross-Rosen war ich nur eine Nacht, man gab mit ein Stückchen Brot. Wir wurden auf Waggons geladen und fuhren ohne Essen vier Tage nach Buchenwald. Dort wohnten wir wieder vier Tage draussen unter Zelten und bekamen ein Mal zu essen. Das war schon gut. In Buchenwald war ich zwölf Monate und wurde von den USA-Truppen am 11. 4. 45 befreit, 3 Uhr nachmittags.»

Am 1. Oktober 1945 erhalte ich eine Karte von Josef aus Krattigen, worauf er mich bittet – «Jezt chab ich ein bitte an die Mutti» –, für ihn eine Berufslehre möglich zu machen, weil er nicht nach Palästina fahren wolle. Auf der gleichen Karte schreibt er weiter:
«Lieber misie fric [Monsieur Fritz],
Ich danke ichnen fier dein bezuch, ale kameraden waren fon ienen zufriden noch fon Zugerberg und das selbe fon die Haus Mutti, ich danke inen fier die bilder in fier undze ertzijung [unsre Erziehung] in Zugerberg.
Ich Griesse ienen Herclich lieber Mutti fon mier Josef. Ein Griess fon Chil und Samuel, Wolf, Lajb, Salomon und Josef, Piccolo, Moisile und Enoch.»

\*

Solche Karten häufen sich. Sie schicken Bitten und danken von tiefstem Herzen für alles, was ich für sie tue. Ach, wäre es doch mehr! Doch sind da all die Hürden. Es ist schon so, wie mir am 26. August 1945 Dr. Syngalowski von der ORT Suisse aus Genf geschrieben hat. Ich fragte ihn an, ob die befristeten Einreisezertifikate nach Palästina verlängert werden könnten bei der Absolvierung eines längerdauernden ORT-Kurses. Der Bescheid aus London laute positiv, teilte Dr. Syngalowski mit und fügte an: «Sollte die Behandlung der die Buchenwalder Jugendlichen betreffenden Fragen in der Weise vor sich gehen wie bis jetzt, so wird allerdings von den genannten und zusätzlich bewilligten 10 Monaten noch mancher verloren gehen.»
Wie recht sollte, leider, Dr. Syngalowski haben! Die ganze, bereits gut begonnene Arbeit ist mir aus der Hand genommen worden, und seitdem warten die Jungen in den verschiedenen Heimen in Ungewissheit und voll Ungeduld auf konkrete Lösungen ihrer Schulungswünsche.
In ihren oft so rührenden, liebevollen und offenen Briefen und Karten sprechen sie mich mit Mutti und Hausmutti, Freundin und Kamerad oder Charlotte an, sagen mir du oder Sie, schicken mir herzliche Grüsse, manchmal auch Küsse, erkundigen sich, wie es mir geht, freuen sich unglaublich über meine Briefe, in denen ich auf ihre Fragen und Probleme eingehe, so, als wären es meine eignen Kinder. Ein bisschen sind sie es ja auch. Wie oft unterschreiben sie doch: «teure Mutti, Dein lieber Sohn» oder «Ihres liebes Kind». Die Briefe sind häufig auf Schulheftpapier geschrieben oder auf Postkarten, deren Mitteilung man oft kaum entziffern oder verstehen kann.
Mir ist es schwer ums Herz. In allen Briefen finde ich diese Stimmung der Verlassenheit und die Suche nach Vertrauen, Zuwendung und Wärme. Dann überfällt mich eine grosse Traurigkeit. Das hilft nichts. Ich muss darüber stehen. So setze ich mich an die Maschine und schreibe bis spät in die Nacht.

*

Henryk Reicher, geb. 15. 6. 1929 in der Tschechei, der nun in Vaumarcus ist, erzählt mir, als ich unsere Zugerberger Jungen dort besuche, dass eine Tante in Frankreich ihn gefunden habe und zu sich nehmen wolle. Ich schreibe ihm am 21. Oktober 1945:

*Lieber Henryk, mein lieber Junge,*
*Der Abschied heute früh ging recht eilig vor sich, darum schreibe ich Dir, um Dir noch einmal recht gute Reise nach Frankreich zu wünschen und für dort viel Glück, viel Freude und den Beginn eines neuen Lebens, das Du Dir aufbauen sollst mit Lernen und froher Arbeit. Ich glaube, nach dem letzten Brief Deiner Tante Tonci zu schliessen, dass Du es in Frankreich gut haben wirst, und es wird Dir sicher gefallen. Ich freue mich schon, bis Du mir schreibst und von Hyères erzählst. Deine Adresse habe ich ja. Auch auf Deine Zeichnungen freue ich mich, damit ich mir gut vorstellen kann, wo und wie Du wohnst.*

Abraham Ziegler, geb. 20. 7. 1928 in Sosnoviec, Polen
«Ich hatte fünf Brüder und eine Schwester. Zwei Monate nach Kriegsausbruch zwischen Polen und Deutschen sind die Deutschen in unsere Stadt einmarschiert, und es begann die traurige Periode. Sie wollten uns (die Juden) alle samt und sonders ausrotten. Was ich damals als junger Jude in Sosnoviec durchgemacht habe, war gar nichts gegen das, was ich später in den Lagern erlebte. Im Jahre 1941 haben die SS unsere Stadt ausgesiedelt und meine Eltern und mich in das bekannte Lager Auschwitz gebracht. Von dem, was ich dort durchgemacht habe, weiss die Welt nur zum kleinsten Teil. Auch ich bin nicht imstande, das in einem Jahr niederzuschreiben. Ich hatte Glück, dass ich nur ein Jahr in diesem Lager war, sonst lebte ich nicht mehr. Während des nächsten Jahres war ich in den Lagern: Leibesdorf, Oberberg, Gross-Rosen, Brande, Blechhammer. In Blechhammer war ich eineinhalb Jahre und habe ganz besonders Schlimmes durchgemacht. Ausser den Unterdrückungen der SS haben wir unter den Bombardierungen gelitten, da unser KZ in der Nähe grosser Industriewerke lag. Als die Russen im Jahre 1944 sich dem Lager näherten, hat man uns evakuiert. Fünf Wochen sind wir gelaufen, 99% von uns sind gestorben. 1% kam in Buchenwald an, wo furchtbare Not, Hunger und Kälte durchzuhalten waren, die uns alle zu Tode entkräfteten. Täglich gab es tausend Tote, ich kämpfte selbst mit dem Tod. Wenn wir nicht am 11. April befreit worden wären, würde ich bestimmt nicht mehr leben. Nach der Befreiung hat uns die Schweizer Spende nach der Schweiz gebracht, zur Erholung, zum Lernen, um in Palästina in einer jüdischen Gemeinschaft leben zu können.»

Eines Tages überrascht mich ein Anruf von Herrn Milani, einem ZL-Jugendlagerleiter, und ich schreibe darüber am 29. April 1946 an Abraham: *Soeben rief Herr Milani an und sagte mir, dass Du an der Jugendschulwoche in Hilfikon teilnimmst. Ich freue mich sehr für Dich, dass Du dort bist. [...] Sei so lieb, Abram, und berichte mir einmal, welcher der Referenten Dir am besten gefallen hat, welches Thema Dich am meisten interessierte, wer gut gesprochen hat, usw.*

Ich trage mich mit dem Plan, etwas Ähnliches für eine kleinere Gruppe der Buchenwalder Mädchen und Jungen, die seit Jahresbeginn 1946 auf dem Zugerberg untergebracht sind, zu organisieren, und Abraham ist mir mit seinem klugen Urteil ein zuverlässiger Berater. Ich erzähle ihm noch kurz von unserem AUF in Hilfikon ein Jahr zuvor und dass Zosia und Ulla dort Lehrerin und Schülerin gewesen sind.

Abrahams Antwort kommt postwendend, vier dicht beschriebene Seiten voll Erstaunen über die Vielseitigkeit der Tagung, und mein aufgeweckter Junge empfiehlt mir, den Kursleiter Fritz Wartenweiler einzuladen.

Abraham hat zwei Brüder in Palästina und einen in Sosnoviec. Er selbst möchte Flugzeugmechaniker werden. Er ist später nach Israel ausgewandert.

\*

Die drei Jungen, die mit Fussleiden im Zürcher Spital Balgrist hospitalisiert sind, Jakob, Moses und Ali Baba, muntere ich auf, schicke ihnen ein Päckchen und schreibe in meinem Brief:
*Ali Baba wird seinen seltenen Märchennamen wieder oft zu hören bekommen. Aber wo hast Du eigentlich Deine Wunderlampe? Kennst Du die spannenden Geschichten von 1001 Nacht? Du solltest sie wirklich lesen. Darin kommt Ali Baba vor. Ich würde Euch vorschlagen, dass einer von Euch dreien sie laut vorliest, damit gleich alle drei sie hören. Und vergesst nicht: Märchen sind nicht für kleine Kinder, sondern im Gegenteil für erwachsene Menschen!* – Ich schicke das Märchenbuch.

Mit Kalman Landau (geb. 10. 4. 1928 in Polen), der nun in Engelberg ist, unterhalte ich einen lebhaften Briefwechsel wegen der Veröffent-

lichung seiner Zeichnungen im «Du». Er ist denn auch, als sie erscheinen, sehr zufrieden, natürlich auch über das bescheidene Honorar.
Immer wieder melden sich auch Artur Szainbajn und Abram Kimelman, beide 1928 in Polen geboren. Sie unterschreiben gemeinsam. Einmal ist am Ende eines eher niedergeschlagenen Briefes zu lesen: «Kopf hoch. Filleicht wartet noch auf uns eine Zukunft.»
Am 2. Oktober 1945 kommt ein weiterer Brief von den beiden: «Gestern war hier der Herr Boni. Wir haben fühl gesprochen über auftreten in die Ort-Kurse. So wie Er stellt es vor ist es ganz schwer. Wir haben aber zu die Mutti so viel Fertrauen und Glauben, das wir entwagen sich die grosse Wünsche unsere die Liebe Mutti vorzustellen. Filleicht wel es die Mutti durchführen könen, und das möchtet für uns das beste sein wen wir auf die Ort-Kurse auftreten könen. Das ist unser grosse Wünsch. Wir glauben und beten das die Mutti sich wel bemühen alles was in Ihre Kräfte liegt, für uns durchzufieren. Weil wir wollen nach Palästina entscheidend nicht!»
Auf ihre spätere Mitteilung, dass sie nun in Genf einen ORT-Kurs besuchen, antworte ich erfreut: *Artek und Abram, wisst Ihr noch, wie wir im Heim Zugerberg an einem der letzten Abende im Gang auf und ab spazierten und sehr ernsthaft berieten, was für Euch beide das Beste sein könnte als Ausbildung, als Auswanderung, usw. Aber, wie immer im Leben, klären sich die Dinge dann doch im richtigen Moment und auf eine oft bessere Weise, als man anfänglich gedacht hatte. Stimmts?*
Marek Isakov in Bex glaubt sich vergessen. Er bittet um Hilfe für die Absolvierung eines Elektrotechnikerkurses. Es gelingt, und in einem Expressbrief teilt er mir mit, er habe vor Freude über die gute Nachricht die Suppe versalzen, denn vorläufig ist er noch der Küchenchef im Heim in Bex.
Eng ist der Kontakt mit dem Dreigespann Marian Zuckerman, Lutek Hamburger und Max Perkal. Ich erinnere Lutek und Marian, die zu der Zeit noch in Bex sind, die Gelegenheit zum Lernen von Iwrit und Mathematik nicht ungenutzt zu lassen. Diese Briefe wollen die beiden, wie sie mir versichern, immer auf dem Herzen tragen.
Auf einer späteren Karte aus Genf erzählen sie vom Kurs und der Unterkunft, und Marian fügt an: «Mutti, bitte benachrichtigen Sie Monsieur Fritz, dass wir unsern Weg gefunden haben.»

Libe HausMutti!

Zum ersten mal von mein Schreiben möchte Ich, Ihnen etwas Freude verschafen Ich müsse mich aber enschuldigen...... bei den anfang von mein Schreiben Ich Hoffe, dass Sie mir auch die Schule wergeben. Weil Sie sicher begreifen warum Ich habe nicht ausgefürt wass Ich werschprochen habe. Ich möchte Fragen ob Sie werden sein einwerstand, dass von hofte ab, solle Ich, Ihnen nich mer rufen Hausmut, sondern Freundin. Ich behaupte das es wor viel gescheiter das Ich mit Ihnen Spreche wie mit eine Freundin. Ich möchte gerne nachholen das was Ich habe nicht ausgefürt Also Schreiben Sie mir bitte, ob Sie sind einwerstand! (und wen nicht, möchte Ich auch serhr gerne wissen.)

Und wen Sie mal werbigehen neben die Badenerstr. möchte Ich viel Freude haben wen Sie mich besuchen komen.

Abb. 54: *Brief von Moses Pioron, der erfrorene und teilweise amputierte Zehen hat und im Spital Balgrist in Zürich ambulant behandelt wird. Die*

*Jedenfals sind Sie bei mir jeder
Zeit herz. Willkommen
Ich ende mein Schreiben weil die
Uhr von die Kirche hatt geschla-
gen 1 müsse Ich gleich ins Bett.
Sontag! auf widerschau Sontag!
Sind Sie einverstand?
von Ihrs Freund.
Moses Piorun*

*Zürich den 25./IX-45*

ORT nimmt ihn Anfang September 1945 in einen Zuschneidekurs in Zürich auf. Er wohnt bei einer jüdischen Gastfamilie an der Badenerstrasse.

*Nachwort*

Am 24. Mai 1945 fand in Zürich eine Tagung statt, an der über Fragen der Arbeit mit Kindern und Jugendlichen in der Nachkriegszeit beraten wurde. Ein Initiativkomitee, zu dem sich Persönlichkeiten aus Erziehung, Bildung und dem sozialen Bereich zusammengeschlossen haben, plant in der Folge ein überstaatliches Treffen von Pädagogen und Fachleuten aus den vom Krieg heimgesuchten Ländern, um Erfahrungen auf dem neutralen Boden der Schweiz auszutauschen. Das Sekretariat der «Internationalen Gesellschaft für Heilpädagogik», dem Dr. H. Hanselmann vorsteht, übernimmt fürs erste die vorbereitenden Arbeiten für die sogenannten Internationalen Studienwochen für das kriegsgeschädigte Kind, oder kurz S.E.P.E.G. genannt (Semaines internationales d'Etudes pour l'Enfance victime de la Guerre).

Die Sekretärin des Initiativkomitees schickt mir das Manifest mit einem Brief, worin unter anderem ausgeführt wird: «Wie Sie daraus ersehen können, kommen als Teilnehmer ausschliesslich ausländische Fachvertreter in Frage, die in ihrem Lande an leitender Stelle wirken und denen wir hier in der Schweiz einen ersten internationalen Erfahrungsaustausch ermöglichen wollen.»

Ich bewerbe mich um die Teilnahme, erhalte eine Einladung, und es gelingt mir, auch Zosia anzumelden.

Die Eidgenössische Technische Hochschule (ETH) in Zürich wird im September 1945 zum Ort dieser internationalen Begegnung von Menschen, die am Aufbau und Neuanfang in Europa, an der Hilfe und Bildung für die unendlich geschädigte europäische Jugend interessiert sind. Es mögen über hundert aus sechzehn Nationen gewesen sein.

Vertreter der Internationalen Gesellschaft zur Erneuerung der Erziehung – New Education Fellowship mit Sitz in London (NEF) – und Mitglieder des Centre d'Etudes aux Méthodes d'Education Active (CEMEA) aus Paris sind herbeigeströmt in unser verschontes Land. Viele haben ihre Untergrundschulen verlassen, die halbverborgenen Heime oder Arbeits- und Widerstandsgruppen, und sprechen hier von ihrer reichen Erfahrung aus einer Zeit der Not und Unmenschlichkeit.

Wir begegnen uns, Lehrer, Minister, Funktionäre, in einer Atmosphäre von spontaner Offenheit. Ich lerne eine Menge neuer Menschen kennen, mit denen ich in den kommenden Jahren bei verschiedenen Gelegenheiten wieder zusammentreffen werde.

Zosia und ich schliessen uns der 5. Sektion an, die sich dem Studium aller Probleme widmet, die Erziehung, Unterricht und Bildung der Jugend, Freizeit, Beschaffung von Schulmaterial, Spiel, Sport und anderes mehr betreffen. Man spricht und hört sich gegenseitig zu. Es ist eine Konferenz, an der sich alle ganz einbringen.

Wir gehen aus von der Feststellung, dass alle jungen Menschen in ganz Europa ein grosses Problem gemeinsam haben: die verlorenen Jahre. Flucht, Versteck, Sprachen- und Kulturwechsel, Militärdienst schon in den jüngsten Jahren, Zerstörung, Deportation, Konzentrationslager, das sind die Stichworte. Wir wissen alle, was sie bedeuten. Wie dem begegnen? Etwas erschrocken fragt man sich, wie neu beginnen, wie aufbauen bei einer Generation, die morgen die Geschicke der Welt tragen wird.

Mögliche düstere Zukunftsvisionen lassen wir nicht aufkommen. Wie könnte man da noch arbeiten? Wir machen weiter. Doch in Momenten stillen Alleinseins wird mir bewusst, dass ich in meiner Engagiertheit oft beinahe riskiere, die Zweifel in meinem Innern zu überhören, die mich in den letzten Jahren gequält haben, indem ich fürchte, dass all die grossen Anstrengungen und Erkenntnisse einer Vielzahl von Menschen guten Willens – wie z. B. aller dieser S.E.P.E.G.-Teilnehmer – von andern, unheimlichen und undurchschaubaren Machtstrukturen überrollt werden könnten.

Als wir eines Tages eingehend die Probleme der Jugendlichen aus den deutschen Konzentrationslagern behandeln und unsere Erfahrungen mit den Erziehern des Genfer Arbeiterhilfswerkes austauschen, die in Ecouis in der Normandie mithalfen, ein Heim für vierhundert solcher Jugendlichen zu organisieren, meint einer der welschen Jugendleiter: «Die Buchenwalder, Mädchen wie Jungen, haben ein ausgesprochenes Ehrgefühl, das besonders in der Gemeinschaft zum Ausdruck kommt. Gute Grundlagen und Voraussetzungen sind in Überzahl vorhanden, und uns scheint, dass gerade diese jungen Menschen einen hervorragenden Kern für den Wiederaufbau sein können...»

«... wenn man ihre Hoffnungen, ihr unerhörtes Verlangen nach Lernen und Berufsausbildung nicht vernachlässigt und enttäuscht!»
Ich schaue die jungen Männer aus Frankreich an, alle tragen sie Bärte. Sie fangen meinen Blick auf.
«Wir mussten uns Bärte wachsen lassen», sagen sie lachend, «um uns dadurch von den grossen Jungen, die sich alle schon rasieren, zu unterscheiden!»
Sexualität, Zionismus, der Umgang mit den Verletzungen, das sind wichtige Themen. So meint einmal Zosia: «Es gibt viele, die auch heute über ihre traumatischen Erlebnisse nicht sprechen können. Sie sind in ihren Gefühlen wie anästhesiert...»
«Wie recht du hast! Ihre Berichte sind monströs und schlimmer, als man sich das vorgestellt hat. Aber sie erzählen das, als ginge es sie selber nichts an», sagt einer der Genfer Erzieher.
«Doch haben einige angefangen, aufzuschreiben oder zu zeichnen...»
Und da sehe ich das Tagebuch von Max vor mir, die Zeichnungen von Kalman, und ich kann kein einziges Wort mehr herausbringen.
Bis zum Ende der Konferenz werden alle Themen gründlich ausdiskutiert, geordnet und zu einem Schlussbericht gesammelt. An diesem Tag ist die Aula bis auf den letzten Platz gefüllt. Ein Ergebnis nach dem andern wird dreisprachig auf eine riesige Leinwand projiziert. Noch immer ist eine Diskussion über die einzelnen Punkte möglich, Änderungen können vorgeschlagen werden.
Eine der letzten Voten betrifft die Frage der Staatenlosigkeit all dieser entwurzelten Jugendlichen und Kinder. Nach langem Hin und Her wird festgestellt, dass diese Frage in der politischen Zuständigkeit der einzelnen Staaten liege und dass unsere Konferenz diesbezüglich keinen Druck ausüben könne. Am besten, man lasse diesen Punkt fallen.
Doch bei solcher Behandlung des für alle unsere jungen Menschen so erstrangigen und brennenden Problems beginnt es in mir zu brodeln. Nein, nein! sage ich mir, so nicht! Wenn wir uns schon für eine internationale Versammlung halten, die die Interessen der Kinder und Jugendlichen wahren will, wie kann man diesen wichtigen Punkt nicht miteinbeziehen? Wo sollen sie denn hin, die Staatenlosen? Wer lässt sie herein, da vor dem Krieg kein Staat bereit war, die bis auf den Tod Bedrängten aufzunehmen? Mein Herz klopft, als wollte es zer-

springen. Ich hebe den Arm, stehe auf, und laut und deutlich höre ich mich sagen, was mir eben durch Herz und Kopf gegangen ist: «Wenn wir in dieser Frage keine verbindlichen Forderungen an die Staatsführungen stellen können, so darf sie im Schlussdokument unserer Konferenz, die im Interesse der kriegsgeschädigten Jugend in Europa zusammengekommen ist, auf gar keinen Fall fehlen, und es muss wenigstens als Postulat auf dieses Problem hingewiesen werden.»
Mein Votum erhält Zustimmung und wird in das Schlusscommuniqué unseres Kongresses aufgenommen.

*

Eines Tages in der ersten Kongresswoche kommt ein Teilnehmer auf mich zu, ein junger, blonder, grossgewachsener Holländer, der im KZ war, ob aus rassischen oder politischen Gründen, weiss ich nicht. Jedenfalls scheint er sich, der frühere aktive Kämpfer in einer kommunistischen Zelle, mit der politischen Lage seines Landes und Europas im allgemeinen auseinanderzusetzen und ist über aufkommende reaktionäre Strömungen sehr besorgt.
Was mich erschüttert ist seine Aussage, dass ihn in schlaflosen Nächten Gedanken und Probleme, die er bis ins Unendliche analysiert, noch immer heimsuchen und ihn an die feuchte, kalte Zelle im Konzentrationslager erinnern, ohne Licht, ohne Stroh, ohne Sitzgelegenheit, sieben endlose Tage und Nächte, dreimal ein kleines Stückchen Brot, und das alles, weil ein SS ihn während der Arbeit rauchen sah.
«Ich war im Widerstand geschnappt worden.»
Er fügt bei: «C'est à fou rire!»
Welche Kraft ist in diesem jungen Menschen!

*

Nach der Konferenz in Zürich ist mein Alltag nicht von Sonne überstrahlt. Die Briefe der Jungen und gelegentliche Begegnungen mit dem einen oder andern «meiner Söhne» zeichnen helle Punkte in den dunklen Nebel meiner Stimmung.
Ich bemerke, dass überall von verschiedenen Organisationen Kurse für pädagogische und soziale Weiterbildung für die Nachkriegszeit durchgeführt werden, auch von der ZL.

Eigentlich, so frage ich ironisch und etwas bitter, hätte nicht gerade ich die nötige Erfahrung als Kursleiterin gehabt? Doch niemand fragt mich an. Zu unbequem? Gegen den Strom?

*

*Tagebuch, Oktober 1945*
*Ich wandle durch diesen goldenen Herbst mit traurigem wehem Herzen. Alles ist draussen, wie hinter Glasscheiben, und ich bin allein drinnen mit meinem Kummer.*
*All meine Kraft, meine Begeisterung, die Freude, die ich geben möchte, sie rinnen ungebraucht davon in ein graues Nichts.*
*Doch abends, wenn ich das Licht lösche, sind sie um mich, die Verlassenen, und mir ist, als hörte ich im Dunkeln die leisen Herztöne meiner vielen Kinder.*

*

Im Jahr 1946 habe ich ein zweites Mal auf dem Zugerberg eine gemischte Gruppe von Buchenwaldern, Jungen und Mädchen, unter der Betreuung der Jüdischen Flüchtlingshilfe unterrichtet, bis die Gemeinschaft erneut aufgelöst und die «Kinder» verteilt wurden.
Die drei letzten Monate des gleichen Jahres leitete ich in St-Jean-de-Luz in Südwestfrankreich ein Kinderheim für rund hundert ausgebombte französische und spanische Kinder von fünf bis vierzehn Jahren, welches das Unitarian Service Committee finanzierte.
Im Sommer 1946 und in der ersten Hälfte von 1947 besuchte ich pädagogische Einrichtungen in Frankreich, Belgien, Holland und England und nahm an Kongressen über die Nachkriegsprobleme der Kriegsjugend in Paris und Cirencester (England) teil.
Von 1947 bis anfangs 1952 arbeitete ich in Frankreich mit der Jugend-Alijah zusammen, die zu jener Zeit über fünftausend gerettete Kinder und Jugendliche aus Europa und dem Maghreb in einem Dutzend Kinderheimen betreute und diese auf das Leben in Erez Israel vorbereitete, bevor sie dorthin auswandern konnten.
1953 kehrte ich mit meiner ein Jahr zuvor geborenen Tochter Gioia in die Schweiz zurück und war in der Folge einundzwanzig Jahre lang als alleinerziehende Mutter Primarlehrerin in Zürich.

*Elisabeth Sommer-Lefkovits*

Ihr seid auch hier in dieser Hölle?
Erinnerungen an die unheilvollen Zeiten 1944–1945

50 Jahre nach dem Holocaust schreibt die 90jährige Autorin ihre Erinnerungen an die Verfolgung und das Überleben in den Konzentrationslagern Ravensbrück und Bergen-Belsen nieder. Mit ihr überlebte der jüngere Sohn, der die Bildauswahl getroffen hat.

März 1994, Klappenbroschur, 112 S., 41 Abbildungen
DM 32.– / ÖS 230 /sFr. 29.– ISBN 3-905311-32-1

*Jacques Picard*

Die Schweiz und die Juden 1933–1945
Schweizerischer Antisemitismus, jüdische Abwehr und internationale Migrations- und Flüchtlingspolitik

Das flüchtlingspolitische Kapitel der Schweiz im Zweiten Weltkrieg erhält eine neue Dimension: Der Autor analysiert den Zusammenhang von schweizerischer Judenpolitik und internationaler Migrationspolitik sowie die vielfältigen Strömungen innerhalb des schweizerischen Judentums.

Mai 1994, Gebunden, ca. 560 S., ca. DM 76.– / ÖS 540 / sFr. 68.–
ISBN 3-905311-22-4

Chronos Verlag • Münstergasse 9 • CH-8001 Zürich